人とまちへの視点を変える22のメソッド

素が出るワークショップ

編著
饗庭伸
青木彬
角尾宣信

著
アサダワタル
安藤哲也
角屋ゆず
羽原康恵

学芸出版社

まえがき――小さな冒険を成功させる22の技術

小さな冒険を始めるために

いろいろなところで、初めての人と出会い、短い時間で意気投合をして、何か新しい、ためになることを一緒にやってみる、そんなことは随分と当たり前のことになってきた。特別な、一世一代の大冒険ではなく、普段の日常と地続きにある、「小さな冒険」としてである。

「都市型社会」ということが言われてから半世紀近くが経ち、私たちの社会は、好景気も不況も、民主主義の発達も後退も、超高齢化も少子化も、人口増も人口減も、平等も格差も、開発も保存も、自然災害も復興も経験してしまった。いいことと悪いことがコインの表裏のようにおきるなかで、私たちはそのバランスを少しだけ「いいこと」に傾けられるよう小さな冒険を積み重ねている。

この本におさめられているのは、その小さな冒険をうまく進めるための、小さな技術である。初めての人と出会い、打ち解け、コミュニケーションを重ね、アイデアをまとめ、人のつながりをまとめ、いろいろな実験をして、多くの人たちを巻き込んでいく技術。それは、いろいろな分野でソーシャルデザインやアートやまちづくりやコミュニティデザインやワークショップと呼ばれているものであり、この本は、それぞれの分野で実践を積み重ねている専門家の共同作業としてまとめられた。

「素が出る」とは

共通して何が大事なのだろうか。こういった技術は、どういう注意のもとで使われないといけないのだろうか。議論を重ねて辿り着いたのが「素が出る」という言葉である。例えば編者（饗庭）の専門とする都市計画では、公園設計のワークショップは、設計のための情報を集めるために開かれる。緑と遊び場所のどちらを重視するのか、園路をどのようにつくり、どうベンチを配置するのか、公園の管理は誰がどう担うのか。ワークショップの技術は限られた時間の中で、最大多数の最大幸福を実現する計画に最短ルートでたどり着くために使われる。しかし技術が磨かれれば磨かれるほど、集まった人の余分なお喋りが消えていくことがある。それはお喋りができないような、教室のような窮屈な場になってしまうということではなく（それは単なるワークショップの失敗である）、全てのお喋りが機能的に統合されていく、ということである。ワークショップは参加者に「機能的な新しい喋りかた」を提案する。参加者は誠実に、なんとかその喋りかたにあわせようとする。そのことによって普段とは違うことを喋れるようになる一方で、喋れていたことが喋れなくなることがある。新しい喋りかたの中で、どうすれば、普段のその人らしさが現れるのか、どのようにその人の素が出てくるかということに技術は注意しないといけない。人間はややこしいもので「素を出してほしい」と言われると、余計に素が出せなくなり、やはりそこにも技術が必要である。機能的であると同時に、素を出せる技術、本書ではそれを集めることにした。

この本の構成　4つの章と22の技術

本書では22の技術を4章に分けて紹介している。初めての人と出会ってから、多くの人たちを巻き込んでいくところまでの順序にあわせて4つの章を構成した。1章「アイスブレイク——盛り上げる場から語りの場へ」では、初めての人と出会い打ち解けるための4つの技術をまとめた。2章「ブレインストーミング——アリバイづくりからコミュニケーションづくりへ」では、コミュニケーションを重ね、アイデア化するための7つの技術をまとめた。3章「コミュニティ活動——本音が動くと活動は続く」では、人のつながりをまとめるための4つの技術をまとめた。4章「実験ワークショップ——価値観をほぐし、広がる世界を共有する」では、実験をして、多くの人たちを巻き込んでいくための7つの技術をまとめた。そして各章の最後に、それぞれの章の解題となるよう、執筆者による座談会（ディスカッション）を収録した。

使ってみよう

理屈っぽいことはさておき、この本を開いて、「面白そうだ」と思った技術からまず使ってみていただきたい。現場ですぐに使えるように、手順をできるだけ詳細にまとめたつもりである。しかしテキストには限界があり、手取り足取り、事細かにやり方を示せているわけではない。どうやったらいいのか迷った時に、思い出して欲しいのが「素が出る」という言葉である。あなたの前にいる参加者の顔を思い浮かべながら、どうやったらその人の素を無理なく引き出せるか、そんなことを考えながら、実践に移していただければと考えている。

２０２０年７月17日
饗庭 伸

目次

素

01 くせの再演

自身のクセを見つけ出し、ペアになった相手とクセを交換して再現する

くせを再演しているところを撮影中（上）／ワークショップの流れを解説（下）

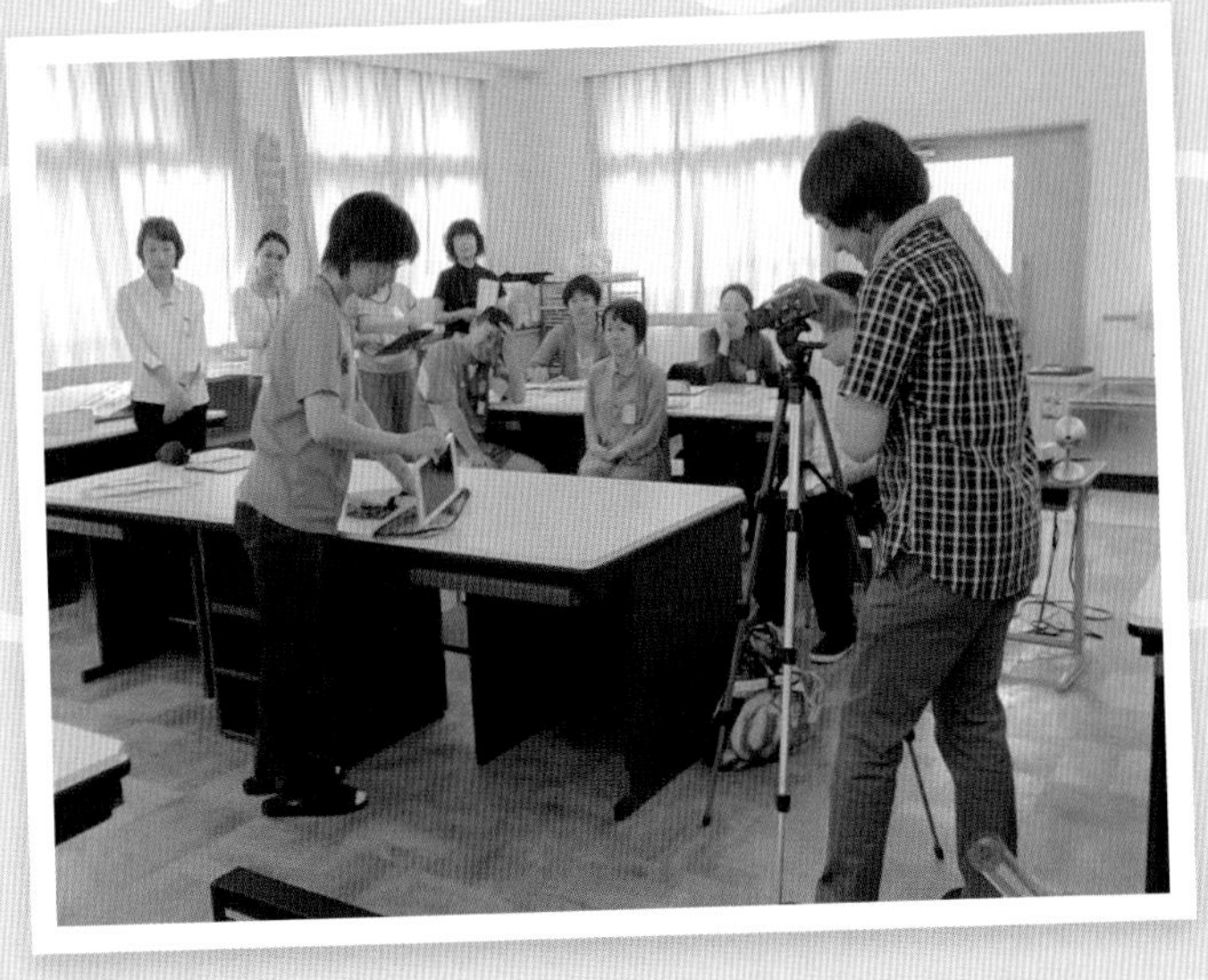

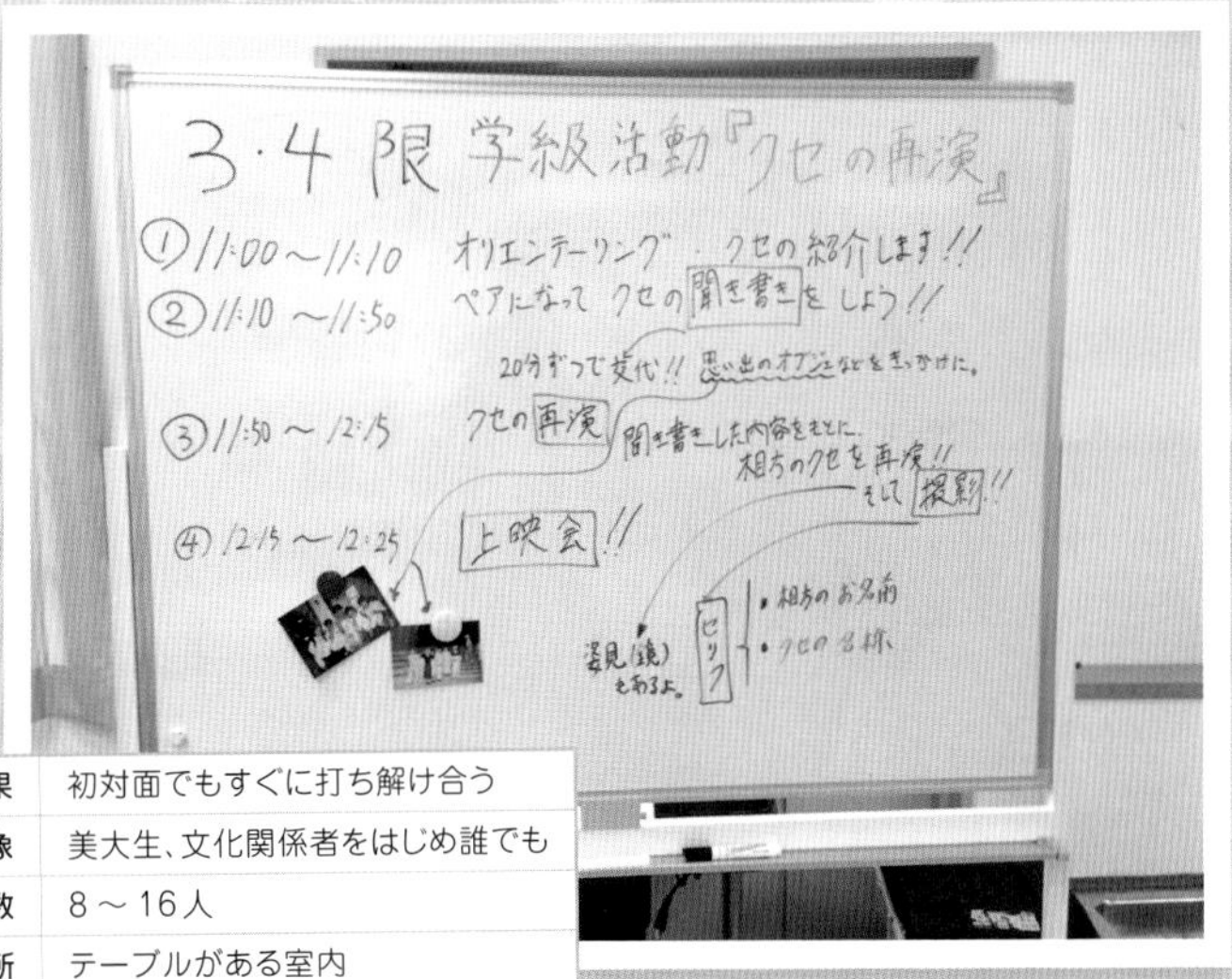

効果	初対面でもすぐに打ち解け合う
対象	美大生、文化関係者をはじめ誰でも
参加人数	8～16人
開催場所	テーブルがある室内
開催時間	90分
スタッフ数	2～3人
準備時間	30分
経費	0円

*経費はいずれもコーディネーター費が別途必要です

青い山脈ノリノリ法

懐かしの歌謡曲を、世代や身体能力・認知機能の異なる人たち皆で一緒に聴く

「青い山脈」が始まると手拍子や指揮などそれぞれの仕方でノリノリに（上・下）

効　果	・認知症の方でも、歌に合わせて動いたり、感涙したり ・若い世代とのコミュニケーションのきっかけが掴める ・介護施設の場合は、スタッフと利用者が仲良くなる
対　象	主に高齢者の方
参加人数	1～100人
開催場所	みんなで映像や楽曲を鑑賞できる場所、公民館や介護施設など
開催時間	5～20分
スタッフ数	1～5人
準備時間	ほぼ0分

03

まずは体の部位をメモライズ（上）／体操を通じてコミュニケーションが生まれる（下）

将軍ゲーム

シンプルな動作からコミュニケーションをつむぐ

効果	体を動かすことで、心も動く。心が動くと会話も弾む。
対象	主に高齢者の方
参加人数	1～100人
開催場所	スタッフと参加者が集まれる場所ならどこでも
開催時間	5～20分
スタッフ数	1～5人
準備時間	ほぼ0分
経費	0円

04

公園間違い（？）探し

公園に「いつもは無い異物」を設置し、参加者はそれを探す

間違いのひとつを種明かし中（上）／樹々に紛れ込む造花を発見（下）

効果	・初対面でも、打ち解ける ・街について、楽しみながら考えるきっかけになる
対象	美大生、文化関係者、まちづくり関係者はじめ誰でも
参加人数	5～10人
開催場所	公園
開催時間	45分
スタッフ数	1～2人
準備時間	30分
経費	0～1000円（百均や自宅にあるもので賄う）

05

川崎景観ボードゲーム

市民が愛着のあるまちの景色をボードゲームに表現し合う

完成したボードゲーム（上）／最終案をワークショップメンバー全員でブラッシュアップ（下）

効果	・「景観」という堅いテーマに関心を持つきっかけが自然にできる ・ゲームシステムの中で、「良い景観」と「悪い景観」を伝えるため、「景観」に対する感度が育まれる
対象	8歳以上
参加人数	1ゲームあたり最大4人
開催場所	基本的に屋内。テーブル・イスはあったほうがベター
開催時間	1プレイ30分程度
スタッフ数	1人（テーブルごとに1人いると丁寧）
準備時間	本ケースでは1年程度（ゲームの制作プロセスによって大きく変化する）
経費	ゲームの印刷数によって大きく変動するため一概には言えない（ゲームは非売品）

06

夢見る都市計画家ゲーム

初対面の人たちが、将来の都市計画を考え始めるためのゲーム

キャラクターを選ぶ（上）／
理想のまちの実現手段を提案する（下左）／ゲームの様子（下右）

効果	・役割を演じることで、仮面がとれる ・絵やことばの使い方の感度があがる ・実践的に役立つアイデアがたくさんとれる
対象	都市計画のアマからプロまで
参加人数	1ゲームあたり6人
開催場所	テーブルがある室内
開催時間	1時間程度
スタッフ数	1ゲームあたり1人
準備時間	3日程度
経費	0～2000円（カードなどを自作するときの材料代）

07

マネーボート ワークショップ

架空のお金を自分が良いと思うまちづくりプランに投資しながらまちの将来を考える

（発案者：Emily Risinger and Sara Egan）

盛り上がるワークショップ（上）／使用したおもちゃのお金（下）

効　　果	・予算編成について、体感できる ・各プランの人気度を数値化できる
対　　象	誰でも。あまりに堅い現場には不適合
参加人数	何人でも
開催場所	どこでも可能。ただし風雨に弱い
開催時間	紙幣を投票する行為自体は5分程度
スタッフ数	5～6人あたりに1人
準備時間	ほぼ0分
経　　費	0～500円（自作・100均・自宅にあるものでOK）

08

Place It!

身近にあるものを持ち寄って、愛着のある公園や公的スペースのアイディアを模型として作ってみる

（発案者：James Rojas）

アートセンター、アーツ千代田 3331 の前庭改善案（上）／
遊び出したメンバーの作品（下左）／持ち寄りの素材で話が盛り上がる（下右）

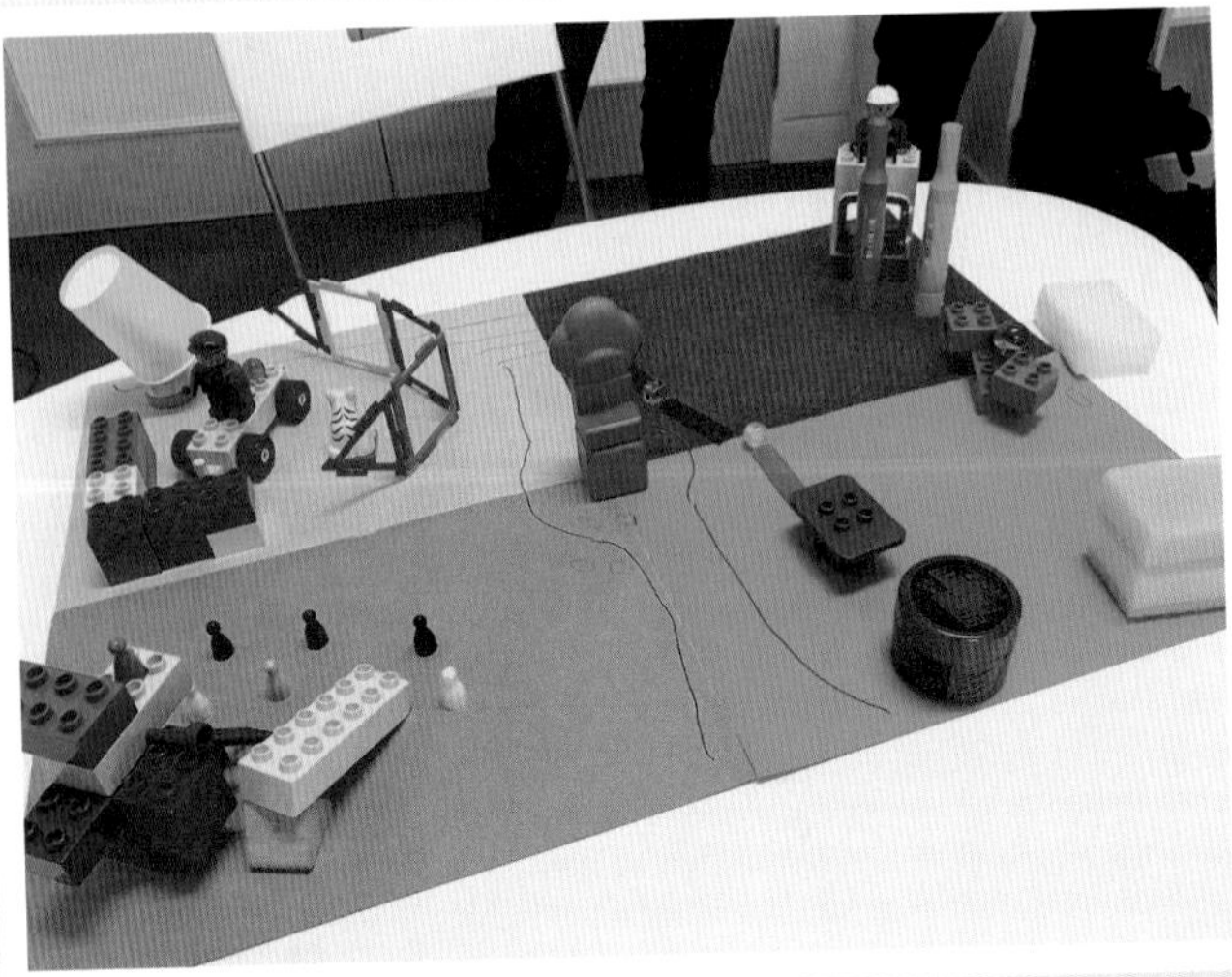

効果	・各自の記憶から街について考えることで、公共スペースを自分事として捉えられるようになる ・日用品で手軽にプランを可視化できる ・出来あがりの美的完成度が高い
対象	誰でも
参加人数	15～50人程度
開催場所	テーブルがある室内
開催時間	60～90分
スタッフ数	2～6人
準備時間	30分程度
経費	100円（色画用紙購入費）

09

これまでに実施したWANDERINGでできた上がった地図（上）／WANDERING中の様子（下）

WANDERING

住人の個人史を知り、地域を新しく発見しなおすヒアリングプロジェクト

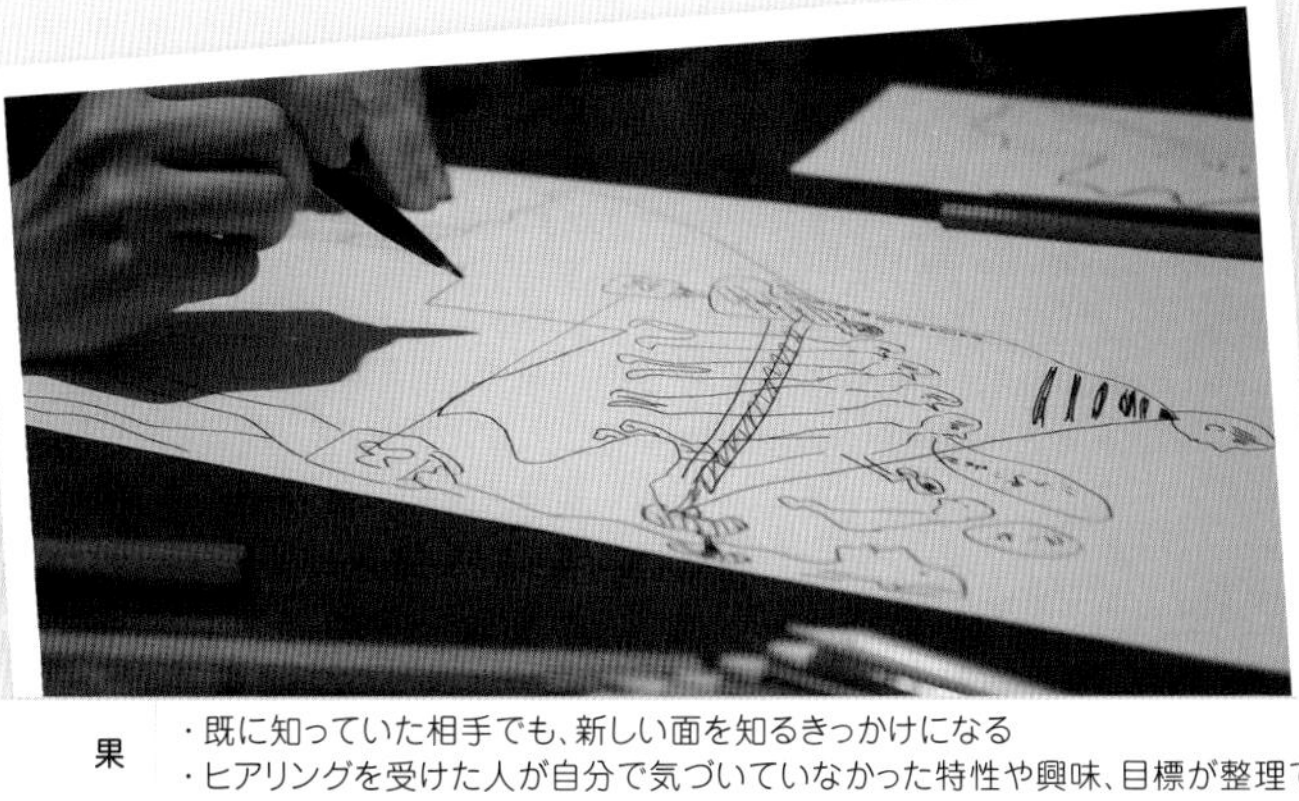

効　　果	・既に知っていた相手でも、新しい面を知るきっかけになる ・ヒアリングを受けた人が自分で気づいていなかった特性や興味、目標が整理できる
対　　象	身近にいる気になる人
参加人数	1～3人程度
開催場所	スタッフを含む参加者が全員で囲めるテーブルがある場所
開催時間	1時間
スタッフ数	1～3人
準備時間	30分
経　　費	0～1000円（A3用紙、ペン、その他シールや色紙購入費）

シルバーシネマパラダイス! 実施中の様子（上）／鑑賞後は色々なところで話が弾む（下）

10

シルバーシネマパラダイス!

懐かしの映画や映像を、
世代や身体能力・認知機能の
異なる人たち皆で一緒に鑑賞する

効果	・高齢者の方の記憶を掘り下げていくことで、脳の活性化につながる ・主催側の若い世代には教育的価値がある ・世代を超えたコミュニティの醸成につながる
対象	主に高齢者の方
参加人数	1～100人
開催場所	みんなで映像や楽曲を鑑賞できる場所、公民館や介護施設など
開催時間	45～90分
スタッフ数	1～5人
準備時間	2時間

11

人生デザインゲーム

プレーヤーが自分の様々なライフコースをイメージする、被災地で始まったゲーム

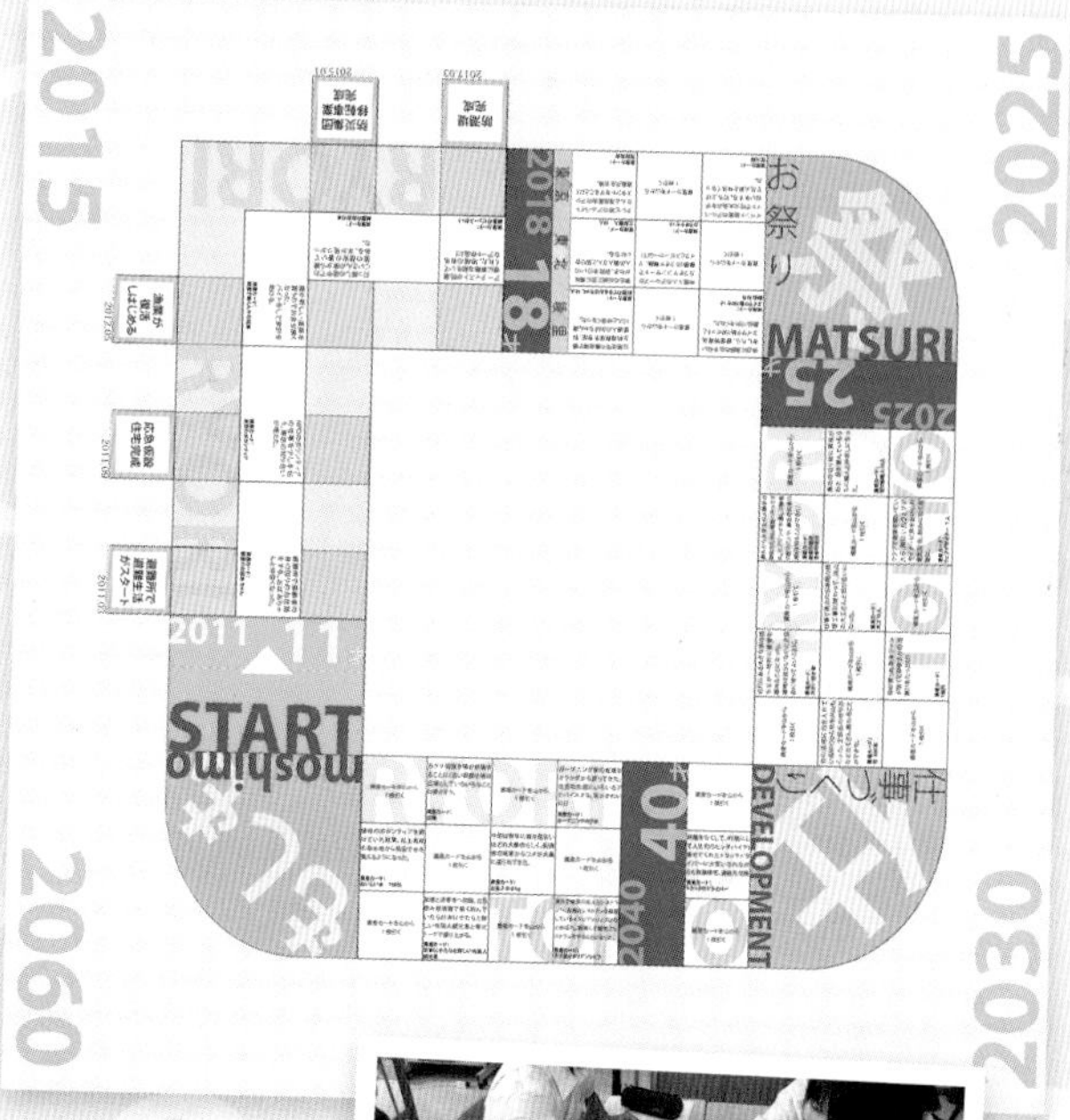

人生デザインゲームのゲーム盤（上）／ゲーム中の様子（中左）／サイコロを振ってコマを進める（中右）／ライフコースを多数決で決定（下）

効果	・中学生でも照れたりせず、真剣に議論ができる ・屈託なく素が出る
対象	人生に悩む若者
参加人数	1テーブルあたり6人程度
開催場所	テーブルがある室内
開催時間	2～3時間
スタッフ数	1テーブルあたり2人
準備時間	5日程度
経費	0～5000円（カードなどを自作するときの材料費）

12

上北沢の小さなおうち 耐震改修とみんなのキッチンづくり

コミュニティスペースの改装プランを本音で話し合う

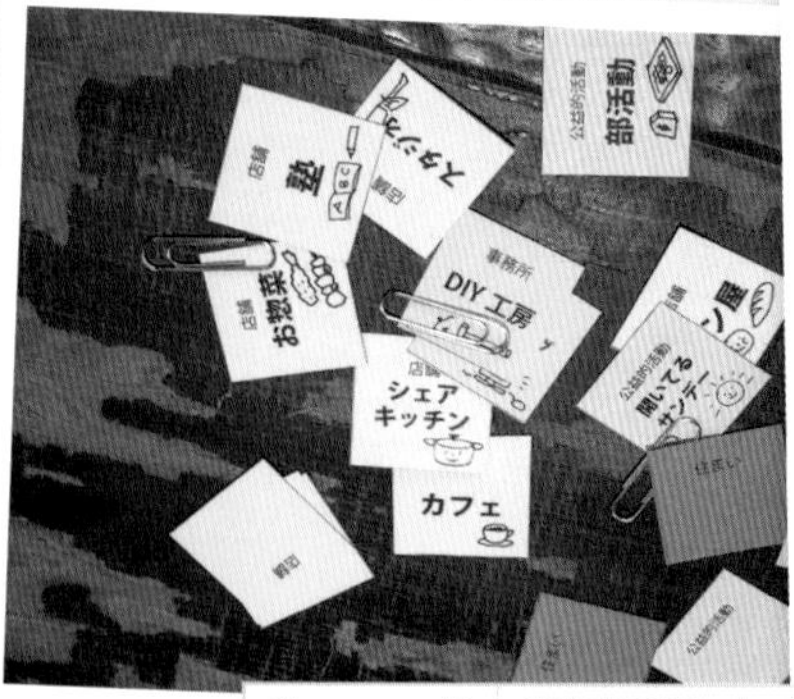

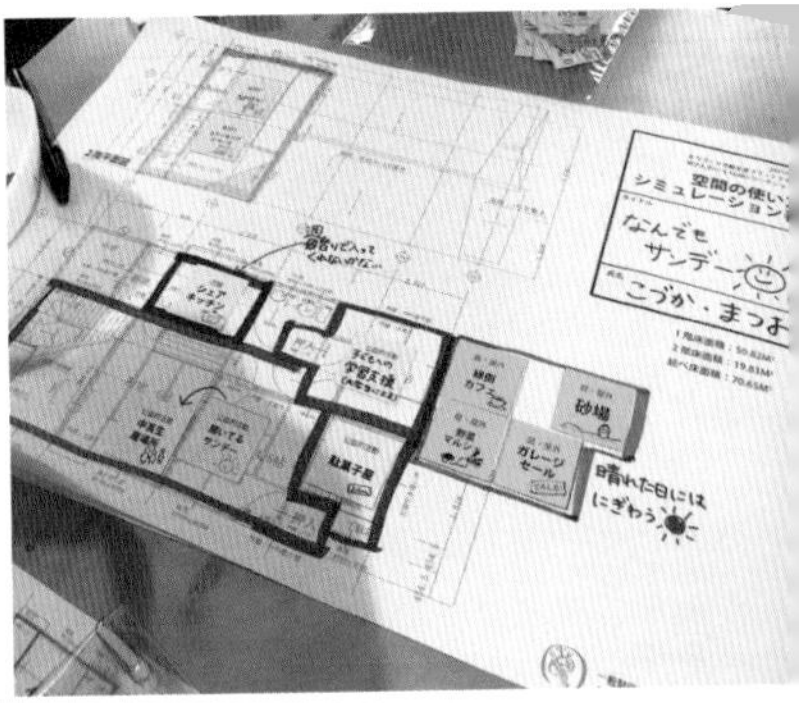

2人1組になって真剣にWSに取り組む様子（上）／
「活動カード」の例（下左）／「間取りシート」を使って空間の使い方をシミュレーション（下右）

効果	空き家の使い方・続け方を共有できる
対象	空き家等を活用しコミュニティスペースをつくりたいと考えている人、既に実践している人
参加人数	2人1組で、何グループでも可能
開催場所	使いたい空き家を会場にできたらベストだが、どこでもできる
開催時間	0.5日～2日（ツールを使ったWSだけなら0.5日でも可能）
スタッフ数	ファシリテーター1人（自分たちで進行してもOK）
準備時間	2～3日（前提条件の共有やツールづくり）
経費	1000円程度（A3コピー用紙、色紙、ペンなど）

13 えいちゃんくらぶ（映像メモリーちゃんぽんくらぶ）

地域の参加者がそれぞれに映像を制作し、上映会を開催する

公園での撮影ワークショップの様子（上）／映像編集に没頭するメンバーとスタッフ（下）

効果	・映像制作を通じて、参加者の人生を知りあうことができる ・上映会や展覧会を通じて地域社会に還元される ・参加者の満足度が高く、自主的な組織に成長する
対象	主に高齢者の方
参加人数	1～20人
開催場所	オルタナティブ・スペース、アート・スペース、公園、公民館、美術館、映画館など
開催時間	2時間のWSを月2回、半年間ほど
スタッフ数	3～10人
準備時間	プロジェクトの段階により異なる
経費	各WSの内容により異なる

14

ファンファンレター

地域の人と共に地域広報誌を手作りする

ファンファンレターの制作風景（上）／これまでにつくったファンファンレター（撮影：高岡弘）（下）

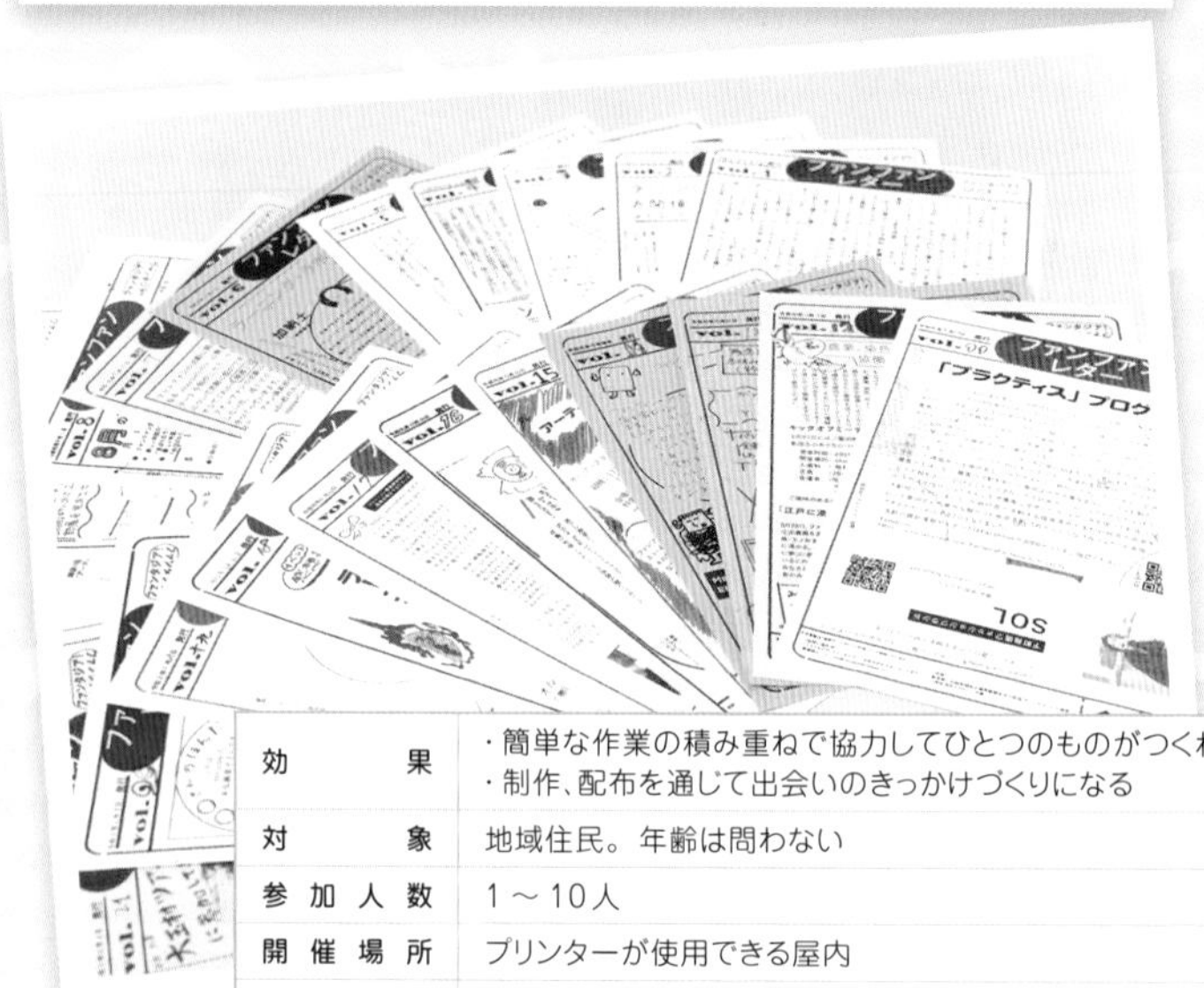

効果	・簡単な作業の積み重ねで協力してひとつのものがつくれる ・制作、配布を通じて出会いのきっかけづくりになる
対象	地域住民。年齢は問わない
参加人数	1～10人
開催場所	プリンターが使用できる屋内
開催時間	2時間程度
スタッフ数	1～3人
準備時間	1～3時間
経費	1500円（用紙、印刷費 ＊フォーマットのデザインにかかる初期費用は別途）

15

リカちゃんの同級生の卒業式で卒業をいっしょに祝う（上）／図書室活動（下左）／リカちゃんはハウスちゃんの中に住んでいる（下右）

リカちゃんハウスちゃん

団地住民とアーティストとのやりとりから漫画のストーリーが生まれ、キャラクターが成長する

効　果	・団地の生活や漫画キャラクターに対して、参加者が素の反応を返せる ・キャラクターやストーリーが参加者間で、ともにつくったものとしてゆるやかに共有される
対　象	団地の学区に暮らす子ども達、学校の先生、地域の方
参加人数	1名～
開催場所	団地の学区の小学校とその学区一帯
開催時間	現時点で10年間
スタッフ数	1～3名（事務局+アーティスト）
準備時間	プロジェクトの段階により異なる
経　費	年間10～30万円×複数年が前提

16

八戸の棚 Remix!!!!!!!!

街の空き店舗を街の人の自由な表現の場として使う

尾行ご飯サークル実行中（上）／
尾行相手と同じ食材をかごの中に（下左）／プロジェクトのチラシ（表面）（下右）

効果	様々なプログラムが絡み合い、住民が地域について再考するきっかけになる
対象	地域住民。年齢は問わない
参加人数	1人～
開催場所	空きテナント、各商店、街中
開催時間	プロジェクト全体で1ヶ月半程度
スタッフ数	2～5人
準備時間	プロジェクト内のプログラムにより異なる
経費	最大4000円程度（尾行ごはんサークルなど料理系に絞った場合の食材費）

17

URBANING_U

街なかに設置したテントに寝泊まりしながら都市を体験する

拠点となるベースキャンプ（上）／プログラムの指示書（下）
写真提供：ミリメーター（mi-ri meter）

効　　果	・都市に隠れていたルールや特徴が体験を通して見えてくる ・都市の見え方が変わる
対　　象	都市・建築・アートに関心のある人、その街について知りたい人
参加人数	～10人程度
開催場所	内容により異なる
開催時間	内容により異なる（7～32時間程度）
スタッフ数	2～5人
準備時間	内容により異なる
経　　費	10～30万円（開催地の周辺調査費、プログラム作成費、キット制作費、講師費、機材費、運搬費（2日間の場合）、保険料※開催条件によって変動）

18

穴アーカイブ

家庭に保存されていたフィルムやビデオを持ち寄り上映しアーカイブする

提供者宅でのフィルム上映の様子（上）／
発掘されたフィルムの撮影場所をみんなで検討（下左）／
公開上映会では地域にまつわる様々なお話が出てくる（下右）

効果	・各家庭の記憶が地域のアーカイブとして還元され、組織づくりにもつながる ・映像を通じて世代を超えたコミュニケーションが生まれる ・ネット公開を通じて、地域間を連携するネットワークの形成につながる
対象	地域住民
参加人数	15〜400人
開催場所	公民館、美術館、アートスペースなど
開催時間	最短で3ヶ月
スタッフ数	5〜10人
準備時間	プロジェクトの段階により異なる
経費	50〜80万円程度（フィルム収集、デジタル化映像の作成と公開費用）

19 サンセルフホテル

団地の一室をホテルに、老若男女、団地内外の住民がホテルマンとしてゲストをもてなすプロジェクト

ゲストが訪れた日に昇る「夜の手づくり太陽」（上）／第２回ゲストとホテルマンたち（下）

効果	・普段の団地生活では成立しにくい、寛容な関係が住民間に生まれる ・参加者はホテルマンの役割を通じて、なにかを生み出す活動に主体的に関われる ・まだ価値のわからないものに対する好奇心や創造力の価値が共有される
対象	団地内外問わず面白がる方なら誰でも参加可能
参加人数	準備活動時：10 ～ 20人程度 ／ 本番活動時：40 ～ 50人程度
開催場所	団地の空き部屋と団地の屋外空間を中心に、駅や河川敷なども
開催時間	準備に３ヶ月、本番は１泊２日（＋前日に最終準備とリハーサル）、終了後も活動日が若干あり
スタッフ数	５人程度（事務局２ ～ ３人、アーティスト２人） ＋ 記録２名、デザイナー１名
準備時間	初回まで下準備１年、ワークショップを皮切りに最初の本番まで半年、その後は春秋に１度ずつ開催（第２回宿泊以降は３ヶ月スパン）
経費	１回50万～100万円（初回はソーラーワゴンや基本の初期備品などの購入費が必要）

20

ラジオ下神白

地域のラジオ番組という設定で住人に思い出の曲と人生を語ってもらいCDに編集する

住民さんの家でラジオ CD を聴く（上）／
ラジオ CD 第1集のジャケット（下左）／住民の皆さんとラジオ CD 封入作業（下右）

効　　　果	・音楽を通じて個人の記憶、地域の歴史がシェアできる ・それらをシェアすることでコミュニティ意識が高まる
対　　　象	復興公営住宅など被災地住民コミュニティ
参 加 人 数	団地の規模にもよるが20 ～ 200人
開 催 場 所	個人宅、集会場など
開 催 時 間	月2日程度の訪問を数年単位で
スタッフ数	2 ～ 5人
準 備 時 間	プロジェクトの段階により異なる
経　　　費	数年単位のプロジェクトのため算定が難しい

21 憲法ボードゲーム

憲法のない生活を様々な場面で想像してみることで、逆説的に憲法の意義を体感する

完成したボードゲーム（上）／ みんなで「kenpo バリアー!」（下）

効　果	・「憲法」というテーマに関心を持つようになる ・ゲーム終了後も、憲法や政治など、従来アンタッチャブルなテーマでも気軽に語り合うことができる
対　象	9歳程度以上
参加人数	1ゲームあたり最大4人
開催場所	基本的に屋内。テーブル・イスはあったほうがベター
開催時間	正式ルール：1プレイ60～90分程度 ／ 簡単ルール：1プレイ30～45分程度
スタッフ数	1人（*テーブルごとに1人いると丁寧）
準備時間	本ケースでは2年程度（*制作プロセスによって大きく変化）
経　費	ゲームの印刷数によって大きく変動するため一概には言えない （*ゲーム購入費3800円（税別））

22

一緒につくりながら考える農業公園づくり

参加者自身が考えてつくり出す、コミュニティ活動としての農業公園づくり

ある日の定例活動の様子（上）／
段ボール定規を使ってレイズドベッドの寸法を検証（下左）／
賑やかにペイントした農園の看板（下右）

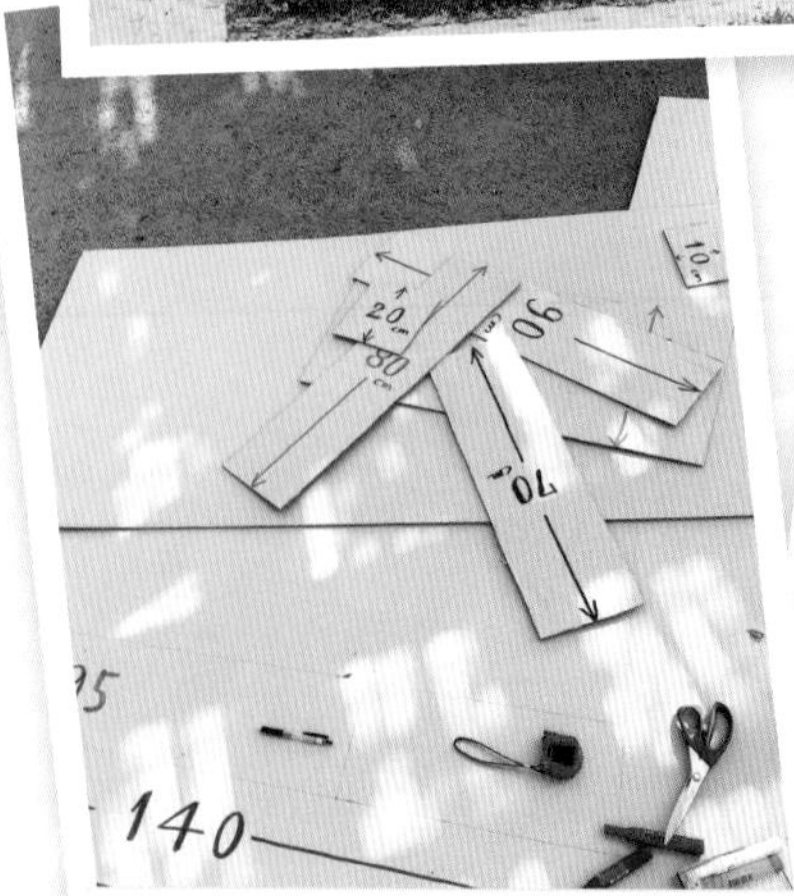

効果	・誰もが気兼ねなく居られる場所ができる ・市民の自発性が高まり、コミュニティ形成にもつながる
対象	誰でも
参加人数	農園の規模によるが、500㎡の敷地の場合、最大30人程度
開催場所	農業公園、畑、空き地、耕作放棄地など
開催時間	月1回2時間程度の定例活動のほか、各自、好きなときに立ち寄って作業や収穫
スタッフ数	1～2人
準備時間	内容によって異なるが2～3日（準備そのものをWSの活動へ含むことも可能）
経費	3万～10万円（農機具やタネ、苗のほか、主にDIYを中心とした材料や資材費 ＊農園となる場所の確保は、別途必要）

1章

アイスブレイク
――盛り上げる場から語りの場へ

01

くせの再演

演じ合って見えてくる
“生活”と“表現”のボーダー

概要　**相手のくせを聞き出し、再演する**

誰もが子どものころに親に注意され、他人に指摘されて気付いた「くせ」の思い出がある。いつの間にか習慣化していること、無意識にしてしまうことには独自の感覚や美意識、法則が存在するのではないか。この度は、「くせ」という切り口から他者とのコミュニケーションを行い、一つの記録をつくる試みを実践する。感覚をより研ぎ澄ますプロセスを得るために、他人とペアになり、相手の過去のくせを聞き書きし、そして、その内容をシナリオに、自分のくせを再演するのではなくて相手の癖を振り付けてもらい再演する。

背景　**個性って何？　表現って何？**

筆者は、障害福祉現場に関わることが多く、これまで主に類まれな個性や独自の日常を送っている障害（主に知的障害）のある方々とともに、表現ワークショップや展覧会などを企画してきた。その中で、造形（絵を描くことや立体物をつくることなど）や舞台（ダンスや音楽など）、比較的「表現（アート）」と捉えられやすいものに限らず、ご本人のこだわりの「行為」としか言いようのないものにも出会うことが多々あった。例えば、幼少の頃から、紐が付いた棒を振り続けるある方は、10m以上の紐を巧みに操り、波のような動きをつけ、窓の桟に配置するなどして日々戯れている。朝起きてから夜眠るまで飽きることなく続けるため、熱中するあまり、寝不足になることもあるほど。寝不足になるほどやるとなれば、福祉現場では問題行動と捉えられそうだが、実際にこの行為はなんだかとても美しく、しかも実際に他の人がやってみれば思いの外、難しいこともわかる。よってこれらは美的かつ技術的に「表現（アート）」として捉えることが可能になるのだが、そもそもご本人にとってはそんな意識はおそらくないはずだ。それよりもただ好きで、あるいは、ただ切実に繰り返してしまう行為であり、それは、ごく身近な言い方をするならば生涯をかけた「くせ」のようなものなのかもしれない。

思えば「くせ」ってなんだろう？　改めて辞書を調べてみるとこのように書かれていたので引用する。

くせ【癖】

〔「曲（くせ）」と同源〕

・ある人が無意識的にしばしば行うちょっとした動作。「話しながらあごをなでる―がある」「―が悪い」

・普通とは異なった特徴。「―のある字」「―のある髪の毛」

・欠点

（『大辞林 第三版』の解説より一部抜粋）

文例として「―が悪い」とあったり、3つ目の解説に「欠点」とあることからすれば、「くせ」とはあまりいいものではないのだろう。確かに、子どもの頃に持っていたくせは、親や先生から「なおしなさい」とたしなめられてきた気がする。でも、さきほどの「紐ふり」の方は、それが「表現（アート）」に昇華した。その違いはなんだろう？　障害のある方の表現は、前述したように場合によっては問題行動の延長で現場スタッフや筆者のような外部のアート関係者などから「でも、これはすごいアートだと思う」とまなざされ、価値づけられることが結構ある。同じ行為であったとしても、ある時は「くせ」のようなものと認識され、または「習慣」、あるいは「こだわり」と呼ばれ、その解釈が深まったり発展すれば、その人なりの「美意識」なんて呼ばれるのだ。そう、美意識まで来れば、「表現（アート）」までもう一歩？　なんだろうか。別になんでもかんでもアートにして愛でるべきだとは、筆者も思ってはいないが、実は、ひるがえってこの「くせ」の存在の捉え方もかなり曖昧で、「その人そのものの個性を存分に発揮し、伝える表現行為」と捉え直してもいいのではないか、そう考えるようになったのだ。

そこで、アートに関心がある学生やアート関係のボランティアなどに向けて、そもそも「表現（アート）」とは何かを根っこから楽しみながら考えられるコミュニケーションワークショップとして、冒頭で紹介した〝くせの再演〟ワークショップのようなものを開発してみた。

やってみよう！

① オリエンテーション（10分）：ファシリテーターがくせの例を紹介。

② くせの聞き書き（40分）：参加者が2人1組になり、持ち寄った子どもの頃の写真・物を見ながら、昔のくせを聞き書きしあう。鉛筆と紙を用意し、

相手の名前と聞き書きしたことを書きとる（自分の名前は書かない）。（1人20分×2）

③くせの再演（25分）：聞き書きした内容をもとに相手のくせを再演し、撮影する。

④映像を上映して鑑賞する（10分）

⑤ふりかえり（5分）

＊注記

・「子どもの頃」というのは、自分にとってそう言える時代のものであればよい。

・映像は行為に照準を合わせる。手元の動きなど行為の特徴がわかるように近づいて撮影するイメージ。

・くせの例が示されることによって、具体的なイメージがわきやすいので事前にいくつか具体例を準備するべき。

以下、ネット上の記事や、筆者の身近な知人の例を参考までに提示する。

◎人には見せられない行動

唇の皮をついつい噛んじゃう／鼻くそをほじってこねこねしてしまう／無意識にズボンに手を入れてしまう／体のあかを丸めて団子にする／新しい靴の匂いをかぐ

◎人には理解されない自分だけのルール

文字の空白の部分を塗りつぶす／タオルや布団の角を触り続ける／マンホールを右足で踏む／横断歩道では白線を踏まない／階段の2段目は踏まない／雑巾を人差し指で回す（図1）／鞄の中に何重にも鞄を入れてしまう／空間と空間の途切れ目を人差し指と親指でオンオフする／足の間に掛け布団を挟んで寝てしまう／机の上や壁などで指マラソンをしてしまう（図2）

◎食にまつわるこだわりの行動

ストローをぺちゃんこに噛んじゃう／牛乳の瓶を空気圧で口にくっつける／フライを食べる時ころもと

図1　くせの再演ワークショップの事例より「雑巾回し」（ビデオキャプチャ）

中身を別々にして食べる／三色団子は緑色の団子から食べる／食べる時足をブラブラしてしまう

◎抑え切れない衝動的行動

本の匂いを嗅いでしまう／感情が高ぶっていると、飛び跳ねてしまう／電車で車掌が〝出発進行〟と言うと自分も真似して呟いてしまう／鳩を見かけると追いかけてしまう／絵の具のバケツに水を入れてグルグル回してしまう

◎その他の行動

貧乏ゆすり／指をポキポキ／アホ毛を探してぬいちゃう／相手の話に納得すると異様にオーバーアクションしてしまう／色々な物に名前を付け、〜ちゃんって呼んでしまう／長い定規を見かけたら横にして背中に回しキリストの真似をする／飛行機を見ると指で捕まえてしまう

◎筆者の子どもの頃のクセ

冷たい麺類でも〝ふぅーふぅー〟してしまう／黙読

ができない／ＢＣＧの注射の後にマルペケをペンで書いてしまう／シャワーの真ん中を捉えようとする／扇風機がまわっていると必ず羽の前で〝あー〟って言って遊んでしまう／アポロチョコレートのピンクの部分と黒の部分を歯で分ける

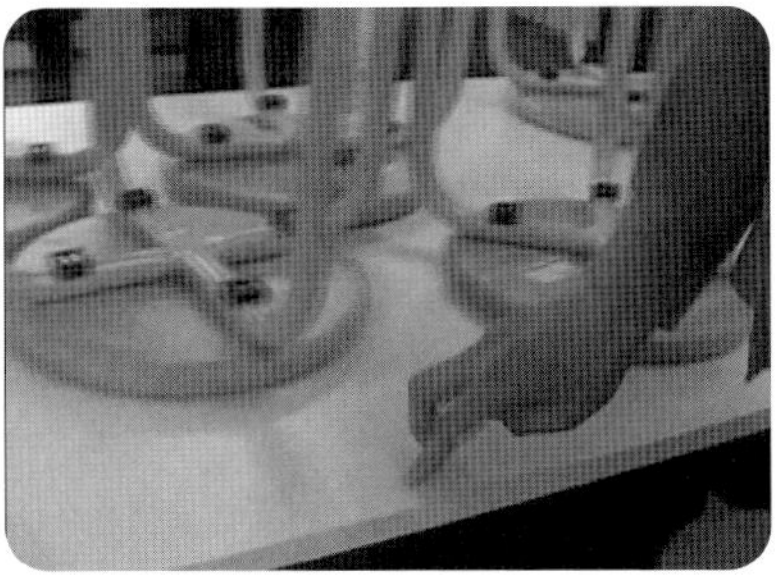

図２　くせの再演ワークショップの事例より「指走り」（ビデオキャプチャ）

◎筆者の友人や先生のクセ

鉛筆を立てる／なぜか〝ニャー〟と言ってしまう／なんかあったら〝っしゃ！〟って言う／テスト監視時間に、かならず前歯を出して親指を回している

（※傍線部は「くせの再演」のある日の実際の参加者から集まった例。口絵参照）

準備物

◎会場に用意するもの

鉛筆、紙（できれば学校などでかつてよく使ったわら半紙、ざら紙が理想）、クリップボード、ドラムコード、スクリーン、プロジェクター、ビデオカメラ、三脚など。また再演の小道具として、ランドセル、教科書、筆箱、鉛筆、消しゴム、定規（授業用の大きな三角定規など）、コンパス、ほうき、ちりとり、雑巾、バケツ、水のり、黄色い帽子、赤白帽、牛乳瓶、ルーズソックス、上履き、給食の食器、リコーダー、そろばん、学習帳、サッカーボール、縄

跳びなどがあれば盛り上がる。

◎参加者への宿題

・子どもの頃の思い出深い写真もしくは物を持ってくること

・より積極的な人は、くせに関する小道具を持ってくること

どんな素が出たか？

無意識の行為をディテールまで再現しようとすると…

これまで、美大生向けの授業で3回、アート関係者向けの研修などで3回ほど実施したが、「相手の無意識にしていた（今もしている）行為」を、取材を通じて聞きだしていく中で生まれる対話は、笑いも絶えず、とても盛り上がる。また、自分自身がそのくせを再演するのではなく、相手にやってもらうわけなので、かなりディテールまで思い出さねば「ふりつけ」ができない。本気で「この指の感じはもっとこうで……」とか「背中の角度はこんな感じで…」などと、そのペアにしかわからない不思議なやりとりが発生する。それを発表する段階では、ビデオカメラが回ることであえてステージ性や緊張感を高め、本気でパフォーマンスをしてもらうことで、「くせ」と「表現（アート）」のボーダーを薄める。最後に改めて参加者みなで個人の生活の営みと、表現的営みの差についてディスカッションしながら、アートに対する考察を深めていく機能をもたらすのだ。ぜひ、昨今の生活に密接に結びついた地域芸術祭やアートプロジェクトのスタッフ・ボランティア間で、また、表現がジャンルという形式でこり固まりがちな美大生に向けてのワークショップとしても活用してほしい。

（アサダワタル）

※本稿執筆にあたり、このワークショップを立ち上げるきっかけを与えていただいたボーダレス・アートミュージアムNO-MA関係各位、および参加者の皆さんにこの場を借りて感謝申し上げます。

02

青い山脈ノリノリ法

語り始めるきっかけになる、懐かしの一曲

概要　**ある曲をかける**

ここでは、概ね80歳以上の高齢者の方々が活気づき楽しい気分になる、シンプルなアイスブレイクを紹介する。それは、藤山一郎さんが歌った1949年のヒット歌謡曲「青い山脈」を流す、というもの。できたら音楽だけでなく、曲の歌詞、そして藤山さんご本人の映像または写真も提示できるとよい。

筆者は2017年7月から、高齢者の方の介護施設にて様々な映像関連のイベントを行ってきたが、この曲の効果がずば抜けており、流せばほぼ確実に参加された方全員の活気が出る、つまり「ノリノリ」になってしまうため、手法の名前にも曲名を使うことにした（口絵参照）。普段、介護施設で生活されている方々は、単調な日常にぼんやりされていたり、うまく施設に馴染めず気分が沈んでいたりする。そのため、お誕生会や手芸の会、また施設の運営を話

し合う会など、様々なイベントの冒頭で、ぼんやりされている方に起きてもらったり、気分が沈んでいる方を活気づけたりする必要がある。

もちろん『青い山脈』以外にも、高齢者の方々がそれぞれに活気づく歌謡曲は数多あるのだが、それらの楽曲が引き出す感情は「ノリノリ」と「シンミリ」に分類できるように思う。前者は、楽しくて場が盛り上がるものであり、後者は、シンミリと昔を懐かしんだり、苦労話が引き出されたりするものである。以下、この2つ「ノリノリ」（表1）と「シンミリ」（表2）にまとめ、手法をご紹介する。

やってみよう！

① セッティング：スピーカー、あればスクリーンとプロジェクター、参加される方の座席

（注1）座席は、コードに引っかからないように、みなさんがスクリーンまたはスピーカーを囲むように配置する。

（注2）歌詞を提示する場合やスクリーンがある場合は、視界の邪魔にならないよう、主催者は側面に立つ。

② 参加される方々に集まっていただき、主催者が自己紹介する。

③ まずはノリノリ曲を流してみよう。するとみなさん、楽曲のリズムに合わせて、手を叩いたり、体を動かしたり、歌ったり。大きな喜びの声をあげられる方もいる。こうして会場はノリノリに！

（注）鑑賞の間は、参加されている方々の席に分け入り、適宜お話を聞いたり、一緒に手拍子をしたりするとよい。

1曲のみの鑑賞の場合は、観賞後に参加された方々のお話を聞いてみる。懐かしかったか、いつ頃この曲を聞いたか、どこで聞いたか、誰と聞いたか、などからお話を始めると、参加されている

表1　名盤紹介ノリノリ編

<table>
<tr><th>ジャケット</th><th>歌手</th><th>曲名</th><th>発売年</th><th>作詞</th><th>作曲</th></tr>
<tr><td rowspan="4">
</td><td rowspan="2">笠木シヅ子</td><td>東京ブギウギ</td><td>1948</td><td>鈴木勝</td><td rowspan="2">服部良一</td></tr>
<tr><td>買物ブギー</td><td>1950</td><td>服部良一</td></tr>
<tr><td colspan="5">アメリカから入ってきたブギウギの快活なリズムを敗戦後の沈んだ社会に響かせたヒット曲。笠木シヅ子は、その明朗なキャラクターもあって人気を呼び、『銀座カンカン娘』など歌謡映画にも出演。『買物ブギー』は、買物に行った主婦が何も買えず、ただ疲れ果てて帰ってくるという、当時の物資不足に対する風刺の効いた歌詞。</td></tr>
<tr><td colspan="5">【効果】当時の世相をコミカルに回想できる曲として人気が高い。</td></tr>
<tr><td rowspan="3">
</td><td>岡晴夫</td><td>憧れのハワイ航路</td><td>1948</td><td>石本美由起</td><td>江口夜詩</td></tr>
<tr><td colspan="5">「オカッパル」の愛称で多くの人から親しまれた岡晴夫の代表曲。敗戦後の沈鬱な雰囲気に、彼の明るい美声は希望の光だった。当時、ほとんどの庶民にとって海外旅行など高嶺の花。中でも戦勝国アメリカの豊かさは羨望の的だった。こうした時代の大衆的願望を反映した本曲は大ヒットした。</td></tr>
<tr><td colspan="5">【効果】一緒に歌われる方が多数みられる人気曲。「晴れた空、そよぐ風」と始まるので、イベント当日の天気の話とからめて流せるのも良い。</td></tr>
<tr><td rowspan="3">
</td><td>藤山一郎</td><td>青い山脈</td><td>1949</td><td>西條八十</td><td>服部良一</td></tr>
<tr><td colspan="5">明瞭な前進を示す四拍子、そこに敗戦の悲しさを引き摺った短調のメロディを交えつつ、戦争が終わった解放感を雪解けの春の山並みに見立てる歌詞が、藤山一郎の端正な声で歌われる。「青い山脈」は、戦後の再出発へと人々を鼓舞し、大ヒットを記録。同名の歌謡映画も、男女平等に基づく自由恋愛を肯定する内容で、当時の人々は「民主主義」をまずは恋愛や夫婦関係の観点から受容し、家父長制から脱した平等な社会を夢見た。ちなみに、敗戦後のヒット曲には、本曲のように自然へと赴く若者が歌い込まれていることが多い。「山小舎の灯」（近江俊郎、1947年）や「高原列車は行く」（岡本敦郎、1954年）なども、この系譜のヒット曲。</td></tr>
<tr><td colspan="5">【効果】どれも人気曲。特に春から初夏にかけて流すと、季節感もあって良い。ハイキングや旅行の話、そこからご家族のお話などをお聞きするにも良いきっかけとなる。</td></tr>
<tr><td rowspan="4">
</td><td rowspan="2">美空ひばり</td><td>東京キッド</td><td>1950</td><td>藤浦洸</td><td>万城目正</td></tr>
<tr><td>お祭りマンボ</td><td>1952</td><td>原六朗</td><td>原六朗</td></tr>
<tr><td colspan="5">敗戦後の「国民的歌手」である美空ひばりの子役時代の代表曲。「右のポッケにゃ夢がある、左のポッケにゃチューインガム」という占領下の社会状況を朗らかに歌う歌詞で有名な『東京キッド』は大ヒット。『お祭りマンボ』は、東京大空襲への風刺的歌詞をマンボのリズムでアップテンポに歌ったもの。中盤までノリノリながら、結局お祭りに浮かれて、家を火災で失い、金を泥棒に盗まれる。あとの祭りとなり、シンミリに急転回する。ひばりが晩年まで愛した曲の一つ。</td></tr>
<tr><td colspan="5">【効果】どちらも人気曲だが、アップテンポであるにも拘らず『お祭りマンボ』も一緒に歌われる方が多く、場が快活になる。またどちらも、敗戦後の思い出をお聞きするのに良いきっかけとなる。</td></tr>
<tr><td rowspan="3">
</td><td>春日八郎</td><td>お富さん</td><td>1954</td><td>山崎正</td><td>渡久地政信</td></tr>
<tr><td colspan="5">ブギウギのリズムにヨナ抜き音階のメロディを乗せ、歌詞は戦時中まで定番だった歌舞伎演目『与話情浮名横櫛（よわなさけうきよのよこぐし）』という、敗戦後らしい超ハイブリッド曲。アメリカ軍の占領から解放されて間もない当時、浮かれた世相に日本調のお座敷小唄がヒット。本曲もその系譜に属し、乗りやすいリズムも受けて人気を博した。歌詞の内容は、主人公のやくざ者・与三郎が、死んだと思っていた恋人・お富と再会するもの。「死んだはずだよ お富さん、生きていたとは お釈迦様でも、知らぬ仏の お富さん」とは、生きて帰ってこなかった日本兵に対する人々の願いを体現する歌詞。</td></tr>
<tr><td colspan="5">【効果】手拍子と歌と、みなさんに活気が蘇る人気曲。</td></tr>
<tr><td rowspan="3">
</td><td>フランク永井</td><td>有楽町で逢いましょう</td><td>1957</td><td>佐伯孝夫</td><td>吉田正</td></tr>
<tr><td colspan="5">当時、闇市から商業エリアとして開発の進んでいた有楽町を舞台に、1957年5月に開店した有楽町そごうの宣伝戦略として、同年7月に発売。「あなたを待てば 雨が降る（…）ビルのほとりの ティールーム」と歌詞にあるように、若者のデートスポット、特にオリンピック需要による建築ラッシュで都心に集まった若い出稼ぎ労働者とその妻の憩いの場としてイメージ形成を狙った。これが艶っぽい歌詞と魅惑的なフランク永井の低音のマッチングで大成功。「有楽町で逢いましょう」は流行語になった。</td></tr>
<tr><td colspan="5">【効果】一緒に歌われる方ばかりでなく、ダンスをされる方も多い。当時流行していたダンスホールでよくかかっていたそう。有楽町そごうは現在ビックカメラ有楽町店になっているので、今昔の写真を見つつお話しても楽しい。</td></tr>
</table>

表２　名盤紹介シンミリ編

<table>
<tr><th>ジャケット</th><th>歌手</th><th>曲名</th><th>発売年</th><th>作詞</th><th>作曲</th></tr>
<tr><td rowspan="3">
</td><td>高峰三枝子</td><td>湖畔の宿</td><td>1940</td><td>佐藤惣之助</td><td>服部良一</td></tr>
<tr><td colspan="5">「歌う映画スター」の先駆として活躍し、当時、圧倒的人気を誇った高峰三枝子が、第二次世界大戦下に歌い大ヒットした曲。「山のさびしい湖に　一人来たのも悲しい心」と始まる歌詞は、浮世に疲れ果てた女性が、あたかも入水するかの如く山奥の湖を訪れ、自らの孤独と自然の無垢を痛感するさまを歌う。戦時下のため時勢に適さないと軍部により発禁処分となるが、特に戦争末期には特攻兵からのリクエストが強く、軍部も黙認せざるを得ず、高峰は軍の慰問先で歌い続けた。</td></tr>
<tr><td colspan="5">【効果】涙を流す方も多い曲。特に女性陣に人気。</td></tr>
<tr><td rowspan="3">
</td><td>田端義夫</td><td>かえり船</td><td>1946</td><td>清水みのる</td><td>倉若晴生</td></tr>
<tr><td colspan="5">敗戦から一年も経たぬころ、帰ってくる復員兵たちの心を揺さぶる本曲が大ヒット。「かすむ故国よ　小島の沖じゃ、夢もわびしく　よみがえる」大日本帝国の夢破れた深い心の傷に響く歌詞は、ギターつま弾く田端義夫の高めの声で歌われる。そこには勇猛な男性性はなく、むしろさめざめと涙する女性性すら感じられる。田端は「バタヤン」の愛称で親しまれたが、この名称は「バタ屋」、廃品を拾い集めて再生工場へ販売する人たちの名称と音声的に通じており、経済的に壊滅した敗戦直後の苦境を思わせ、またその苦境を田端の歌と共に過ごしてきた人々の想いが籠められた愛称と思われる。</td></tr>
<tr><td colspan="5">【効果】こちらも人気が高く、特に男性は涙される方も多い。</td></tr>
<tr><td rowspan="4">
</td><td rowspan="2">平野愛子</td><td>港が見える丘</td><td>1947</td><td colspan="2" rowspan="2">東辰三</td></tr>
<tr><td>君待てども</td><td>1948</td></tr>
<tr><td colspan="5">敗戦国で復員兵を迎える側は、女性や子供として表象されるのが圧倒的で、平野愛子は戦争から帰ってこない男たちを待つ女性像を、夢と現の混淆する甘く深い声で歌った。「ウツラトロリと　見る夢、あなたの口許　あの笑顔、淡い夢でした」と結ばれる「港が見える丘」は大ヒットし、横浜の港が見える丘公園に今もその名が残る。港に佇む女性が帰ってこない恋人を待ち続け、「諦めましょう　諦めましょう　私は一人」と結ぶ「君待てども」も当時のヒット曲。圧倒的な諦念から、この国の戦後は始まる。</td></tr>
<tr><td colspan="5">【効果】どちらも一緒に歌われる方の多い人気曲で、鑑賞後はしんみりと戦後の様子を思い出される方が多い。</td></tr>
<tr><td rowspan="3">
</td><td>不明</td><td>異国の丘</td><td>1948</td><td>不明</td><td>吉田正</td></tr>
<tr><td colspan="5">作曲家・吉田正が上等兵として出征していた満州で部隊の士気を上げようと作曲したメロディが、ソ連軍によりシベリアに抑留されていた日本兵たちの間で歌詞を変えて歌い継がれ、敗戦から３年後の 1948 年に NHK のど自慢でシベリア復員兵たちがしばしば歌ったため世間に知られるところとなり、ヒットしたのが本曲（ジャケットは竹山逸郎による 1948 年のカバーのもの）。吉田は士気を上げるためとして作曲したが、当時は、苦境において命を散らすことこそ崇高とされたため、曲調は極めて沈鬱。その上に「今日も暮れゆく　異国の丘に、友よ辛かろ　切なかろ」と歌詞が乗る。未だシベリアに残された戦友への想いとともに、敗戦の心の傷もまた残り続けることを歌ってやまない。</td></tr>
<tr><td colspan="5">【効果】多くの方が一緒に歌われ、苦しかった敗戦直後の様子などを語られるが、戦時中や敗戦後の苦しさを思い出しすぎて不快に思われてしまう方もいるので、やや注意が必要な曲。</td></tr>
<tr><td rowspan="3">
</td><td>井沢八郎</td><td>あゝ上野駅</td><td>1964</td><td>関口義明</td><td>荒井英一</td></tr>
<tr><td colspan="5">高度経済成長真っただ中の社会は働き手に飢えていた。地方の若者たちは「金の卵」と呼ばれ、労働力として重宝され、東京へ集団で就職にやって来る現象が起きた。集団就職列車まで登場し、各大手企業が電車を貸し切り、自社工場の労働力を東京へと輸送した。上野駅は、そうした上京者たちの玄関口として象徴的な場所となり、そこから離れた故郷を偲ぶ歌が本曲。「どこか故郷の　香をのせて、入る列車の　なつかしさ、上野は俺らの　心の駅だ、くじけちゃならない　人生が、あの日ここから始まった」と、切なくも力強くコブシを効かせて井沢八郎が歌い、大ヒットした。実際、金の卵たちは概して厳しい労働環境に置かれ、慣れない都会暮らしに友もなく、孤立して過ごすことが多かった。戦時中とはまた別の、経済戦争下での苦境が始まりつつあった。</td></tr>
<tr><td colspan="5">【効果】大合唱になることも多い人気曲。都内や近郊には地方から上京された方も多いので、思い入れはひとしお。当時の東京の様子や故郷の記憶なども引き出される曲。</td></tr>
</table>

方の記憶が自然と語られていく。

④2曲以上を流す場合は、次にシンミリ曲を流してみよう。こちらの場合は、静かに集中されて聞き入ったり涙を流す方も多い。

（注）集中して聞かれている方も多いので、無理に話しかけないことも大切である。

⑤再びノリノリ曲に戻すか、シンミリ曲からお話を聞いてメインイベントに入っていくか、その時々の目的に合わせて調整する。プロジェクト立ち上げの顔合わせならば、ノリノリ曲鑑賞後に自己紹介の場を設ければ盛り上がるし、地域の歴史を若い世代と共有するワークショップが続くなら、シンミリ曲のあとお話を聞くのも良いだろう。

どんな素が出たか？

一緒に聴くことで生まれる記憶のシェアと信頼関係

たった一つの楽曲が、すべての人への応援ソングになる。そんな状況が戦後社会で生まれた背景には、戦時中に国家がメディア統制を強権的に進め、すべての人を中央集権的な情報統制下に置いた事実がある。敗戦直後のこの社会では、依然として誰もがほぼ同じラジオ番組を聞き、ほぼ同じ映画を観に行った。その他の娯楽の選択肢はなかった。

こうした戦時中の国家によるメディア政策の成果を、現在の私たちは逆に活用することができる。「青い山脈」たった1曲により、参加されるみなさんは、体を動かし、また動かそうとし、それは脳への血流を促す。そして、この曲が持っている集合的記憶と、お聴きになっている方々の個人的メモリーとがリンクし、曲の肯定的な方向性によって、敗戦のトラウマに直接は触れずに、これまでの人生を想起し、お話し、共有することができる。

参加される方と一緒に楽曲を聴くことにも、特有の効果がある。参加される方と主催側との間に、不思議な一体感と信頼関係が生まれるのだ。こんな懐かしい曲をかける人となら、何か共有できるかもしれない——そう思っていただけたら、そのあとのワークショップもスムーズに進むだろう。

実は、高齢者の方々は、極度のメディア難民となっている場合が多い。「青い山脈」はユーチューブですぐに聞けるが、ネットサーフィンできる高齢者の方は少ない。年齢を重ねていくことで記憶の年輪も深まり、昔の出来事はより稠密な記憶のネットワークをかたちづくるが、現在の社会状況では、そうした記憶を若い世代の人々と共有する機会も少ない。思い出の持つポテンシャルは、孤独に深化していくばかりだ。そうした状況にあって、たった1曲の再生が、思い出の深いポテンシャルを活性化させ、世代を超えたメモリーの共有を可能にする。

そのメモリーは、少し遅れて生き始めた私たちにとっても、無関係ではないだろう。私たちは、依然として「戦後」のこの社会を生きているのだから。そして、そこからさらに色々なお話が展開できるだろう。今住んでいる地域の課題や歴史、離れて住む子どもたちや家族との関係、また最近のテレビ番組や政治状況に対する鋭いご意見に人生訓などなど、参加されている方々が、今、抱えている問題や想いが浮かび上がってくる。それは、同じく今を生きている私たちの問題とも連関している。

1曲再生してみると、年齢の壁は氷解する。高齢者の方を交えての話し合いの場やワークショップで、まずは挨拶代わりに流してみてはいかがだろうか?

（角尾宣信）

※本稿執筆にあたり、介護老人保健施設「シルバーピア加賀」、久喜すずのき病院「リハビリテーションセンターそれいゆ」、サービス付き高齢者向け住宅「友友ビレッジ昭島」、デイサービス「南大塚のNIWA」、以上の施設の方々にご協力いただきました。ここに謝意を記します。

03

将軍ゲーム

関係づくりのスタートになる、体操アイスブレイク

概要 **体を動かす、心が躍る**

高齢者の方とのプロジェクトを行うようになって、ふと思ったのは、体を動かすのも大事だなということだった。筆者は、映像を使ったプロジェクトを行うため、どうしても体を動かす機会が減る。お話しても、映像を鑑賞しても、体は椅子に座ったままだが、始めに少し体を動かすと、体の血行もよくなって、より楽しくプロジェクトに参加してもらえるのではないか。

しかし高齢者の方は、体がうまく動かない場合が多い。無理な運動をして怪我をされてもいけない。車椅子や寝たきりの方も多いので座ったままでできる体操が望ましい。高齢者の方との体を使ったアイスブレイクは、なかなか条件が難しいのだ。ここで紹介するのは、そんな難しい条件をクリアする、シンプルで応用性も高い体操アイスブレイクである。

この手法は、以上の悩みを抱えていた筆者がうかがったワークショップにヒントを得ている。介護士のご経験もあり、現在は高齢者の方と演劇を制作する劇団「OiBokkeShi（オイ・ボッケ・シ）」を運営されている菅原直樹さんのワークショップだ。「老いと演劇のワークショップ」として全国で開催されており、大人気である。[註1]

そこで出会ったのが、「将軍ゲーム」だった。他の体操アイスブレイクの場合は、何か道具を準備する必要があったり、机や椅子の配置を直さなければならなかったり、ルールに慣れるのに時間がかかったりする。それに対し、この体操は、高齢者の方と介護スタッフが一緒に楽しめて、道具も一切必要なく、ルールもシンプルで応用性もある。ここでは、菅原さんより伝授いただいた体操を[註2]、シンプルにしたものとその応用とに分けてご紹介する。

やってみよう！ シンプル・バージョン

以下に解説するのは、介護度の高い方が多く参加されるプロジェクトに適合するよう、シンプルにしたバージョンである。

まず、参加される方に会場へ集まってもらう。大人数の場合はファシリテーターを取り囲むように、少人数の場合は輪になって座ってもらうのがよいだろう。

次に、体の各部位に番号を付けて行く。上から順番に、頭を1番、肩を2番、腰を3番、膝を4番とする(図1)。この対応関係を参加される方に覚えてもらう。ファシリテーターは、「1番、頭、2番、肩——」と掛け声をかけつつ、自分の体の該当部位を指し示し、参加される方にも真似してもらう。1〜4番の動作を数回繰り返せば覚えていただける。始めはゆっくりとしたリズムで、それから次第に速くしていくと、緩急がついて効果的だ。また、体を動かせない方も、掛け声にリズムがあることで、手を少し動かされたり、頭を少し傾けられたりする。元気な方は、動作を真似るだけでなく復唱もされるので、発声の運動も兼ねる効果がある。

　そして覚えてもらったら、ファシリテーターは、今度は番号をバラバラに言い、番号と部位の関係を参加された方に思い出してもらいながら、動作をしてもらう。例えば、「1番は？」と聞いてから、参加された方に考える時間を与え、そのあと自分の頭を指す。以降、バラバラの順番で番号を言う。例えば、2番と4番を繰り返すと、肩と膝を手が往還する運動となり、それを数回繰り返してから「3番は？」と急に聞いてみると、指せる方と指せない方が出てくるのでゲーム性が出てくる。ルールがわからない方に教えてあげる方も出てくるし、ファシリテーターは表情や動作の速度や参加ぶりを見て、参加されている方の当日の気分も把握できる。

やってみよう！　応用バージョン

　この体操は、様々に展開させることができる。

　まず、前節までの体操をした後、今度は、自分の

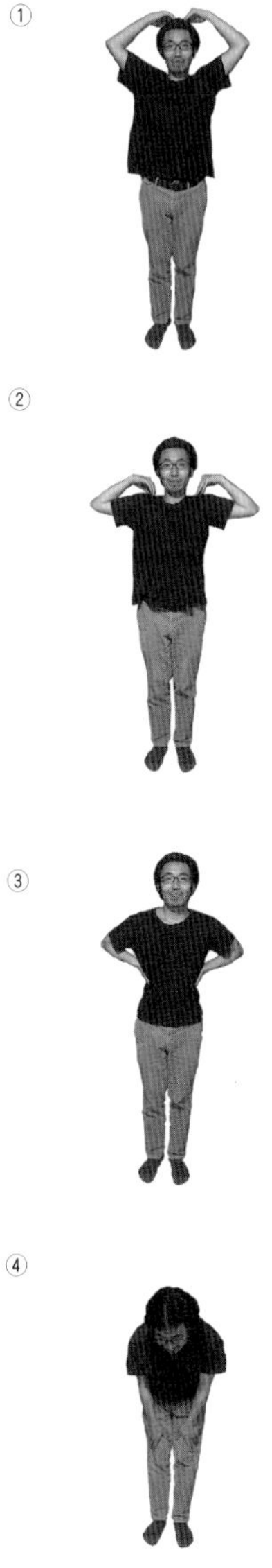

図1　シンプル・バージョンの体操

体ではなく、お隣の方の体の部位を指すようお願いする。すると、お隣同士の方のコミュニケーションが密になり、普段お話しない人同士で話を始めるきっかけになる。また、この際、ファシリテーターと参加された方がお互いに体の部位を指し合うのもよい。運営側と参加された方との境界が氷解していく効果がある。

　その延長として、番号を言う人はファシリテーターだけでなくてもよい。参加される方や周りのスタッフも巻き込んで、番号を言ってもらおう。こうして、みんなが「将軍」になって指令を出す、というところから、この体操は「将軍ゲーム」と名付けられている。

　次に、立ち居が可能な方や元気な方が多い場合、今度は、番号を増やしてみる。1〜3番までは先ほどと同じ、そして4番をお腹、5番を膝、6番を足とする（図2）。番号が増えることで、体の運動も多様になり、ゲーム性も高くなる。

　さらに、2回続けて同じ人を指すのを禁じると、お隣の方の体だけでなく、色々な方の体を指す必要

①

②

③

④

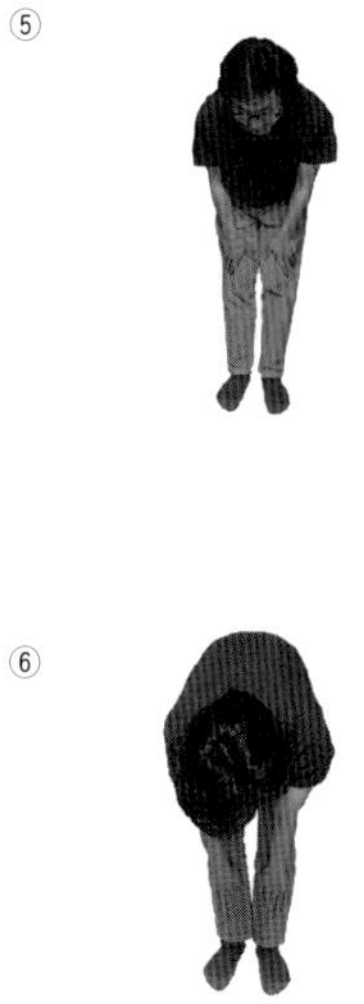

図２　応用バージョンの体操

が生じる。すると、指す／指されるの関係はさらに多様になり、移動しながら他の人の体を指す必要も生じるので、運動性も増す。

どんな素が出たか？　身一つで、色々な身と交わる

将軍ゲームは、体操の原点のように思う。体操は自分の体の状態を整えるための運動と思われがちだ。しかし、体を動かすということは、空間の中で自分の位置や姿勢を変化させていくことである。そして、自分の位置や姿勢が変化すると、実は、その周りの人との関係も変化していく。将軍ゲームはそのことを、体を指すというシンプルなルールによって可視化する。体操は、本来そうした対人関係を変化させる技法なのではないか。自分のためだけでなく、コミュニティの可変性をも生み出す技法なのではないか。自分本位から解放され、みんながおおらかに参加できる場を生み出すよう、シンプルな体操からプロジェクトを始めてみてはいかがだろうか。

（角尾宣信）

註釈

註１：菅原さんの活動についてはOiBokkeShiの下記サイトをチェックされたい。http://oibokkeshi.net/（最終閲覧：２０２０年４月19日）

註２：菅原さんのオリジナルの方法は、「遊びリテーション「将軍ゲーム」」『ブリコラージュ』31巻２号、２０１８年８・９月号、24頁、参照。またこの体操の原案は、三好春樹・上野文規・下山名月編『シリーズ　生活リハビリ講座５　遊びリテーション学』雲母書房、１９９９年、１６９-１７１頁、参照。

※本原稿執筆に当たっては、菅原直樹さんにご協力いただきました。ここに謝意を記します。

04

公園間違い（？）探し

「何かがいつもとちょっと違う」、
まちの変化を見つけて気づくこと

背景　小金井市での参加型アートプロジェクト

２０１５年～２０１７年の３ヶ年、筆者は東京都小金井市の文化事業のディレクターを務めた。「小金井と私　秘かな表現」と題した市民参加型のアートプロジェクトでは、参加者が多様な文化芸術に出会い、自分たちが暮らすまちや日々の生活を異なった視点でもう一度見つめ、その日常の延長で自分なりの「秘かな表現」を見出すことを目指した。２０１５年はワークショップを重ね、２０１６年は参加者が初年度の気づきをもとにまちに繰り出し、声かけに応えてくれた市民の「記憶」をテーマに展覧会をつくり上げる市民生活展「想起のボタン」を実施。２０１７年は展覧会の経験をもとにより深めた参加者一人ひとりの「秘かな表現」と市民の「記憶」群をもとに、小金井のまちに飛び出すことを目指したツアープログラム「想起の遠足」を行った。

「秘かな表現」というのは、別に絵を描くことや音楽を奏でること、踊ることや演じることなどに限らず、生活の中から人知れずつむがれる不思議な行為のことをさす。それは「普段の生活をほんのちょっとだけズラす」という性質を持つ行為で、例えばこれから紹介するワークショップは、まさにその類を象徴する「なんてことはないけど、日常に対する発見が確かにある」というアイスブレイク的取り組みだ。

概要　いつもの公園に変化を仕込む

その地域のどこにでもありそうな公園が舞台。その公園にあらかじめ、「ちょっといつもと違う七つの変化」を仕込む。例えば、藤棚に本物のリンゴがぶら下がっている。「カラスに注意」という看板にそっくりな手書きバージョンの看板が貼られている。電話ボックスの中に10円玉が数枚積み上がっている。木にしめ縄がかかっている。ロボットの形をした滑り台の、そのロボットの鼻の箇所に同色の鍋つかみが被せられている、雑草の中に造花が仕込まれている……、などなど。こうして言葉で書くとすぐにバレそうに感じるかも知れないが、かなりそれとなく仕込んであるので、一見するだけでは変化に気付きにくい。地域住民が参加するワークショップゆえに、その公園が普段どんな様相かは、みんなわかっている。その差分を見極める中で、「あらゆるものが普段と違う」ように見えてくるのだ。もちろん七つの中で発見の難易度にはばらつきがある。すぐに「これは仕込んだでしょう!」と見つかるものもあれば、相当注意を向けないといつまでもわからないものもある。徐々に「日常」に対する感覚が研ぎ澄まされ、あらゆる現象を高解像度で受け止めるようになり、「物」だけでなくそこにいる「人」(実際に後述する大阪での同様のワークショップを行った際は、清掃係としての俳優を仕込んだ）にまで関心が向いてくる。全問が解き明かされたのちに、このワークを通じて感じた気づきを、みんなでシェアし、公園を出たのちの帰路も含めて、まちに対する新たなまなざしをほんの少し手に入れる体験へとつなげるのが、このワークショップの狙いである。

やってみよう！

まず候補地となる公園選びから始まる。公園は個性が強すぎず、どこにでもありそうな公園でありつつも、遊具や緑化環境に多様性があることが望ましい。平たく言えば「仕込み甲斐」があるのである。逆に遊具が滑り台とブランコしかなくあとは原っぱのようなのっぺりとした空間では、遊びは入れにくい。公園を選定したのちは、公園の環境に「適度な違和感」をもたらすような道具の手配が必要だ。仕掛けには「公園にありそうだけど、ほんとうにあるのかどうかわからないようなもの」というレベルのものが多くなりがちなので、「既に公園にあるものの配置を変えてみる」方法も有効だ。また一方で1割〜2割は「冷静に考えればなんでこんなものがあるのか」という、笑いが起きそうなわかりやすい演出があることで、ワークそのものは盛り上がる。これらのバランスを検討しながら、最低7つ、しかし七不思議にこだわりすぎずに、10数個あっても構わない。ただし、仕掛けの個数だけはあらかじめ参加者に伝えておくこと。

仕掛けを見つけた人は速やかにこっそりファシリテーターに伝え、数人が気づいた段階で参加者全員をその場所に集めてネタを明かす、それを仕掛けの数だけ繰り返すので、大体においておよそ20〜30分程度の実施となる。その後、およそ15分程度、振返りをし、合計45分程度の公園での滞在時間となる。実際に一つやふたつ、難易度の高い仕掛けもあるの

図1　小金井市内（2017）で行った際の一例。石が一列に並んでいるが、これは容易に発見できる例だ。

で、最後まで見つけきれない場合は、こっそりヒントを与えながら、総尺として45分程度となるようにタイムコントロールをしている（図1）。

どんな素が出たか？　日常をより丁寧に楽しむきっかけに

これまで小金井をはじめ、大阪市北区の国立国際美術館で開催された高校生向け表現ワークショップも含めて2回実施した。前述したように小金井ではまさに「地元」の住民が参加したので、その日常との差分をしっかり確かめることができるワークとして展開した。参加者からは「自分が普段子どもと通っている見慣れた公園でも、まったく違う見え方がした」という反応や、「日常に対するまなざしが少しずつ変わっていくのが感じられた」といった反応をもらえた。そのことで、小金井という各々が暮らされるまちに対するまなざしの解像度を高め、日常をより丁寧に楽しむきっかけの一つをつくれたのではないかと実感している。

一方で後者の取り組みでは、大阪市内全域から訪れる中高生だったため、全員に馴染みがある公園を選ぶのは難しかった。しかしそれでも実施に踏み切ったのは、そもそも「美術に関心がある高校生」を対象としたワークショップシリーズにおいて、筆者に求められていた役割が、表現に日常的に取り組む（もっと言えば美大などを目指す）彼ら彼女らの「表現観」をより自由に解き放つというものであったためだ。この目的は、このワークショップが生まれたきっかけであるアートプロジェクト「小金井と私秘かな表現」のコンセプトと通底する。どちらも、通常「アート」とされる既存のイメージが定着した表現を、日常に対するまなざしを変容させるための創造的な道具として捉え直す作業なのだ。それゆえに、会場である国立国際美術館から徒歩圏内であるという条件は守りつつ、どこにでもありそうな平均的な公園（でありながら前述の【やってみよう！】で書いた特徴を比較的クリアーしている公園）において、実施してみた。すると、厳密に馴染みがある公園ではないにせよ、「公園」というものに対する既存のイメージとの差分において成立する部分も多々あり、また「（シンプルに）これは楽しい！」と相当に盛り上がった。

また大阪においては、小金井では取り組まなかったオプションとして、美術館から公園までのルートと同様のルートを通って帰る際に、「実はこの道すがらにも何か仕掛けがあるかもしれないですね」という暗示をかけてみた。すると、明らかに往路と帰路での会話やまちに対する探り方が変わった。実は、何も仕掛けてなかったのだが（！）、しかしそもそも厳密に言えば公園においても、筆者が仕掛けた何かに限らず、その時間帯にだけたまたま砂場に落ちている

図2　大阪市内（2018）で行った際の一例。桜に造花が挟まっている。

「何か」や、たまたま木に引っかかっている「何か」は確実にあるはずであり、つまり日常そのものが微細な変化の積み重ねで成り立っており、いっときとして「固定した日常」などないことに気づかされるのである。それが、このワークショップのタイトルの中にある「間違い」という言葉に（？）を付けたゆえんである。比較的簡単に試せるワークショップなので、ぜひみなさんのまちでも遊び感覚で実験してほしい（図2）。

（アサダワタル）

※本稿執筆にあたり、NPO法人アートフル・アクション、国立国際美術館はじめ関係各位、および参加者の皆さんにこの場を借りて感謝申し上げます。

Discussion 1

語りの場をつくり、日常の見方を変える

〈メンバー〉

饗庭伸

公共空間のデザインでワークショップを使う都市計画家、アイスブレイクは苦手

角尾宣信

介護施設で「青い山脈ノリノリ法」「将軍ゲーム」を活用する映像研究者

安藤哲也

アリバイづくりのワークショップに疑問を抱いているまちづくりコンサル

アサダワタル

表現活動を通じて社会の風通しを良くしたいと願う実践者・文筆家

・アイスブレイクって何？

饗庭：1章は「アイスブレイク――盛り上げる場から語りの場へ」で、4つの方法を紹介してきました。アイスブレイクという言葉は色々な分野で使われていると思いますが、みなさんはアイスブレイクという言葉をどういうふうに捉えていますか。

角尾：僕の場合、高齢者の方に向けたワークショップをすることが多いのですが、始める際に「起きてもらう」必要がどうしてもあります。「始まるよ」って合図をするために、体を活性化する何かを行う必要がある。これは参加される方の認知症の度合いや体の具合にもよりますが、「ちょっと今日はぼんやりされてるな」という時はアイスブレイクをやるようにしています。また、新しい施設に伺う場合、僕が入室すると「よく知らない部外者が入ってきた」って警戒心を持たれる方が多いので、それを和らげてもらうためにも、まずはアイスブレイク

をした方が、そのあとのプログラムもスムーズに進みます。介護施設も一種の村社会なので、そこにどうやって入っていくか、という時に、アイスブレイクがよい効果をもたらすことがあると思います。

安藤：アイスブレイクはその後のワークショップがやりやすくなるように、雰囲気をよくしようというのが目的ですが、うまくいってないことも多いなと思います。例えばわりと重いテーマのワークショップなのに、とても楽しいアイスブレイクをしてしまい、「なんだったの、今の」となったり、その逆も然り。アイスブレイクはワークショップの方向性に沿うように、ホップ・ステップ・ジャンプのホップにちゃんと位置づくようにした方がいいかなと思います。今までで一番嫌だったのは、勉強が目的のセミナーに行ったのに、突然「アイスブレイクやりましょう。じゃあ今から隣の人と5分ずつ身の上話をしてください」っていう謎のアイスブレイクがあって辛かったです。しかも、アイスブレイクの後は淡々とセミナーが始まるっていう（笑）。

アサダ：この質問について、あんまり考えたことがなかったですね。あまり「アイスブレイクをやります」っていう風な意識で、時間を区切ってやることがほとんどないです。導入部分をどうするかっていうところで言うと、例えば「くせの再演」では、最初にいくつかのくせってどういう例があるのかを見せる時間がワークショップ全体の中に組み込まれていますが、言うならば、多分それがアイスブレイクで、みんなで笑ってもらうとか、「あるあるそういうの！」みたいな、何かを感じて貰って、イメージをまず共有することは確かにやってるな。

角尾さんが仰った、村社会的なところに入る際の話は、たしかにそうだなと思いました。こっちが何者であるか、どういう文脈でこういうワークショップをやっているかを、まったく知らない相手の中にポンとほりこまれてやるような時にはアイスブレイク的なものを、ちょっと準備体操的にした方がいいなって思います。アートプロジェクトやアートとまちづくりが好きできたっていう人だけが集まっているタイプとで、やり方が全然変わってきます。そもそもの文脈を全然知らないところにほりこまれると、いきなりやっても、本当に「なんやお前？」って話になってしまう。ですから、そういうところでは、多分無意識にアイスブレイク的なことを埋め込んでいるんじゃないかなと思います。

・アイスブレイクをするか、しないか

角尾：そのあとのプログラムで展開するテーマの重さによって、アイスブレイクの有無や内容を考える必要があるという安藤さんの指摘ですが、僕の場合はその後に重い話をするタイプのワークショップってあまりやってこなかったんですね。重い話に入っていく時のアイスブレイクのやり方とか、そもそもアイスブレイクをしないとか、そういった具体的な判断をする際、どんな風に考えていますか？

安藤：一例ですが、まちの将来像を語り合いましょうというワークショップをしました。テーマが千葉県の柏駅前の20年後の将来像だったので、〝駅を降りた瞬間のまちの印象〟を一つのキーポイントとして考えて欲しかったんです。そこで、首都圏の色々な駅前の写真を15枚、A3サイズに印刷してグループごとに配りました。そして「これはどこの駅前でしょう？」という何問正解できるか競うクイズ形式のアイスブレイクをしたんです。例えば渋谷とか池袋とか、そういう駅はほぼ全員がわかるんだけど、ちょっと微妙な駅になるとやっぱりわからない。「全問正解できた」とか、「10点だった」とかで盛り上がった後に、アイスブレイクの意図を伝えます。「多くの人が正解している駅はまちとしてのイメージが強い。つまり、まちのとしての格がありますよね。駅を降りた瞬間のまちの見た目はまちのイメージそのものであり、まちとしての格に繋がるんですよ」という話をする。柏はどこを狙っていきま

すか、という話をすると、駅前の印象って大事なんだということがみなさん理解できるんです。ただのクイズなんですけど、話が繋がるので腑に落ちる。話し合いのテーマがアイスブレイクで共有できるので、とてもスムーズにわかってもらえました。

角尾：なるほど。アイスブレイクの内容とその後の話し合いとのあいだに、ある程度、関連性が必要だということですね。

安藤：柔らかいワークショップの場合は、ボードゲームを持っていくこともありますね。市販しているボードゲームで、ワンプレー10分とか15分で終わるようなやつを「実は僕ボードゲームカフェの運営もやってるんです。そんな顔も持ってるんですよ」って楽しげな笑顔で、チーム対抗戦のゲームなんかを用意します。「さあどのチームが一番高く積むことができるでしょうか、制限時間10分です、よーいドン」ってやると、チームみんなでせっせと高く積み上げるわけです。そして全部終わった時にみなさんのチームワークを褒めてから、「今日はグループで話し合っていきますよ」って伝えると、割とよい雰囲気で進んでいきます。

角尾：お話を伺っていますと、安藤さんの場合も、アサダさんや僕の場合も、アイスブレイクにはゲーム性が必要になるという点では共通している気がしました。

• 楽しい気持ちが高まった後の「冷まし方」

饗庭：アイスブレイクで楽しい気持ち、開かれた気持ちにすることは大事だと思うんですけれども、そこから真面目な話をしなきゃいけない時に、どういう風に戻ってもらうか、戻し方やタイミングを間違えると大変だと思っています。気持ちのテンションが高いまま話し合いをしてしまい、最後までそれでいってしまって、終わった後に、「いや、あの時は楽しくなってあらぬことを言ってしまったけど、冷静に考えると難しいよ」というふうになってしまうことがありそうです。アイスブレイクの次の「冷まし方」も大事なんだろうなと思っています。

アート系のワークショップは、そのまま上がった状態で行くこと、変な言い方をすると、上がった状態のテンションのまま、ワーっと手を動かしてもらえるかっていうところに、アイスブレイクの役割があると思います。そこが都市計画のワークショップとは違うのかなと思いました。

角尾さんのワークショップも、お爺さんとお婆さんを起こすんですよね。お爺さんとお婆さんに、30分でも力を振り絞って喋ってもらい、頭の細胞を活性化しようっていうことだと思うので、「上げ上げ系」ですよね。上げる－下げるを意識することはありますか?

角尾：上げ下げはやっぱりあって、リクエストの中で、例えば上げ上げ系の曲や映像ばかりが来た時に、僕は敢えて下げるような曲を入れることはあります。上げすぎると逆に疲れて何も話さなくなっちゃうことがあるんですよ。

饗庭：上げる映像と下げる映像、上げる曲と下げる曲ってどういうものですか。

角尾：敗戦のトラウマに触れるような曲はやっぱり下げ系ですね。軍歌とか、復員兵関係の歌とかは、もちろん様々な反応があるんですが、基本的には下げ系です。そういう曲や映像を入れずに、楽しさと興奮だけを強調してしまうと、満足しすぎて「ああ楽しかった！じゃ、今日はお疲れさま～」みたいになります。そうなると記憶をシェアするという趣旨が変わってしまうので、満足させすぎないように、ちょっと暗いものを、歴史の裏面を出すみたいなことをやってるところはありますね。

饗庭：下げた状態で、何を考えて、何を感じてほしいですか? どういう語りが出てきてほしいとか、どういったことを期待しているのですか?

角尾：普段は語らないこと、語りたくないことも聞かせてほしい、という気持ちがあるんですよね。

人生、楽しいばかりじゃないわけだから。必ず物事には裏面があって、表と裏の双方あってバランスが取れるんじゃないか、という気がしています。これは僕自身の研究、敗戦後の映画史にも関わってくる問題で、戦後復興してよかった、だけじゃないでしょう、という問題意識があり、そういう語られなかった記憶を聞くことが自分の研究にとっても刺激になります。また、参加されている方も、自分の人生の危機だったご経験に触れることで、地に足がつくと言うのか、単に楽しいドリームランドに行くんじゃない、現実の自分の人生を振り返ることができるような気がするんです。そして、そういう語りの場に、介護施設のスタッフの方もいることが大事に思っていて、それはスタッフの方が介護している利用者さんの人生や人格を知って、よりよい介護を行うことにもつながると思いますし、利用者さんより若いスタッフの方が、この国の歴史に触れるよい機会にもなったらイイなと思っています。

• 日常のテンションで考えてもらいたいWS

饗庭：上げると下げるという言葉を使ってしまったのですが、少し違う言葉の方がいいかもしれません。戦争でつらかったことも、青い山脈を歌って興奮していたのも、振れ幅として見たら、同じではないかと思ってます。逆に、振れ幅の小さい、日常的なこと、それこそ「この世界の片隅で」みたいなことを思い出してもらうことが大事じゃないかなと思います。プラスの楽しい記憶とマイナスのつらかった記憶があって、その真ん中の日常みたいなことが出てくることも大事ということはないですか。

都市計画のワークショップだと、最後は振れ幅を小さくして、日常の延長で合意を形成してもらわないと困るわけです。ワークショップがイベントっぽくなってしまい、まちづくり楽しい！というノリを最後まで続けるのではなく、日常に戻ってもらって検討を重ね、最後に合意を形成してもらうことが都市計画の仕事です。

その時に、アイスブレイクは、暗い記憶だろうが、明るい記憶だろうが、振れ幅を大きくして、参加者の意識を一度かき混ぜてみるっていう役割なのでしょうね。かき混ぜられたあとのワークショップにおいて、少しずつ振れ幅を小さくしていき、日常に戻すことも考えておきたいです。

・わからなさを体験してもらいたいWS

アサダ：都市計画は、ワークショップを通じてどういう議論をしてもらうか、目的がかなりはっきりしているのだなと改めて思いました。

僕がやっているのは、ワークショップそのものが「体験」なので、体験の質の中から出てくる言葉って、むしろ何が出てくるかわからないし、こういう言葉が出てきたらいいなっていう期待よりは「わからなさが生まれる状況づくり」を目指しているんですよね。例えば対象者がいて、本人の中で明るい記憶や暗い記憶という、普段何かしら語っている記憶ではない、本人もよくわからないボタンを押されて、結構無意識の中にあった記憶みたいなものが浮かび上がることがあります。「そういえばまったく忘れていたけどあの時あんな感じのことが面白かったな」、みたいなこと。それはさっき饗庭さんが仰ったような日常の些細な出来事みたいなことと言い替えられるかもしれない。やっぱりこちらも計算できないところで、なんかそういう偶然性の高い想起や対話のボタンを押せるような状況にするには、どういう場をつくったらいいのかなという発想をしています。そのために、不思議な感性がはたらくような場をできる限り設定するわけです。ワークショップで体験したことによって、何か自分の中でも「こんなことを私は思っていたんだ…」とか、「思わず喋っちゃったけどそんなこと全然忘れていた…」みたいなこととか。明るい暗いとか、上がる下がるというような座標軸で語れないタイプのものが出ると、それでオッケーっていうところがありますね。それが何かの目的を達成しているかというと、直接の課題解決になるかどうかはわからないですけども。

ラジオ下神白（４章）でやっているのは、音楽とか音楽を通じた語りの中から、本人も「こんなこと喋っていいのかしら」みたいな感じになっていって、「そうそう…そういえば…」みたいな感じで、ずっとテンションは高いわけではないけど「話してよかったなあ」となる。そして、そこから出てくる次の段階として、これは結果論ですが、震災体験に対する語りが生まれてくる。「震災体験を語って欲しい」という目的を設定するようなタイプの場とは、違う回路からその語りにも繋がってくることが起こるんです。しかし、そこは必ずしも目指さない。そんな感じでやっているので、場の体験そのものが目的ですよね。

・アイスブレイクがスキル化されてしまっている

安藤：アサダさんの話を聞いて「アイスブレイクって何なの」ってことを、今改めて考えているんですけど、その後のワークショップがスムーズに進むためにやるアイスブレイクと、ボードゲームみたいなものをやるアイスブレイクってタイプが違うなと改めて思いました。後者のボードゲームは場の雰囲気をよくする目的であって、前者はもはやワークショップの一部なのかなと思います。

アサダさんのくせのワークショップも、くせのワークショップで１回盛り上げてその後に本命のワークショップがあるわけじゃないですよね。だからくせのワークショップはあくまでもアイスブレイク的に、つまり場の雰囲気をよくするワークショップなのであって、それをアイスブレイクにしてしまうのは違うのかなと。そうするとアイスブレイクって何なの、ってことになるわけです。

饗庭：実は、僕はアイスブレイクという手法を、最近やっと意識して人前で使えるようになりました。単純に僕が遅れていただけなのですが、都市計画やコミュニティデザインの世界で、アイスブレイクがプロのスキルになっていて、プログラム化され、そこに対価がついて、現場に持ち込まれている、という大きい流れができたのは２０１０年代以降ですかね。ここまでの議論で、アイスブレイクの過程で参加者から出てくる、わけのわからない言葉や、長たらしい語りこそが重要で、それをどう扱うかが、都市計画やコミュニティデザインのプロには問われているのだろうと思いました。ここ10年間のスキル化、プログラム化の流れを少し反省しないといけないかもしれません。

安藤：ワークショップのノウハウをレクチャーするプログラムが増えてますよね。そこで学んだ人のワークショップに参加する機会があったんですけど、２人ともいかにも「手法を学んだんだな」って感じ。笑顔で元気がよくて、強制的に用意してあるアイスブレイクをやらされて。とりあえず楽しく自己紹介すればそれがアイスブレイクだろってことが伝わる内容でした。その後のメインプログラムとはもちろん関係しなかった。これダメだなって強く感じました。参加者がファシリテーターに付き合ってあげていることに気付いてない。

僕はいつもファシリテーターはピエロであれって思ってるんです。場慣れしてない限り、人前で意見を言えって言われたら緊張しちゃうのが普通だし、ファシリテーターが難しい言葉を使えば使うほど萎縮しちゃうと思うんです。だからこそファシリテーターはピエロを演じるつもりになって、冗談を交えながら、柔らかい言葉で喋る。ファシリテーターが喋るだけで参加者が安心できるなら、もうそれ自体がアイスブレイクになり得るのかなと思います。

だから僕のこの背景（この日はＺＯＯＭで開催。

メンバーが笑って突っ込みたくなる背景を設定しておいた）もアイスブレイクなんですよね。

アサダ：ある意味の「出落ち感」ってアイスブレイク的ですよね。

・安心していられる場を提供すること

安藤：「今日はこういう雰囲気ありなんだ」っていう暗黙の理解が、空気を和らげて安全安心の場をつくる。メンタルが安全安心でいられる場を提供できることがアイスブレイクなのかなと思います。

角尾：懐かしの映像を見たり聞いたりするワークショップは、総称して「回想法」と呼ばれていますが、もう一つ重要な手法として「ライフレビュー」というものがあります。色々な記憶を思い出し、その方が自分の人生を総括することで、余生を充実して送る活力と死に対面する心の準備を養っていくものです。だからワークショップの目的は、先ほどアサダさんが「場に返す」って指摘されましたけど、その場にいる方自身に返すようなことがあると思います。ワークショップを通じて、色々な記憶が思い出されて、例えばある方が、自分は八百屋さんをやっていて近所の子どもたちに手品を見せるのが楽しみだったんだ、と語ってくれた時など、なんだか、その方の人生の像が一つ整った感じがし、こういう語りを引き出すためにワークショップをやっているのかもなあと思ったりしました。その方が本当に八百屋さんだったか、手品をしていたか、その真偽の問題というよりも、ご自身としての像が整うのが大事だなと。その方がその方としていることを認識できる、という風になることが、僕にとっては大事かな。

アサダ：アイスブレイクというよりもワークショップ全般の話ですが、「くせの再演」や「公園間違い（？）探し」のようなワークショップの目的って、硬い言葉で言うと、「コミュニケーションの批評」っていうか、こういうコミュニケーションの形がありますよ、日常ってこんな風に批評的に見れるんだよ、ということを伝えることだと思っています。すごく些細なことに対して、批評的に「こういう見方って面白いじゃない？」と見てみる体験を一時間でやるようなことです。その体験は1時間で終わるけど、その後に日常のものの見方がちょっと変わる。変な言い方ですけど「日常に対するアイスブレイク」としてワークショップが位置付けられるのかと思いました。

2章

ブレインストーミング

——アリバイづくりから
コミュニケーションづくりへ

05

川崎景観ボードゲーム

まちへの愛着が
可視化されるゲーム

背景 ワークショップでゲームをつくる

ゲームを使ったワークショップを行う、ゲームがワークショップそのもの、という事例は本書でも紹介しているが、ワークショップでゲームを制作する事例は多くはない。なぜなら〝船頭多くして船山に上る〟という諺がある通り、各々が好きなことを主張していては一つのゲームにならないからだ。インディーズのボードゲーム業界でも大勢でつくり上げたゲームは見たことがない。しかし、筆者の専門はまちづくりである。まちづくり業界において広く市民の意見を聴くことはもはや当たり前のプロセスであり、それらの意見を大切にしながら一つの方向性をつくり上げていくことが不可能でないことを知っている。これらはアウトプットの違いでしかなく、市民と一緒につくり上げるビジョンやルールなどと同様にゲームをつくることは可能であると筆者は考えていた。

　さて、ここでは約1年の間、市民参加のワークショップを繰り返し、一つのゲームをつくり上げた事例を紹介したい。発注者は川崎市である。川崎市から筆者に〝景観〟に親しめるゲームをつくれないかと相談があったことからプロジェクトは始まった。詳細は後述するが、完成までに体験会を何度も行い延べ200名近い方に体験してもらった。多くの方が「もう一度やりたい！」と再プレイしており、何度もあそびたいゲームに仕上がった。また、市内の小学生のアンケートではほとんどの生徒が「川崎市の景観が好きになった」に○をつけており、当初の「楽しみながら〝景観〟を学ぶ」という目標も達成できたと言える。

　それでは、プロジェクトの詳細を紹介したい。

概要　景観に親しむことのできるボードゲーム

「よい景観」と「悪い景観」が存在したとして、どちらがよいかと問われれば多くの人は「よい景観」と答えるだろう。では、「景観ってなんだと思いますか？」と問われた時に、明確な回答を持つ人はどれだけいるのだろうか。

　さて、ヨーロッパの街並みは美しいと誰もが言うが、街並みを美しいと感じる要因とは何か。筆者は景観の専門家ではないが、一つの要因は統一感であると言ってよいだろう。ヨーロッパは石の文化であり、エリアでしっかりと景観の統一がされており、それが訪れた者の感情に訴えかけるのだろう。筆者は、花の都と言われるフィレンツェの美しさが特に印象に残っている。

　もちろん、日本でも景観を向上させようと多くの自治体で様々な取り組みがされている。筆者の住む川崎市も例外ではなく、今回のプロジェクトも筆者が川崎市のまちづくり局計画部景観・地区まちづくり支援担当の職員から相談を受けたことから始まる。川崎市の職員は〝景観〟というテーマを市民に親しんでもらうための手法について模索しており、筆者に「市民が景観に親しむことができるボードゲームをつくれませんか」という相談があった。これまで市は景観をテーマにしたスタンプラリーや景観の専門家を招いてのシンポジウムなどを毎年開催してきたが、テーマが難しいのだろうか、集まる客層が景観の玄人や時間のあるシニア層に偏っていた。そこで、より広く一般市民を集めるためにターゲットにしたのは子どもを持つ若いファミリー層である。これらの層は自分のまちに関心を持つことが少ないようだが、親子や子ども同士で楽しくあそべ、あそんでいたら自然と景観について学べるゲームを開発できたら、若いファミリー層にとって景観が身近なものになっていくのではないか。そんな展望を抱いてこのプロジェクトはスタートした。

川崎景観ボードゲーム

このゲームは冒頭の「景観とは？」をテーマにしており、その回答として建物やみどりは単体ではなく、群になった時に〝景観〟になる、というメッセージを入れている。まずはゲームの概要を簡単に紹介したい。

このゲームは2〜4人であそぶ対戦ゲームである。それぞれのプレイヤーは都市デザイナーという設定であり自分の関わる都市の景観をよいものにすることを目指す。よい景観ができると、景観ポイント（KP）を得ることができ、ゲーム終了時に最もKPを稼いだプレイヤーが勝利となる。

プレイヤーは自分のターンになったら1枚建物タイルを手に入れ、それを自分の前に置く。このタイ

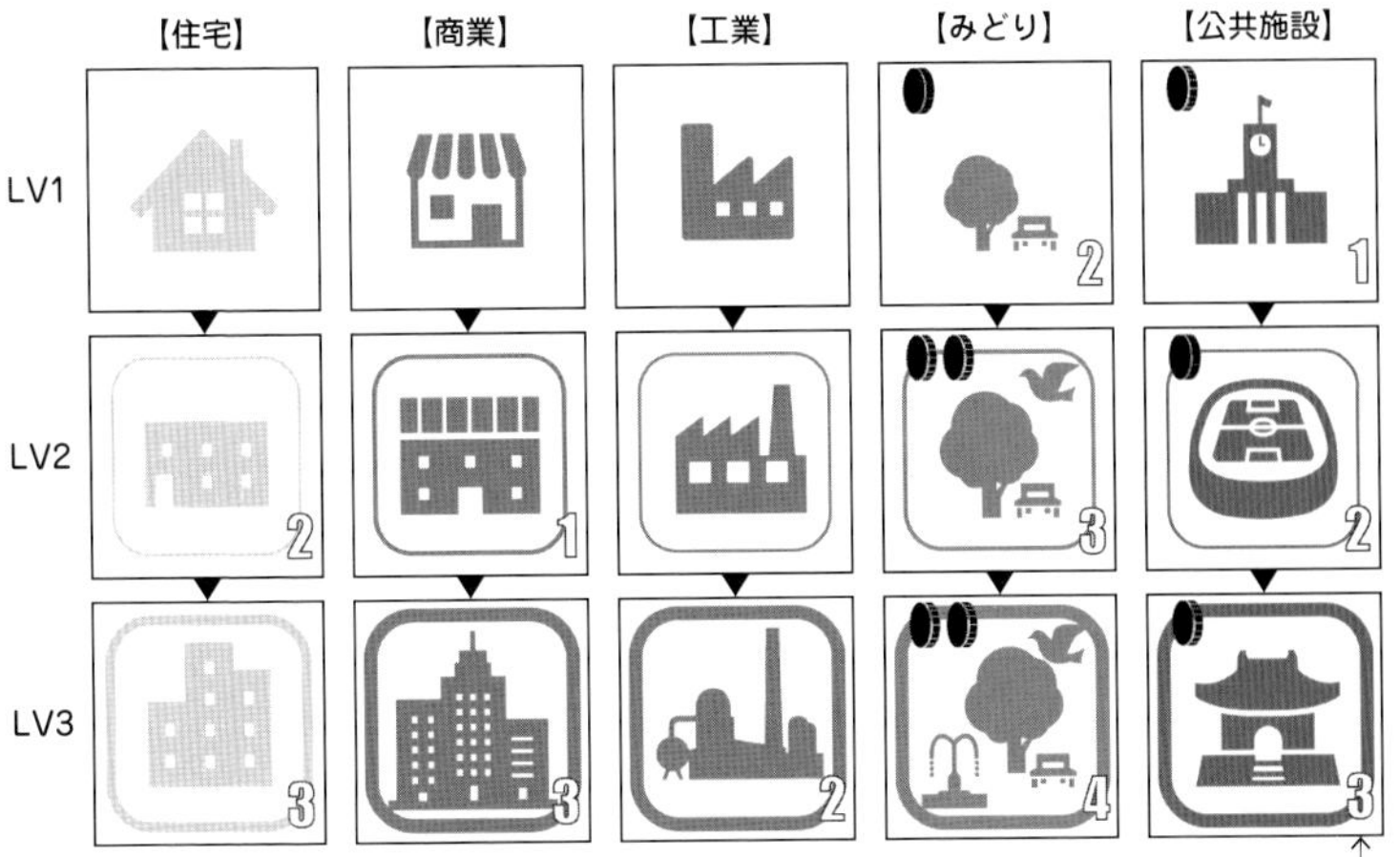
右下の数字は景観ポイント（KP）を示している。建物のレベルが上がっていくと、KP が増加する。
左上のコインは維持管理費をイメージしており、建設する時に支払う必要がある。みどりや公共施設は「景観ポイント」は高めだが、維持管理費がかかるため、乱立すると財政が破綻する。自分のまちの収入とのバランスが必要になる。

図１　建物タイルの５つのタイプのイメージ

ルを起点に自分のまちが広がっていく。次のターンに2枚目、その次のターンに3枚目とタイルが増えていき、それらを繋げて自分だけのまちをつくっていく。最終的にタイルは16枚を4枚×4枚の正方形に配置しなければならないが、タイルは最初に置いたタイルを起点にして、既に置いてあるタイルに繋がるように置くというルールがあるため、必ずしも思い通りにはならない。そこがゲームとして戦略性を持って楽しめるポイントである。

タイルには、住宅、店舗、工場、公共施設、みどりの5つのタイプが存在し（図1）、それぞれのタイプに特徴がある。店舗・工場のKPは低めだが、配置することで資金を得ることができるようになる。これは法人税をイメージしている。一方で、公共施設とみどりのKPは高めだが、配置するために資金が必要になる。これは税金を使って、公のものをつくるイメージである。最後に、住宅についてはそれらの中間というイメージである。この5つのタイプを使い分けて自分の目指すまちをつくり上げていく。例えば、みどり溢れるまちにしたいのであれば資金が必要になるため、予め店舗や工場で資金を集めておくことが必要になるというわけだ。

さて、このゲームで最も重要な要素は「ニーズカード」である。ニーズカードとはその名前の通り、市民のニーズを表現したもので、「こんな景観がほしい」「こんな景観が川崎市の代名詞だ」という内容になっている(図2)。このニーズカードを達成することでプレイヤーはKPを得ることができるため、ニーズカードの達成は勝利するために非常に重要である。では、どのように達成するかと言うと、ニーズカードに書かれている通りにタイルを配置すれば、市民に求められた景観ができあがったことになり、そのカードを手に入れることができる。例えば、図2のように、「ライトアップされた工場夜景」という景観を成立させるためには、工場タイルを3枚連続させる必要がある。工場が連なることで工場夜景が成立するということを伝えている。

このゲームは市民ワークショップを重ねてつくり上げたが、企画当初から重要にしていたポイントが2つある。それが「川崎らしさ」と「景観っぽさ」だ。ゲームとして面白いことは当然として、この2つのポイントを表現することが「川崎」の「景観ボードゲーム」として重要だと考えていた。

「川崎らしさ(=川崎らしい景観)」については、市民ワークショップを重ねる中で市民目線から「これぞ川崎の景観だろう」というものをピックアップしていき、最終的に市の考えとすり合わせながら選定していった。これがニーズカードである。こうした重要なメッセージをルールブックに盛り込み、市の考えや、市内のどのエリアの景観をイメージしているかなどを具体的に示した(図3)。このニーズ

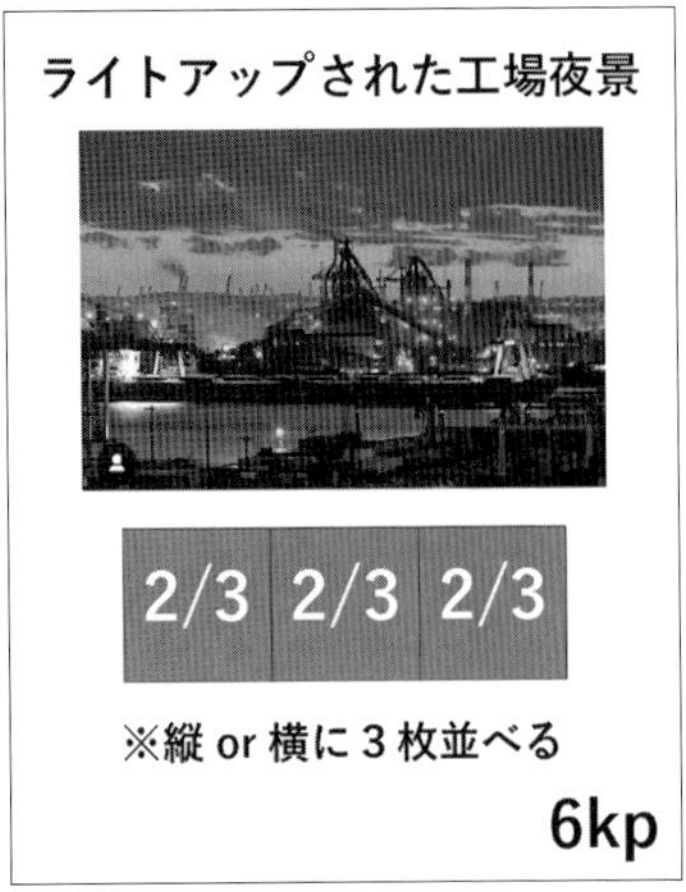

図 2　ニーズカードの一例。このニーズカードを達成するためには、LV2 ～ LV3 の工場タイルを直線に 3 つ並べる必要があることを示しており、これを達成すると、ゲーム終了時に 6KP 獲得できる

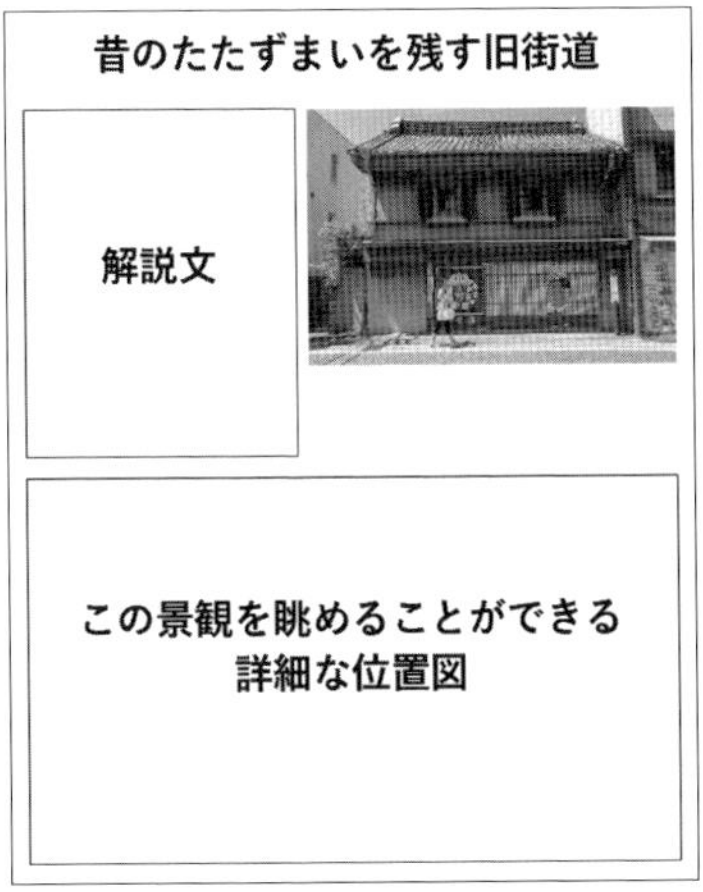

図 3　ルールブックの紙面イメージ

カードは都市の特徴が最も出る部分なので、他都市で同様のゲームを制作する場合はここを丁寧につくることが大切だ。

「景観っぽさ」については、前述の通りタイルが連なることで景観となること。すなわち、建物やみどりは単体ではなく、群になると景観と呼べるものになる、というメッセージを込めている。

どんな素が出たか?

ルールが変化し、まちへの素が出る

このゲームは完成までに体験会を何度も行い、延べ200名近い方に体験してもらった。多くの方が「もう一度やりたい!」と再プレイしており、何度もあそびたいゲームに仕上がったことは〝景観〟に親しんでもらうという最初のステップは達成できたと考えている。ボードゲーム業界には「負けても楽しかったゲームはよいゲーム」という金言があり、そうした意味でも喜ばしく思う。

また、市内の小学校でこのゲームを用いて景観に関する出前講座を実施したところ、アンケートではほとんどの生徒が「川崎市の景観が好きになった」に○をつけており、当初の「楽しみながら〝景観〟を学ぶ」という目標も達成できたと言える。一方で、やりごたえのあるゲームを目指したため、ルールの説明だけでも15分程度は必要であり、ルールを知らない小学生だけが集まっても簡単にできる内容になっていない。このハードルの高さは今後普及を進める上で課題と言える。

さて、小学校での体験会で起きたことを紹介したい。このゲームはKPを集めることが勝利条件だが、とある小学校ではルールの改変が起きた。小学生たちは正式なルールであそんだ後、新たなルールを生み出した。KPとは無関係に自分が好きなニーズカードを集め始めたのだ。例えば工場系ばかり集めたり、みどり系ばかり集めたりと、自分が好きなまちをつくる。そして、最後にプレイヤー同士でよいと思うまちを選び投票し、最も人気のあったまちをつくったプレイヤーが一番となるルールだ。このルールには一応勝ち負けが存在するが、重要なことは勝ち負けがあることではない。自分のつくったまちに愛着を持ち、それを他のプレイヤーに伝えたいと思うことが何よりも素晴らしい。例えば子どもたちは多摩川の河川敷が大好きで、毎年行く川崎大師にたくさんの思い出があり、工場夜景が川崎の自慢だと知っているのだ。それらを自分がつくる箱庭のまちに投影し、熱弁をふるう。どれだけ自分は川崎のまちを知っているのか、どれだけの思い出があるのかを一生懸命に語るのだ。

若い世代は自分のまちに関心がないと至るところで聞いていたが、そんなことはなかった。まちについて考える・語り合うきっかけを提供することができれば、子どもたちはこんなにも自分たちのまちが好きで、まちに希望を抱いていたのだと知ることができる。本来の趣旨は〝景観〟を学ぶゲームのはずだが、気が付けば〝景観〟という枠を超え、まちへの愛着が溢れていた。まちに対して、プレイヤーの素が最も出た瞬間がここだっただろう。

やってみよう！ 自分のまちでやってみよう

ゲームをつくる際に、どういった手順で作成するかを紹介したい。川崎景観ゲームは次のような順番で進めていった。

① ゲームのコンセプトを決める

これは市からの依頼の段階で明確だった。すなわち「景観に親しむことができるゲーム」である。これに加えて筆者が提案したのは啓蒙的なゲームではなく、あくまでもゲームとして楽しめるものにすることだった。

② 市民を巻き込む

筆者と市だけでゲームを制作することはもちろん可能だったが、それでは広く普及しないと考えていた。そのため、市民の声を盛り込みたいと考え市民参加のワークショップでゲームを制作することにした。ワークショップは市民公募で20名のメンバーが集まり、「川崎らしさ」「景観っぽさ」の2点を徹底して検討した。

③ ゲームリテラシーを高める

ボードゲームをつくるのに、ゲーム＝スゴロクというイメージでは、ワークショップが深まらない。そのため、ワークショップの序盤は参加者に様々なボードゲームを体験してもらった。5時間のワークショップのうち、2時間をボードゲーム体験に充てる日もあったが、ゲームを一緒に楽しんだことで、テーブルの温度が非常に高まり、その後の話し合いが非常に盛り上がった。これは予想外であり非常によい効能を生んだ。ワークショップの各回にゲームの時間を設けたので、参加者は常に楽しそうだった。

④試作品をつくる

今回は5班にわかれ、それぞれ試作品をつくることになった。基本的には筆者が制作したが、参加者の中にボードゲームを制作した経験がある人もいたので、試作品づくりに協力してもらうことができた。

⑤多様な属性の方々でテストプレイを行う

ゲームを楽しいものにするためには何度も繰り返しテストプレイを行うことが必要である。本プロジェクトでは多様な属性の方々にテストプレイをお願いしている。ワークショップ参加者は「市民目線」を、次に「専門家目線」として建築・都市計画を学んでいる大学生を（図4）、最後に「子ども目線」を加えるべく小学校や児童館でテストプレイを実施した。これらのテストプレイでの意見を踏まえて、複雑なルールは削るなどの処理を行っていった。

⑥一つに絞りブラッシュアップする

テストプレイの感触を踏まえ、市が5つの試作品のうちから一つを選定した。評価基準は川崎らしい景観をゲームで表現できているか、だった。

⑦不特定多数に体験してもらう

最後にグランツリー武蔵小杉とラゾーナ川崎という大きな商業施設にて、対象を絞らないテストプレイを実施した。

⑧完成

以上を踏まえたゲームをワークショップ参加者でさらに検討し完成品となった。

こうしたプロセスで本ゲームは制作された。2020年3月から市内のこども文化センターに配布予定なので、正式な意味で効果はこれから見えてくるのだが、既にたくさんのテストプレイから見えていることがある。このゲームはまちの未来への期待と、愛着を掘り起こして可視化し、共有すること

図4　建築や都市計画を学んでいる大学生を対象にワークショップを実施した

ができる。プレイヤーはゲームに夢中になるからこそ、熱く語り、まちへの素が出る。シミュレーションゲームのはずだが、気が付けば私ごととしてまちをつくっている。このゲームが〝景観〟という枠を超えて、まちと市民の懸け橋になることを願っている。

（安藤哲也）

※川崎景観ボードゲームは前衛的な取組みに際し様々な障害を乗り越えた川崎市の職員の方々、多くの議論を重ねたワークショップ参加者の方々、テストプレイにご協力いただいた小学校、大学、商業施設などの関係者の方々など大勢の方々との関りを経て完成に至る。改めて御礼申し上げたい。

06

夢見る都市計画家ゲーム

夢とアイデアの実現手段が
無数に編み出されるゲーム

背景　都市計画・まちづくりの本質

あるまちで暮らしたり仕事をしたりしている人と一緒に、都市計画やまちづくりの検討を始める時、「都市計画やまちづくりって何ですか？」と素朴な疑問をぶつけられることがある。それに対してパワーポイントのスライドを50枚くらい準備して、1時間くらいかけて説明してもよいのだが、もっと楽しく、簡単に、都市計画やまちづくりの本質を伝えることができないか、と思って開発したのが、この「夢見る都市計画家ゲーム」である。

ゲームで伝える「都市計画・まちづくりの本質」はとても単純である。あるまちの誰かが、自分だけのためでなく、自分も含めた大勢の暮らしや仕事を豊かにしようと考えて、有形無形の資源を集めて、他者と協力しながらそのことを実現すること、このことが都市計画・まちづくりの本質である。都市計画とまちづくりの違いは、この時に誰が主語になるかということ、つまり単数の政府が主語になるか、複数の市民が主語になるかということ。そしてその実現のためにどういう力を使うのか、税金と権力を使うのか、持ち寄った資源と創造力を使うのか、ということにある。

このゲームは、この単純な本質を多くの人と共有するために開発された。つまり、沢山の人たちが、資源を持ち寄り、それを創造的に組み合わせて、都市の問題を解決していくこと、それをわずか30分ほどのテーブルゲームで理解してみようというものである。

やってみよう！

ゲームの構造は、都市計画・まちづくりを行う場所の地図を広げ、自分とは違うキャラクターになりきって、都市計画・まちづくりの目標を立て、その目標を実現する手段をみんなで考え、そのアイデアの優劣を競うというシンプルなものである。

①地図を広げ、キャラクターを選ぶ

自分のまちでもよいし、参加者みんなが経験を共有しているまちでもよいが、準備した地図を参加者の中央に広げる。そしてキャラクターのカードを準備しておき、参加者はそれを一つ選んでキャラクターになりきる。男性が女性になったり、高齢者が子どもになったり、普段と違うキャラクターになりきることによって、常識で固められた頭を柔らかくするためである（図1）。そしてコインを準備し、それぞれの参加者に、参加者の人数＋1枚ずつ配っておく。

②絵のカードと言葉のカード

地図を広げ、キャラクターを選んだら、いよいよゲームの始まりである。ゲームでは2種類のカードを使う。まず様々な都市の写真やイラストが描かれた26枚の「絵のカード」を、表向けにして机の上に

図1　キャラクターを選ぶ

広げておく。そして「黒板」や「自動車」といった言葉が描かれた80枚の「言葉のカード」を手許に5枚ずつ配り、残りを山札にしておく（図2、3）。

③ 理想のまちの目標を発表する

じゃんけんをして勝った人が最初の「親」になり、残りの人が「子」になる。そして親が自分の考える理想のまちの目標を説明し、子がそれを実現する手段を提案することがゲームの中心である。親はまず自分が考える理想のまちに近い「絵のカード」を1枚選ぶ。その時に親は自分のキャラクターの立場を忘れないようにする。子どもだったら子どもの視点、老人だったら老人の視点である。そしてその意味するところを子に伝える。なぜその絵を選んだのか、どういうまちにしたいのかを考えて発表する（図4）。例えば「お母さん」のキャラクターの人が賑やかな広場の写真を選び、「お洒落をしないでも出かけることができ、子どもを安心して遊ばせることができ、

図２　絵のカード

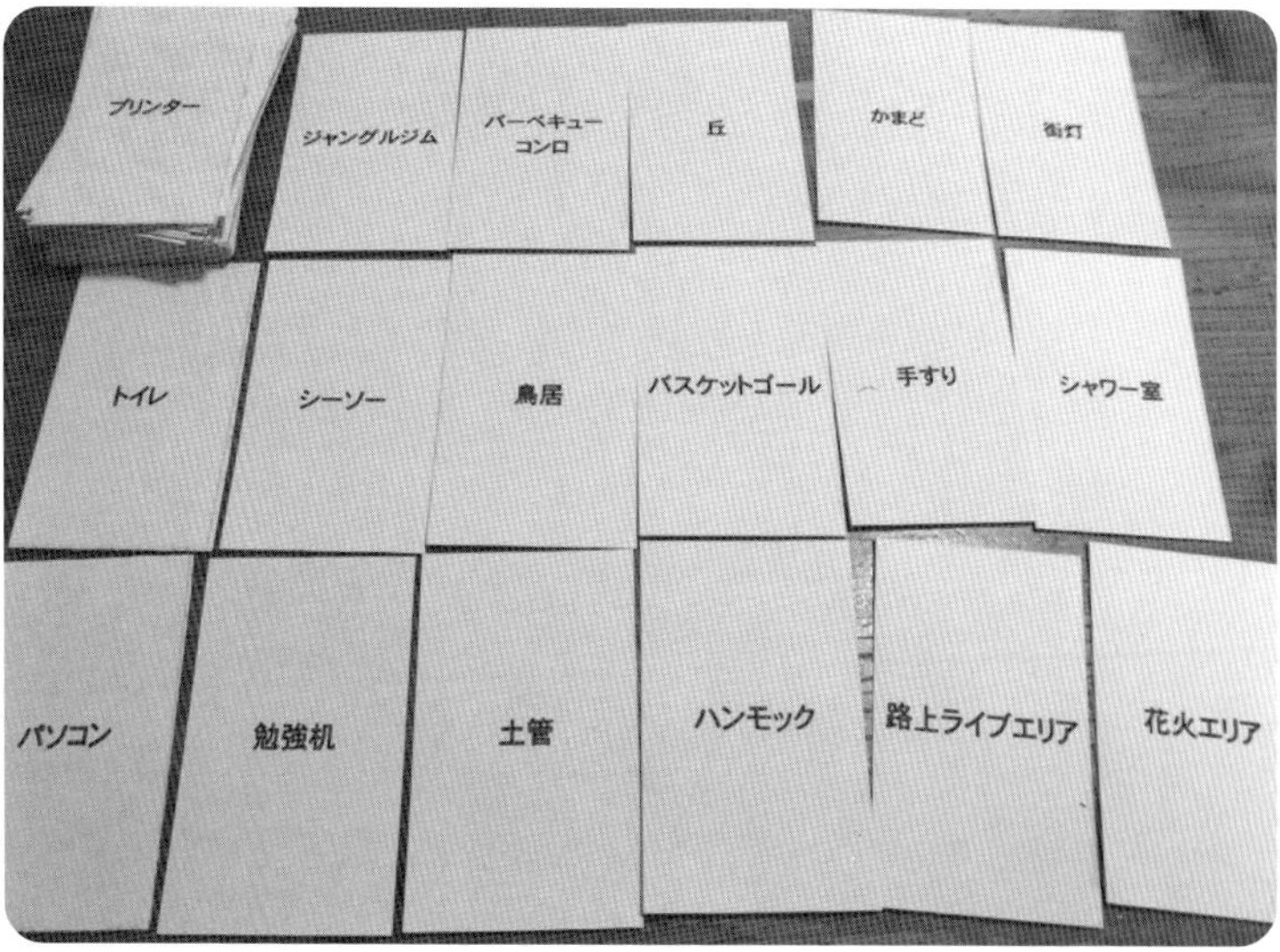

図３　言葉のカード

図4　理想のまちの目標を発表する

自分が息抜きできるような場所があるまち」というようなことを提案する。

④ 理想のまちの実現手段を提案する

その考えを聞いた子は、自分の手持ちの言葉のカードの中から、親の目標を実現できるものを一つ選び、そのアイデアをひとりずつ発表していく。その時にもやはり自分のキャラクターの立場を忘れないようにする。言葉のカードは手もとに5枚しかないので、必ずしも親の目標を実現できるものばかりではない。頭をひねり、こじつけたりしながらカードを選ぶことになる（図5、6、口絵）。「お母さん」の提案に対して、「外国人」が「畳」を使って「和風の畳ベッド」を提案することもあれば、「若者」が「プロレスリング」を使って「ロープに囲まれた子どもの遊び場」を提案することもある。

⑤ アイデアに投票する

参加者すべてのアイデアが出揃ったら、その中で

図 5　理想のまちの実現手段を提案する

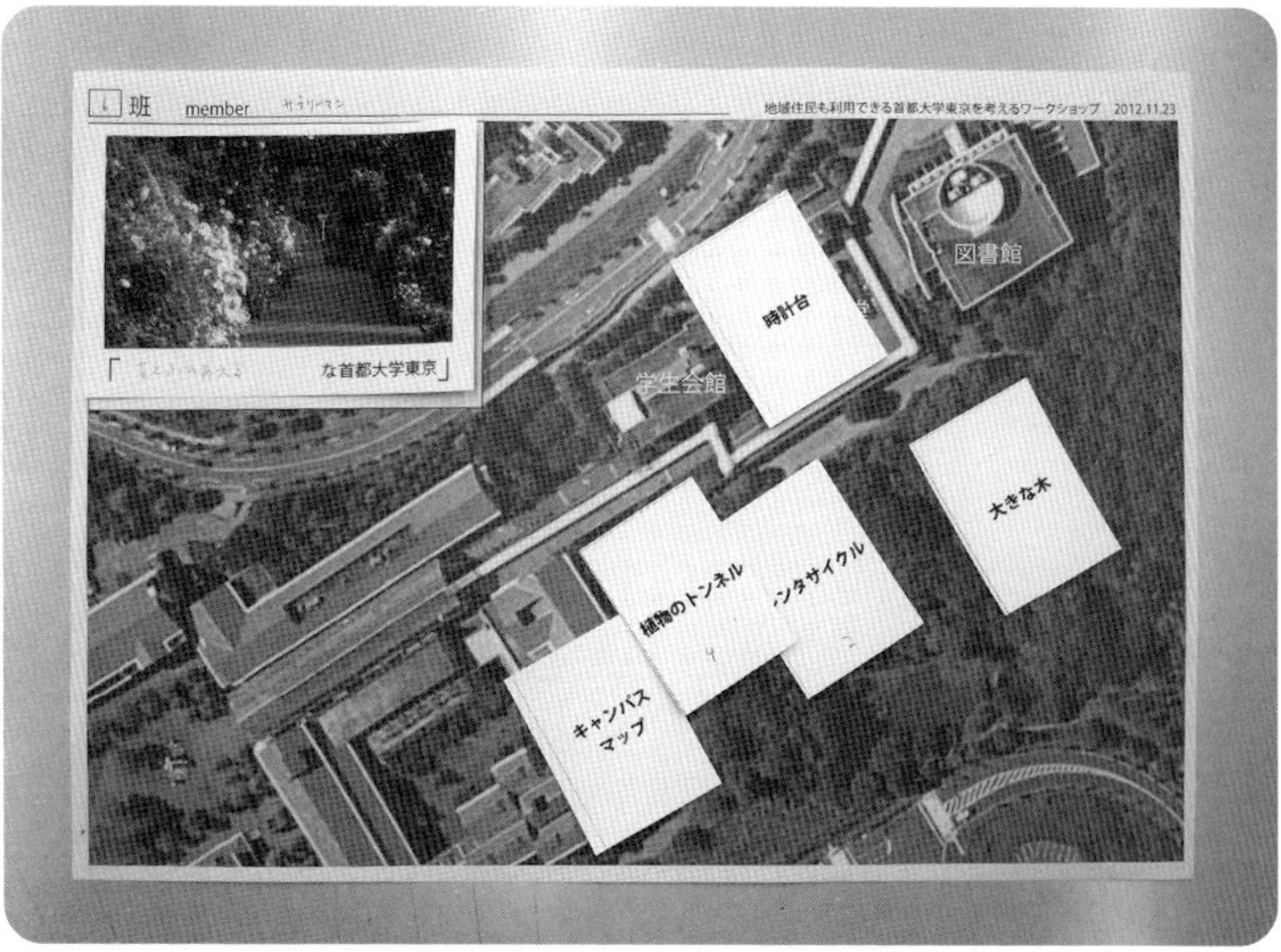

図 6　絵のカードと言葉のカードの組み合わせが得られる

もっともよいアイデアにコインで投票する。親は2枚のコインを、子は1枚のコインをそれぞれ投票する。子が自分のアイデアに投票してしまったらゲームにならないので、自分以外のアイデアに投票するようにする。「せーのっ」という掛け声とともが置かれたコインが子の得点であり、子はそれぞれ置かれたコインを手もとに移動する。1枚もコインを得られない人から、全員のコインを獲得する人まで、点差が広がる（口絵）。

⑥ゲームを繰り返す

ここまででゲームの1クールはおしまいである。次のクールは別の人が親になる。使ってしまった言葉のカードを場から流し、それぞれ1枚を山札から補充し、常に5枚の言葉のカードが手もとにあるようにする。そして次の親がまた絵のカードを使ってまちの目標を提案し、子が言葉のカードを使ってその実現手段を提案し、最もよい提案をした参加者が得点を得ていく。これを繰り返し、全員が1回ずつ親を終えたらゲームはおしまいである。最後に手もとにあるコインを数え、最も多い人がゲームの勝者である。

準備物

このゲームで準備するものは、①地図、②キャラクター、③絵のカード、④言葉のカード、⑤コインであるが、コインはポケットにある10円玉でも代用できるので、①〜④の準備が知恵の絞りどころになる。

準備にあたって、ゲームの構造を簡単に説明しておこう。言語に例えると、都市計画・まちづくりは、単純な文法を持っている。単純化すると、【主体】と【目的】と【実現手段】の組み合わせが都市計画の文法である。主体とは【誰が誰のために】、目的とは【何のために】、実現手段は【どのように】である。例えば【政府が市民のために】【健康な環境を実現するために】【公園を整備します】、あるいは【地域の人たちが住民のために】【快適な住環境を維持するために】【建物の形を詳細に制御します】、こういった様々な文章を束ねたものが都市計画・まちづくりである。

この【主体】と【目的】と【実現手段】の3つが、②キャラクター、③絵のカード、④言葉のカードにそれぞれ対応しており、夢見る都市計画家ゲームはこれらの組み合わせを競うものである。つまりゲームの準備とは、このゲームを行う都市に存在する、あるいはそこに存在してほしいと考える【主体】と【目的】と【実現手段】の情報を集めることに他ならない。具体的にどのように準備を進めていくのか、筆者が大阪の中之島において、アートエリアB1の依頼を受けて行った調査を紹介しておこう。

中之島は大阪の中心部を流れる堂島川と土佐堀川に挟まれた中洲であるが、古くは交易の中継地として、近代以降は市役所や公会堂が置かれるなど、大阪の中心地として発達してきた。現在は超高層のオフィスビルやホテル、たくさんの美術館が立地している場所である。中之島版のゲームをつくることになり、まず最初は実際にまちを歩きまわってみた。都市が開発されると空間の賃料が上昇し、資本力のある大規模なチェーン店ばかりが出店する、ということはよく知られているが、中之島でも同じことが起きていた。ただ歩きまわるだけでは、魅力的な主体、目的、実現手段を十分に集めることができなかったのである。そこで頼ったのは、中之島のあちこちに収蔵されている美術工芸品である。例えば東洋陶磁美術館には1000年くらい前からの工芸品が収蔵されており、準備中の大阪中之島美術館は充実した佐伯祐三のコレクションを持っていた。そして国立国際美術館では、80年代の現代美術の企画展が開催されていた。

ジョン・レノン	バイオリン	ワールドカップ	クリスマス	公園	鳥居	マーメイド	教会	橋
フェス	本棚	たき火	十字架	手拭い	人工衛星	世界地図	ステンドグラス	レジャーシート
数珠	赤レンガ	テニスコート	座布団	扇風機	芝生	お祭りの広場	天満切子	土俵
御堂筋	プロレスリング	演説会場	太陽の塔	桃	公衆電話	鏡	コインロッカー	展望台
寺	レコード	キッチン	枯山水	足湯	ホワイトボード	謎の転校生	ボート	屋外教室
大きな竹	水槽	くじら	紙	ネジ	網（あみ）	森	電子レンジ	水路
飛行機	スケートボード	スタジオ	勉強机	鳥かご	妖精	白装束	曲がり角	朝市
平均台	のれん	かまど	こたつ船	カレー	スケートボードパーク	テーブル	アイドル	スケートリンク
船団	浅橋	亜熱帯	三角定規	秀吉	茶室	土管	ハンモック	動く歩道

図7　言葉のカード

結果的に中之島で集めたキャラクターは、東洋陶磁美術館で見つけた相撲取りの人形、難波橋のたもとのライオン、パリで客死した天才画家(佐伯祐三)、天才落語家（桂枝雀師匠）、中之島でマウンテンバイクを乗り回していた青年、大阪市長（関一）…と一癖も二癖もある10人。絵のカードは、アンゼルム・キーファーの多義的な絵画、日比野克彦の段ボールサッカー場、大阪北教会のある風景…などこれも多彩な絵画的なイメージ。言葉のカードは、図7の通り81の言葉を集めた。

どんな素が出たか？　都市への素が出る

筆者はこれまで50回近く日本国内のみならず中国でもこのゲームを使っている(図8)。ある計画をつくる連続したワークショップの初回に組み込んでみたり、都市計画のことを勉強する講習会に組み込んでみたり。しかしどのような場、どのような相手で

図8　中国でのゲーム風景

あっても、このゲームは盛り上がらない、ルールが混乱するという、いわゆる「外した」状態になったことは一度もない。それくらいシンプルな構造を持つゲームということだろうか。どこでゲームを行おうとも、様々な主体が額を寄せ合って、絵画的なイメージを手がかりに将来を考え、言葉を組み合わせてその実現手段を考える、そこからその都市のありえたかもしれない都市計画が大量に生成される。最初はおそるおそる自分のアイデアをつくっていた人も、すぐにコツを掴んで新しいアイデアをつくり始める。中国の成都で開いた時は、彼らは自分たちの独自のルールをつくって、延々とやり続けていたほどである。都市計画のワークショップだと聞いてしかめっつらをしていたおじさんが、主婦になりきって、竹を使った子どものための流しそうめん台を提案したり、外国人になりきった真面目な行政職員が街なかにプロレスリングを置いたりする。多くの人はなるべく面白い提案をつくって歓心を買おうとするので、やがて机には笑い声が絶えなくなる。明るい都市計画がつくられることがこのゲームの最大の利点かもしれない。現実の都市計画は新しいことが行われにくい。頭の固いものであるが、ゲームを通じて得られたアイデアは、その「固さ」を、別の角度から明るく揺さぶるものになる。

そしてゲームを通じて参加者は、都市にはたくさんの、異なる価値観を持つ、多様な人たちが住み暮らしていることを知る。そして夢や目標を持つことが重要であることと、夢や目標に具体的な実現手段を組み合わせていくことが計画をつくることだ、という単純な文法を知る。こういった都市計画の文法を理解する人たちがひとりずつ増えていくこと、それこそが都市計画ということなのかもしれない。

(饗庭伸)

謝辞

夢見る都市計画家ゲームは、筆者が開講した2012年度首都大学東京大学院「都市地域研究特論・演習」の授業の受講者と共同で開発したものである。共同開発者の学生には記して感謝する。その後改良を加え、2013年のゲームマーケットで「まちづくりデザインゲーム　みんなでまちづくり」として販売した。以後、改良を加えながら各地で実践している。なお「まちづくりデザインゲーム」という名称が他の手法と混同するため、本書に収録するにあたって「夢見る都市計画家ゲーム」と改名した。

07

マネーボートワークショップ

おもちゃの紙幣がワクワク感と予算感覚を生む

概要

ワークショップへのハードルを下げる

企画者と参加者が一緒に考え一つのゴールにたどり着くためにワークショップを実施するわけだが、参加者の属性や話し合いのテーマに適したワークショップを実施することができるか否かで話し合いの密度は大きく異なるように思う。

「ワークショップなんて初めてです」と委縮した参加者ばかりが集まった場を任された経験をお持ちの方も多いと思うが、そんな時にみなさんはどのようなワークショップを実施するだろうか。ここでは筆者が実施したお金（図1、口絵）をキーアイテムとして使用するワークショップを紹介したい。

背景

保育士の先生たちの等身大の意見を引き出すには

まず、企画の背景を説明する。筆者が所属する柏

図1　ワークショップで使用したおもちゃのお金（モノポリーのものを使用）

駅周辺のまちづくりを実施している柏アーバンデザインセンター（通称UDC2）が主催する子どもサンカク広場というプロジェクトの一環である。2018年秋、街なかにパブリックスペースを設置するという社会実験を実施したところ、地域の保育園が散歩の途中に毎日のように立ち寄る風景を見ることができた(図2)。当時は設置した空間を利用してもらえることを喜んでいたが、企画終了後に改めて考えると、こんな小さなパブリックスペースに毎日立ち寄らないといけない程に、子どもたちの環境が整っていないのではないかという疑念が生じた。そこで、地域の複数の保育園にヒアリングしたところやはりすべての保育園が困っていた。園庭がないことはもちろん、地域の公園に散歩をしても他の利用者もいるため自由に遊ばせることは難しいし、広い公園で自由に遊ばせることは安全管理の問題もある。その他にも保育園の様々な苦労をうかがい知ることができた。この課題を解決するため、まちづくりに協力してもらえそうな地域の駐車場オーナーを探し、駐車場を保育園のサテライト園庭として使用させてもらえないかとお願いしたところ、趣旨に賛同いただき、無償で提供いただけることになった。そこに建築家ユニットのミリメーター（220頁17 URBANING_Uを参照）も加わりオリジナルの可動式遊具を設置し、地域の保育園の貸切り園庭にしようというプロジェクトが始まった。これが子どもサンカク広場である。本来的には行政が公園を整備すべきであるとか、園庭のない保育園はどうなのかとか、そもそもの議論は確かに重要であるが、まず目の前に困っている子どもと保育士がいるので、民間のステークホルダーの力を借りてスモールスタートで迅速に課題を解決することを何よりも重視した。すなわち、中心市街地で増加する駐車場を園庭のない保育園のために開放するというマッチングである。これがうまくいくようであれば、日本中で同様の課題を抱えている地域において一つの課題解決のサンプルになるのではないかと思う。

図2 社会実験中のパブリックスペースに立ち寄る子どもたちと保育士

やってみよう！ お金で意志を表明する！

さて、オリジナル遊具を制作するに当たり、当初は子どもたちの人気投票で決めるアイデアもあったが、やはり現場で子どもに毎日触れ合っている保育

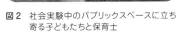

のプロである保育士の先生たちの意見を集約することで、本当に現場で求められている遊具をつくり出すことができるのではないかと考えた。保育士さんたちと、子どもたちが楽しく遊ぶための遊具について話し合うなんて、楽しいに決まっていると思い、複数の保育園にお声がけしたところ全員が共通して「え！ワークショップって何ですか？」「私なんかが行ってよいんですか？」「私の意見なんて役に立つのかな」とそんな返答だった。このままでは間違いなく委縮して自由な意見交換ができない。楽しく、馬鹿馬鹿しい空気がつくれなければよい議論ができないと判断した。そこで次のようなワークショップ手法を取った。

①お金を配る

今回は世界で最も有名なボードゲームの一つであるモノポリーの紙幣を用意した。5、20、50、100ドルの4枚の紙幣を全員に配布したところ、この時点で参加者から笑みがこぼれ、そわそわ楽しそうな空気が流れ始めた。紙幣については子ども銀行券でも人生ゲームでも何でもよいが、現実のお金は逆に盛り下がるので止めた方がよいだろう。

②提案のプレゼン

建築家からオリジナル遊具の6つの提案をプレゼンしてもらい、ある程度の質疑応答が終わった後に投票タイムに移った。

③投票タイム

各自4枚の紙幣を6つの提案に対して好きに置いていった。4枚あるので4つの提案に一つずつ投票してもよいし、最も好きな案一つに絞って置いてもよいことにした。この時、投票をひとりずつ行うと周りの目が気になりプレッシャーをかけてしまうので、全員同時に行うことを推奨する。当日は図3のとおりワイワイと楽しそうな風景だった。

④提案を絞りブラッシュアップ

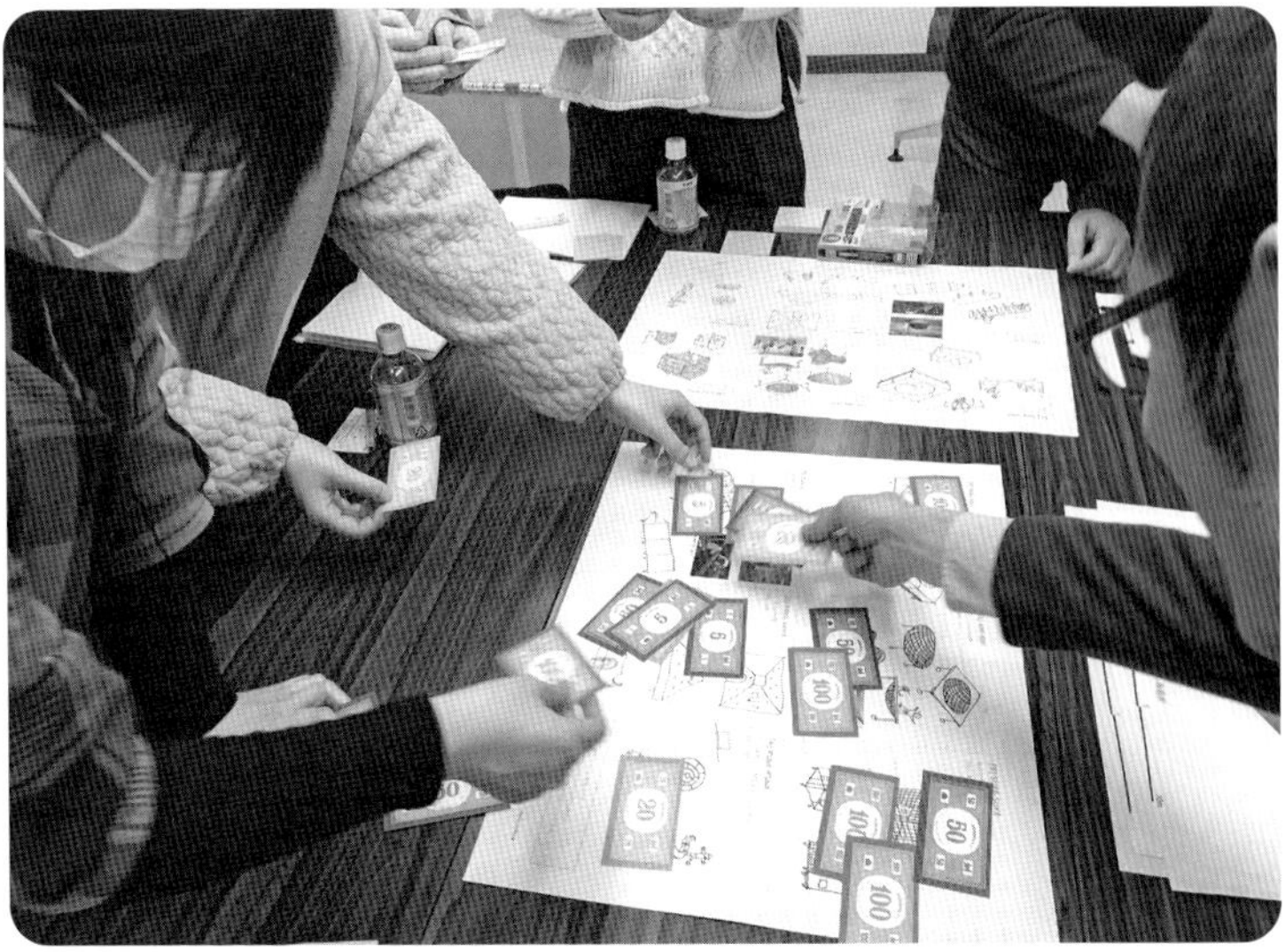
図3　盛り上がるワークショップ

投票の結果、2つの提案に明らかにお金が偏ったので、その2つに絞り意見交換を行い、制作していくことになった。

どんな素が出たか？　「何を話しても大丈夫」だからこそ出てきた意見

実際にワークショップを行ってみたところ、保育士の先生方は非常に前のめりで参加してくださった（図3）。実は、ワークショップを実施する前はおそらく先生方は安全管理を心配されると予想していた。万が一にも子どもが怪我をしないようにしてくださいと言われると思っていたのだ。しかし、蓋を開けてみるとまったく異なる結果であり、先生方が求めてきた機能は「保育園以上公園未満」の機能だった。つまり、保育園で似たような体験ができる物は不要であり、一方で公園の遊具はある程度の年齢以上を対象にしている物が多いため、小さな保育

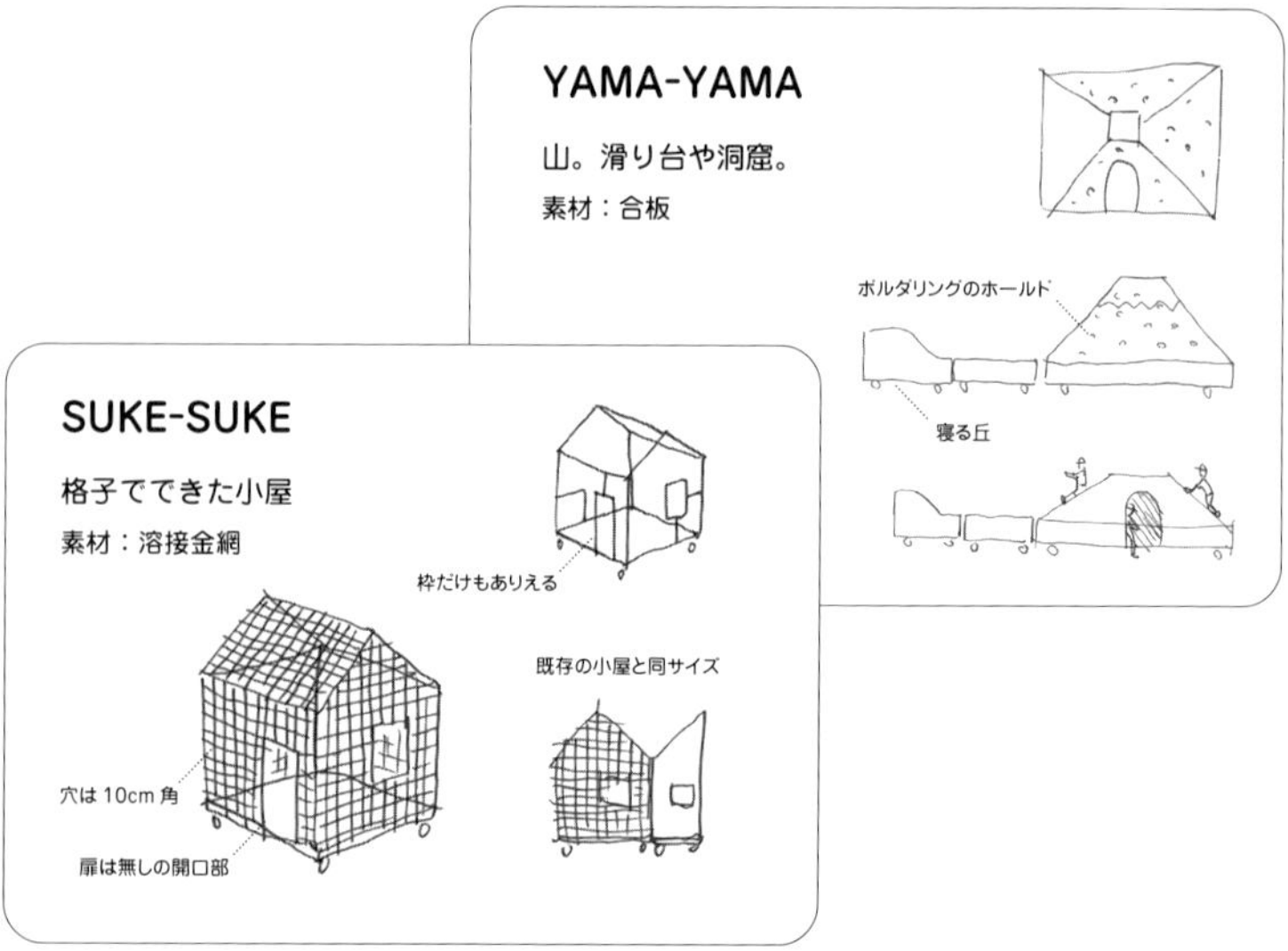

図 4　ワークショップで選ばれた 2 つのアイデア（デザイン：ミリメーター）

園児でも十分に遊ぶことができる遊具が欲しいということだった。これは保育士の先生方ならではの視点であり、この考えを引き出せただけでもこのワークショップを実施した価値は間違いなくあったと言える。最終的には「SUKE—SUKE」と「YAMA—YAMA」という製造コストが高い2つ（図4）が選ばれてしまったが、先生方は完成を楽しみにしていると嬉しそうに帰っていったのでよしとしたい。

では、最後にこのワークショップの効果を振り返ってみる。

① 視認性のよさと重み付けによるわかりやすさ

この手法を用いると何よりもまず投票の結果がわかりやすいところがよい。最も人気の提案に札束が積まれるのだ。これほどわかりやすいことはないだろう。しかしこれだけだと、通常の投票でも同様と言える。例えば、1人に3枚シールを渡して、好きな提案に貼ってください、という手法だ。こういった従来の手法との違いは紙幣を使用することでそれぞれの紙幣に重みがついていることだ。同じ1枚でも5ドルと100ドルの紙幣では雲泥の差だ。シールや挙手では同じ1票になってしまうが、紙幣を使用することで参加者が最も選びたい提案が強く浮き上がってくる。今回も1位は550ドルを集めたが、6位は30ドルだった。非常にわかりやすい。

② ステージの切り替えがわかりやすい

ワークショップは大きく3ステップで構成されている。投票に向けたプレゼン（情報共有）、投票、最後に投票結果を踏まえた意見交換である。もっともこれはこのワークショップに限った話ではないので、紙幣を使う最大の効果はやはり次の③だろう。

③ ゲーム感覚でとにかく楽しそう!

ワークショップを始める前、紙幣を配布した時点で「昔人生ゲームやったなー」「モノポリーって聞いたことある!」「お金持ちになった気分だよね!」そんな他愛ない会話が生まれ参加者のみなさんが笑顔になった。この時点でワークショップは半分成功したも同然だが、振り返るとこの「紙幣を配る」という行為自体がアイスブレイクとしての機能を内包していたのだと思う。冒頭に述べた通り、先生方は

図5　子どもサンカク広場で元気よくあそぶ保育園児たち

ワークショップというもの自体に委縮していた。もしも固い空気のまま意見徴収型ワークショップを実施していたら、自分たちが日頃困っている等身大の意見を教えてくれなかったかもしれない。「何を話しても大丈夫」という心理的な安全・安心を担保できるかどうかはワークショップのファーストステップだと筆者は考えている。そうした意味で最初にゲームの紙幣が配られた時点で、先生方は一定のリラックスができたのだと思われる。

図5は完成して稼働している子どもサンカク広場の様子である。今回のワークショップを踏まえて制作された「SUKE—SUKE」と「YAMA—YAMA」が活躍していることが伝わると思う。本プロジェクトは地域内の保育園に口コミで広がり、現在は毎日異なる保育園が使用している。柏駅から徒歩2分、中心市街地のとある駐車場で、今日も元気な子どもたちの声が響いている。

（安藤哲也）

参考とした事例

元々は『Design as Democracy』にて紹介されているParticipatory Budgetingというワークショップ手法からヒントを得ている。Participatory Budgetingは市民参加型予算という意味であるが、内容を読むとワークショップ参加者におもちゃの紙幣を配り、予算を自分なりに組み立ててみるという趣旨である。事例として紹介されているのは、とある公園整備の際に実施したワークショップだが、公園整備に当てられる予算は当然決まっているのでその予算分をおもちゃの紙幣で参加者に配る。そして既存の計画案に対して、自分なりの予算編成を検討するのである。必要な機能にはお金を投資し、不必要であれば投資しない。そうしたシミュレーションを各人が行うことでプロジェクトの分析、アイデア出し、優先順位付け、選択肢を狭めるなど、様々な使い方をすることができる。

本来の趣旨であれば、事業の予算を参加者に理解してもらうことも目的の一つだと思うが、筆者はあくまでもおもちゃの紙幣を使用することだけを実施してみた。詳細を知りたい方はDavid De La Pena et. eds., *Design as Democracy: Techniques for Collective Creativity*, Island Pr., 2017, pp.256-260をご覧いただきたい。

※本ワークショップを実施したことにより現場の声を拾うことができた。スケール感や子どものアクションを豊富な経験からご教示いただいた保育園の先生方、また本ワークショップをしたことで手間暇がかかる2案が採用されてしまい非常にご苦労をかけつつも大変素晴らしいアウトプットを制作していただいた建築家のお二人に改めて御礼申し上げたい。

08

Place It !

思い出の場所を再現し、公共空間の課題を話し合う

背景 公共空間への潜在的な想像力

家を一歩出ると公共空間がある。道路、公園、公民館、駅や図書館や病院など色々だ。では、ある公共空間についてご意見をと言われると、すぐに答えられる人は少ないだろう。しかし、その公共空間がいつも行く図書館や思い出の公園など、よく知っている場所だったら答えやすい。その場所のデザイン、物の配置を熟知しているからだ。三階に好きな作家の全集がある、ブランコで遊んだあと左にあった砂場で遊んだものだ、などなど。そうすると意見も出てきやすい。一階にその作家の全集を置いてくれたら便利だなとか、ブランコの左側の柵は砂場に行く時不便だったからない方がいいなとか。じゃあ、公共空間について考える時も、いったんよく知っている場所のデザイン＝物の配置から考えてみたら？　ここで紹介する手法は、私たちが実はあまり意識せず

に使っている能力、物（it）の配置（place）を考える力を意識化し、参加者の公共空間に関する想像力を高めて、お互いのコンセプトを共有しながら一つのプランへとすり合わせていくものである。

この手法「Place It!」は、アメリカのアーティストであるジェームズ・ロハス（James Rojas）と都市計画家であるジョン・カンプ（John Kamp）によって、公共空間のデザインプランをみんなで考えていくための手法として開発された。今回はこの手法を用いて、実際の公共空間について、本書の執筆陣を中心に議論を行った。以下の記述は、ロハスによる解説[註1]に基づき、執筆陣のあいだで公共空間に関するワークショップのあり方を検討したものである。

やってみよう！ 具体的な手順

◎準備事項

・参加人数：5〜30人が適当、それ以上の場合は実施時間が長くなる

・運営側：ファシリテーター1名、記録係1名（加えて、建築家やデザイナー、行政側の予算担当者が参加することが望ましい。本件に関しては最終節を参照のこと）

・会場：参加者同士がきちんと対話できる場所であれば、室内でも屋外でもよい

・用意するもの：色画用紙、日用品（色が鮮やかで面白い形のものを持ち寄ってもらう。例えば、ビーズ、積み木、LEGO、ボタン、モール、人形、造花、洗濯ばさみなど）

①イントロダクション（5分）

ファシリテーターが参加者に、その日のワークショップで考察したい公共空間の概要と問題点を共有する。そして、当日の活動内容が思い出の復元と共同作業の2部構成となることを説明する。前者は公共空間と一人ひとりの生活との結びつきを意識化し

てもらうことを目的とし、また後者は他者とアイデアを共有しつつ、話し合いでデザインの合意形成を行うプロセスを体感してもらうことを目的とする。

② 思い出を復元する

参加者それぞれに、議題となる公共空間に類する思い出の場所を想起してもらい（例えば、公園が議題となる場合は、思い出の公園）、そのうち特に気に入ったものを一つ決めてもらう。そして、選んでもらった色画用紙1枚の上に、用意した日用品を使って、その場所を復元してもらう（10〜15分）。時間になったら、1人ずつ復元した思い出の内容を他の人の前で説明してもらう（それぞれ1分）。記録係は全員に見えるかたちでそれぞれの思い出を書き留め、また復元された思い出の場所を写真撮影しておく。

③ 共同作業

参加者を性別や年齢など、なるべく多様な人たちが集まるよう配慮しつつ、5〜8人ごとのグループに分ける（3〜5分）。それぞれのグループは、まず、思い出の場所を復元した色画用紙をつなぎ合わせ、そこから議題となる公共空間の問題に対する解決策を考える。思い出の場所を復元する際に使用した日用品のみを使うこととし、その場所を変えたり、入れ替えたりしながら解決策を共同で練り、その解決策が施された後の公共空間をモデルとしてつくる。ファシリテーターは、直接自分の解決策を言うのではなく各グループの様子を見つつ、参加者同士のコミュニケーションが多様かつ活発になるよう、間接的な働きかけを行う（15分）。時間になったら、グループごとにできあがった公共空間のプランを提示し、自分たちの解決策を説明する。聞き手はそれに対し、質問や評価を行う。記録係は、解決策の内容とそれが施された公共空間のモデル、また聞き手との応答を記録する（10〜15分）。

図1　持ち寄られた物品の一例。どの人が何を持ってきたか、話が膨らむ

④ふり返り

グループごとに、自分たちのコンセプトや解決策を3つの言葉にまとめ（5分）、それを全員で共有し、記録係による記録も確認しつつ、ふり返りを行う（5〜8分）。

どんな素が出たか？　Place It！を通じて、公共空間について対話する

ロハスによるPlace It！の解説を基に、執筆者と東京都立大学饗庭研究室の学生たち、総勢14名で、実際にこの手法を通じて公共空間について考察を行った。その記録を以下に記す。

「①イントロダクション」では、既に参加者全員がロハスの解説を読んでいたので、ワークショップの構成に関する説明は省略した。また、使用する色画用紙は編者が100円均一ショップで購入し、また日用品はみんなで持ち寄った。様々な物品が集ま

り、持ってきた人となぜこれを持ってきたのか、いつどんなふうに使っていたかなど、話が盛り上がった（図1）。持ち寄られた物品を組み合わせて、自発的に遊びだす人もいた（図2）。議題となる公共空間は、多くの参加者が一度は訪れたことのある小学校を転用した文化芸術施設アーツ千代田3331の前庭のデザインとし、そこをより多くの多様な人々が集い、楽しめる空間にするにはどうしたらよいかを課題として話し合うことに決めた。また参加者のうち1名をファシリテーター、1名を記録係とした。

図2　遊びだすメンバーの作品例

「②思い出を復元する」では、参加者それぞれに、思い出の公園のうちお気に入りのものを復元してもらった。各参加者の子ども時代が共有され、あの人がこんなことをして遊んでいたのか、と意外性も多く、話が盛り上がった。図3はその一例だが、製作者の説明によると、小さい頃に家の近くで遊んでいた団地の遊び場の復元で、そこには腰の高さほどの壁があり、丸や三角や四角など、様々な形状の穴が開いていた。そこにサッカーボールを蹴って、入れば得点になるという遊びをしていた、とのこと。カバの人形はゴールキーパーで、自分がよくやっていた役だそうだ。カバの人形をなぜ選んだのか、当時の団地の様子など、対話内容が膨らんだ。

「③共同作業」では、参加者を4〜5人ずつのグ

図３　メンバーが復元した思い出の公園の一例

ループに分け、グループ内で、各人が復元した思い出の公園を画用紙ごとつなぎ合わせ、つなぎ合わせた色画用紙全体をアーツ千代田３３３１の前庭（図4）に見立て、前述の課題に対する解決策を考えてもらった。復元された思い出の場所で使用した日用品のみを使うことで、先に思い出された公園の記憶

図４　アーツ千代田3331の前庭（当該施設HP「アーツ千代田3331」（https://www.3331.jp/news/201512/003191.html）より）

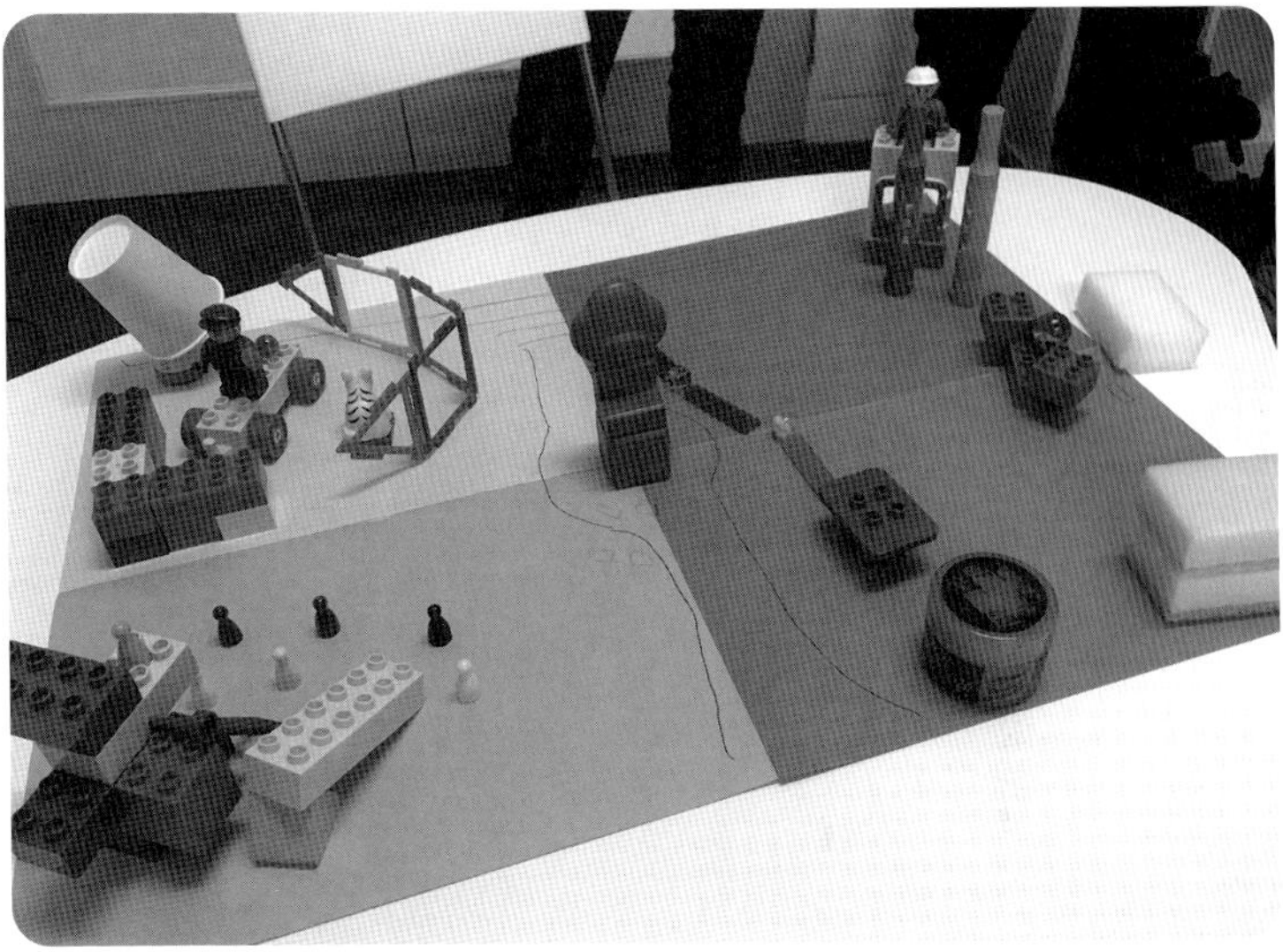

図 5　解決策を示すモデルの一例

が前庭に関する話し合いとリンクし、よい刺激となった。図5は検討した解決策を施したモデルの一例であるが、ペンで書きこまれたのが当該施設の前庭の道と建物入り口への階段、画面奥が当該施設の建物、手前が道路という見立てである。画面左側奥は、小さい子どもたちの遊び場で、先ほどの図3で紹介した穴の開いた壁と見立てられていたブロック玩具は、彼らの遊び場の安全性を確保するための柵に転用されている。画面手前左が、もう少し大きい子どもたちの遊び場で、少し高低差のある遊具が設置されている。そして画面右側は、大人や高齢の方が憩える場所となっており、左側の子どもたちの遊び場とは、小川で仕切られている。小川で仕切るのは、現在の前庭がやや殺風景な印象があるので、水辺があった方が景観としてより好ましいこと、また小川で遊びたい子どもたちがやって来るので、大人たちとの仕切りになりつつも、そこで子どもと大人の交流が生まれるとの理由からであった。また、子どもたちと大人たちの交流を促すもう一つの要素として、子どもが上れるくらいの見晴らし台を、画面右側奥のスペースに配置した。こうすることで、見晴らし台に登りたがる子どもたちが、大人のスペースにも入ってくる工夫である。さらに、子どもたちが一種の秘密基地として遊べるように、見晴らし台の前には大きな木があったら面白い、また子どもたちが大人たちを見下せることで、彼らの優越感を満たすとともに、大人たちの様子や異変を知らせる、この前庭の見張り役も担うようにするというコンセプトとのことであった。

「④ふり返り」では、グループごとに、自分たちのコンセプトや解決策を3つの言葉にまとめてもらった。図4の例では、「世代間交流・水辺・高低差」の3つが提起された。

思い出から未来のよりよい現実へ

公共空間に関して具体的な物の配置を考えるとしても、一般の方にとっては想像しにくい場合が多い。それに対してこの手法は、各人に潜在するデザイン能力を引き出し共有するよう、効果的な作用をもたらすものと思われる。その理由として以下5点が考えられる。

まず1点目として、各人が日用品を持ち寄ることで、その日用品を持ってきた人への関心が互いに高まり、またそれを使って自発的に遊ぶ人が出てきたように、自然と物の配置を考えるモードが導かれることである。しかも、対話から漏れてしまう人も、このように日用品を使って自分で遊んだり作業したりすることができるので、運営側としてはすべての人を一つの対話にまとめられない心配も緩和され、適度な緩さと交流の雰囲気がつくられる。

次に2点目として、思い出の公共空間を復元するという②のステップが効果的である。思い出にそって物を配置すればよいので、よく知らない公共空間に関していきなり考えるよりも、デザインの敷居が低いところから対話を始めることができる。また、お気に入りの思い出を選択することで作業はポジティヴなものになり、また手を動かしながら考えることで、沈思黙考から袋小路に陥る危険も回避される。参加者は楽しみながら、知らず知らずのうちに自分のデザイン能力を活性化することになる。

それと関連して、3点目として、各人の思い出を共有することで、お互いの人となりを人生という奥行から理解しあうことができ、そのあとのアイデア共有のプロセスもスムーズになる。この人はこういう経験があるから、こういうアイデアを提示するのか、などアイデアの背景が納得しやすくなるからだ。また、世代間の交流が促される可能性もある。高齢の方を交えてこの手法を行えば、例えば、昔と今とで遊具が変わったなど、公共空間の歴史的変遷も意識化でき、それを踏まえてこれからの公共空間について考えていくことができるだろう。

4点目として、色画用紙の上に配置するというフレーム設定が参加者を安心させ、また参加者同士のアイデアの共有に効果的である。もし、どんなフレームも設定されず、復元してくださいと言われてしまったら、砂漠に放り出されたように、どこに何を配置したらよいか迷ってしまうだろう。それではデザイン能力を活性化することはできず、むしろ苦手意識を強調してしまうことになりかねない。その点、色画用紙のフレーミングは効果的であり、しかも、形と大きさは一定でありながら、画用紙の色の違いはあるので、そのあとでグループごとにメンバーの復元モデルを合体させる際、自分がどんな思い出を復元したか、適宜思い返すことができる。

5点目として、思い出の復元に使用した日用品のみを使って解決策を練ることで、アイデアが限定されるどころか、むしろメンバーの過去の経験から新しいアイデアが生まれることを促す効果がある。先の図3、図5の事例でも明らかなように、あの穴の開いた壁に見立てた玩具が、当該グループでは、小さい子どもたちの遊び場を守る柵の必要性に思い当たる気付きを促した。やや大風呂敷になるが、歴史の上に今がある、そんなことを再確認させてくれる手法である。

ただし問題点として挙げられるのは、ここでまとめられた解決策を、すぐに実際に施行する解決案として行政に提起したり、作品として発表したりすることは難しい点である。この手法は、あくまで一緒に考え始めるためのものである。だからこそ、この手法の運営側としては、ファシリテーターや記録係だけでなく、実際の建築家やデザイナー、そして行政担当者が、少なくとも運営側の聴衆として参加していることが望ましい。これを土台とし、そこで想像／創造されたアイデア群を実際の建築家やデザイナーがさらに吟味し、また行政などの予算担当者にも参加してもらい予算規模との調整を行うことで、みんなのデザイン能力の結晶は、想像の世界から現実の公共空間の改善へと結びつくことができるだろう。

（角尾宣信）

註釈

註1：James Rojas, "Place It Workshop," in David De La Pena et. eds., *Design as Democracy: Techniques for Collective Creativity*, Island Pr., 2017, pp.182-184. また彼らの活動に関しては、下記HPを参照。http://www.placeit.org/index2.html（最終閲覧：2020年4月17日）

09

WANDERING

地域の人と出会い直し、よりよく知り合うためのヒアリング術

概要　墨田区で行った地域型ヒアリングプロジェクト

地域型のアートプロジェクトやまちづくりでは、地域住民をはじめ様々な人物の協力が必要となる場面がある。特にプロジェクトの企画段階では、その地域でどのように活動を展開したらよいか、実際にまちを歩き、人から話を聞くリサーチは最も重要なアクションの一つだ。2018年より墨田区で活動を行うアートプロジェクト「ファンタジア！ファンタジア！―生き方がかたちになったまち―」[註1]（以下：ファンファン）では、地域の特性とそこで活動する人々の自然発生的な繋がりを可視化するヒアリング「WANDERING」を手がかりに活動を開始した。ファンファンのコンセプトは、アートを通じてこれまで当たり前だと思っていた考えを解きほぐす〝対話〟を生み出し、地域の文化資源の活用から多様な

生き方に触れる〝学びの場〟を創出することだ。どんなコミュニティも継続して活動を行う中でいつの間にか保守的になり、様々な関係性が閉じてしまいはしないだろうか。「この方法で今までやってきたから、新しい人にも慣れてもらう」という感覚は、ともすると新しい地域住民やコミュニティに属する新参者、社会的にマイノリティな立場にある人々との間に分断を生んでしまいかねない。多様性という言葉が浸透したとしても、それが人々のカテゴリーを増やすだけになっているのなら意味がない。相手の疑問やアイデアに耳を傾け、柔軟に自分自身の考えも更新していくことこそ対話の重要な役割であり、コミュニティが保守化しないための方法ではないだろうか。この対話の重要性について考える中で、「WANDERING」というプログラムが誕生した。

背景　白地図をもって聞き歩く

地域住民やこの地域で文化的な活動に従事する人々へヒアリングを行おうと思ったきっかけは、地域に点在するアートスペースや文化的なハブとなるスポットを可視化するマップづくりからだった。しかし、個々のスペースや対象地域内で行う活動の詳細については話しつくされている部分も多く、ヒアリングされる側にとっての新鮮味がないのではないかという懸念が企画段階からあった。対象となる地域内での活動は語られる一方で、ヒアリング対象者自身の生い立ちや個々人が考えていることについては、じっくり話を聞く機会はこれまであまりなく、それは地域住民同士でもお互いに知らないことが多くあることに気が付いた。そこで、個々人の興味関心と地域での活動の繋がりを可視化するようなヒアリングを行おうと考えたのだ。

図1 ヒアリング中に自身の関心事について白地図に書き込む様子

「ふらふら歩く」や「話が逸れる」という意味がある「WANDERING」という名称も、墨田区というまちの特性に由来するものである。それはプロジェクトを行う墨田区北東部の狭い路地を、おしゃべりしながら散歩するような時間をイメージしたものだ。いわば思考のお散歩をするために私たちが用意したものは墨田区の白地図1枚。その白地図を囲みながら約1時間の間、その人の過去から現在までの区内外での活動の足取りや、これからやりたいことなど様々な話題を渡り歩く（図1）。質問事項については予めヒアリング対象者の活動についてリサーチをしておいて、質問のきっかけを絞り込んでおく場合もあれば、普段の活動で気になっていたけどこれまで聞くことができなかった話を手掛かりに質問をすることが多い。例えばアーティストに対して初めて行った展覧会の話を聞いたり、作品制作のために最近訪れた場所についての思い出を聞くなどだ。

こうした質問を必ずしも墨田区という決められた地理情報に落とし込まず、墨田区の形をした白地図を出身地の行政区や通っていた大学のキャンパスに無理やり見立てながら書き込みをしてもらうのも面白い。現在は墨田区で活動を行ってはいるものの、その背景にあったライフストーリーが重なり、その人だけの架空の墨田区ができ上がるような感覚だ。もちろん、墨田区に引っ越してきたきっかけや区内のお気に入りのスポットについて話を聞けば、でき上がるのは現実の墨田区に近い地図ができ上がる場合もある。しかし、地図を「あなたの心の中」といった抽象的なものに見立てながらその人の考えを書き込んでもらうこともあった。当然初めはお互いに何を白地図に書き込めばよいのか戸惑うこともあったが、私たちもどのような質問をすれば白地図を効果的に使えるのかを試行錯誤し、期待する答えを誘導せずにその場の回答を一緒に楽しめるようになってきた。具体的には、相手の活動を過去／現在／未来の時間軸に沿った質問（出身地や引っ越した年、最近よく行く場所）、「はい」か「いいえ」、数字や色など限られた選択肢で回答できる質問（好き嫌い、仕事場までの距離、集めている物の数や色など）、こうした質問で話が盛り上がることがあれば、どうしてですか？ など詳しい理由を尋ねてみる、という手順を踏むことが多かった。

もちろんプロジェクトをより有意義なものにするための地域のリサーチとして、対象者に質問をしながら進めるものではあるが、一方的に情報を聞き出すのではなく、お互いにとって新しいことを見つけることが「WANDERING」の目標となる。例えば地域にアトリエを持ち、ギャラリースペースも運営するアーティストへの「WANDERING」では、白地図をアーティストの出身地に見立てながらアーティストとしての活動を行う以前の話を聞くことで、直接的な関係はなくとも現在の活動に通じる関心ごとの出発点が発見できることもあった。また、区内でイベントスペースの運営に携わる人への「WANDERING」では、白地図を心の中に見立て、建前から本音のグラデーションをイラストで表現してもらいながら思考を整理することで、その人自身も自分のアイデンティティを再確認することができる時間となった。こうして「WANDERING」を続けながら気がついたことは、これは地域住民への単純なヒアリングというよりも、箱庭治療や心理分析にも近い要素があるのではないかということだった。

そこで重要になってきたことは、ヒアリングする場の設え方だ。ヒアリングはほとんどの場合、リサーチを兼ねて話を聞きたい人の活動拠点に赴いて行っていた。その先々でなるべく話しやすい雰囲気をつくるために、「WANDERING」に必要な道具をまとめた袋を持ち歩き、白地図を取り出し筆記用具などを並べるという行為から「WANDERING」という場を設計しようと考えたのだ。つまり話を聞いて白地図に書き込む時間だけでなく、私たち自身の振る舞いも一種の演劇やパフォーマンスのように考えるようになった。どんな言葉遣いでこのプロジェクトを説明しよう？ どんな風に白地図を広げたらワクワクしてもらえるだろう？ など、プロジェクトのつくり方から意識するようになった。このように「WANDERING」をきっかけに、コミュニケーションそのものについて考えるようになったことは、対話がキーワードになるファンファンにとってプロジェクト全体にもよい影響を及ぼした（図2）。

やってみよう！

- プロジェクトを行う地域の白地図と筆記用具を用意する。白地図の大きさはヒアリングの時間に応じて拡大・縮小してもよいが、約1時間で行う場

図2 「WANDERING」のやり方を掲載したハウツーハンドブック。
ウェブサイトからダウンロード可能（http://fantasiafantasia.jp/wandering/）

合はA3サイズが適しているだろう。

・まず、相手を「WANDERING」に誘った理由や、予定している所要時間、どんなことを話したいかを説明する。

・最初は相手の過去・現在・未来など、話をしやすい話題から質問してみる。気になるキーワードや、詳しく聞きたい話が出てきたら、白地図の上に好きな筆記用具で言葉や図を書き込んでもらうように促す。ただし自分の期待する答えに誘導せず、その場で出てきた回答を一緒に楽しむことを心掛ける。

・予定していた時間が来たら終了。

どんな素が出たか?

知っていたはずの人と出会い直す時間が生まれた

元々は近年区内にアートスペースが増加傾向にあり、現時点で活動を行うスペースをまとめたマップを作成しようとしたことがきっかけであった。しかし、長年アートプロジェクトが行われていた地域では、それぞれの活動を語る言葉は既に用意されており、多くの人々が雄弁に自らの活動を語れてしまっていた。既にプロジェクトメンバーに地域に詳しい人物がいたため、そうした話を改めて聞きに行くことは、お互いにとって発見のないもので、繰り返し地域の情報を搾取しているようで気が進まなかった。そこで、スペースよりもそこにいる人々に焦点を合わせたのが「WANDERING」であった。地域の人々に焦点を当てたことで、これまでは身近な存在ゆえに聞く機会のなかった質問や話をすることができき、改めてその人と出会い直すような時間を生み出せた。これは「WANDERING」の対象者となった人にとっても、自分一人では気がつかなかった視点を知る機会となり、双方にとって発見がある。また、外部へ発信することが目的でもないため、明確なゴール設定をしない点も、会話を楽しむことに集中できる要因だろう。その名が示すように、ふらふらと話題を渡り歩きながら朧げに見えてくる輪郭が、その人らしさやこの地域らしさを物語っている。

（青木彬）

註釈

註1：「ファンタジア！ファンタジア！―生き方がかたちになったまち―」主催：東京都、公益財団法人東京都歴史文化財団 アーツカウンシル東京、一般社団法人うれしい予感

10

シルバーシネマパラダイス！

人と地域の記憶を掘り起こす、懐かしの映像鑑賞

背景　「継承モード」としての認知症

　年齢によって、私たちの生きるモードは変化する。幼児から成長していく中で、私たちは次第に活動の幅を広げていく。そして壮年から高齢へと移りゆくに従い、その幅は縮まっていく。すると、高齢者の方たちと一緒に何かをする場合は、その年齢のモードに合わせた手法が必要になるだろう。ここでは、高齢者の方と映像を通じて対話を導く手法を紹介するが、まず、高齢者の方の生きるモードとはどのようなものか、考えてみよう。

　高齢になっていくと、赤ちゃんとどこか似ていく。できないことが増えていくし、周りの人が補助することも増える。しかし、赤ちゃんが何かができないでいても、可愛いとか、成長が楽しみとか、肯定的に評価される。高齢者の方の場合は、歩けなくなったとか、ちゃんと覚えられなくなったとか、なんだか

悲しい評価ばかりだ。なぜ、一定以上の年齢を重ねることは社会的に悲観されるのか？　それは実のところ、単なる順番に起因する。赤ちゃんの場合は、不可能が可能になる。可能になることを「成長」と呼んでいる。高齢者の方は、可能が不可能になる。不可能になることを「老衰」と呼んでいる。つまり、可能になっていく順番は肯定され、不可能になっていく順番は否定される。

　でも、ここでふり返ってみて、この世界、そんなに可能になることばかりだろうか？　可能になるという時間のみを肯定する社会に、私たちがいるだけではないか？　身体状態としては、赤ちゃんも高齢者の方も相似ていく。育児と介護、実はやっていることは、あまり変わらない。

　そんな考えを言葉にしている人がいた。長年介護職を務めながら、介護のあるべき姿について、自らの考察を著述や講演で発信している三好春樹さんである。三好さんは、終末期から最終末期の高齢者の方が、幼児から胎児へと時間を巻き戻すかのように、その身体や欲望の状態を逆行させていくことを、口唇期から胎児期への移行として図示する（図1）。そして、亡くなった方に施される湯灌について、以下のように考察する。

> 胎児は無重力状態だから、上も下もない。快と不快もない。存在そ

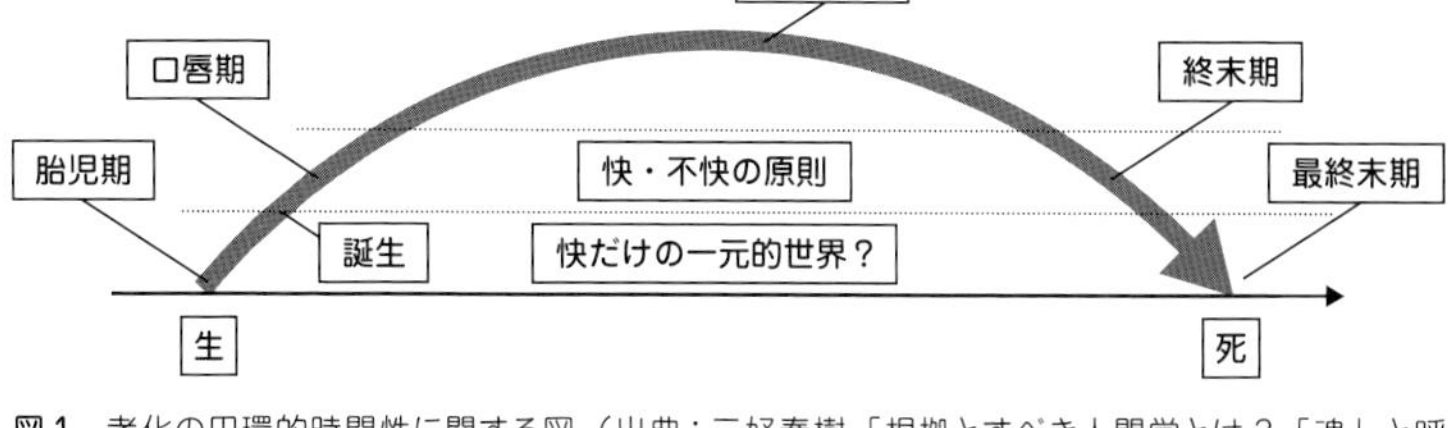

図1　老化の円環的時間性に関する図（出典：三好春樹「根拠とすべき人間学とは3「魂」と呼ばれているもの」『ブリコラージュ』30巻2号、2017年7月、3頁、図2）

のものが肯定されている、不快のない快という一元論の世界だろう。（中略）
亡くなった後の入浴を、湯灌という。今では、エンゼルケアなどと呼んで清拭で済ませているが、湯灌は長い間の日本の伝統だった。（中略）これは、入浴という快をつくり出すというよりは、羊水に囲まれた胎児への回帰だと言えないか。[註1]

高齢者の方は、年齢を重ねる中で次第に時間を巻き戻し、胎児にまで回帰する。先ほど不可能になることと指摘した「老衰」というプロセスも、こうした時間の巻き戻し、時の円環が閉じていく過程として捉えられそうだ。

この三好さんの見解を、さらに展開してみよう。もし、「老衰」が世を去るプロセスであるならば、その時、人は、跡形もなくなるのだろうか。むしろ、何かを残し、後世へと引き継ごうとするのではないか。

すると、「老衰」とされるプロセスも、この継承という点で有効な機能を持つように思われてくる。「老衰」することで身体は動きにくくなるが、そのぶん静かに佇むことができる。そのため、新しい情報の吸収と処理ではなく、既に培った古い情報を落ち着いて想起し、過去を若い世代へと伝えていくことができる。このことは、認知症の研究からも示唆される。認知症において「問題」とされるのは、今の自分の状況を正しく認識できないこと、短期記憶の欠損である。しかし、かなり過去の記憶、特に幼少期から30歳代までの長期記憶は、認知症であっても欠損しにくい。[註2]認知症とは、治すべき「症状」ではなく、過去の継承に身体機能を焦点化するとともに、現在の環境からのノイズによって想起が途絶されないよう防衛するための、極めて機能的な変容、活動モードから継承モードへと転換することではないか。

ここで紹介する「シルバーシネマパラダイス！」は、この継承モードを全開にするための手法であり、1章の事例2「青い山脈ノリノリ法」を上映および対話のワークショップとして発展・継続化させたものである。過去のお話をしているかぎり、認知症か否かという区分は無意味になる。むしろ膨大な記憶を有する認知症の高齢者の方こそが、歴史の先生になる。

概要　色んな施設で、シルバーシネマパラダイス！

高齢者の方の介護を主題としたドキュメンタリー映画『毎日がアルツハイマー』（図2）の関連イベントに行った折、たまたま喫煙所で知り合った介護士のお兄さんが口利きをしてくれたおかげで、2017年7月から、介護施設での映像鑑賞プロジェクト「シルバーシネマパラダイス！」が始まった。以来2年半、都内近郊の複数の介護施設で毎月イベントを行ってきた。各イベントの概要は、参加される方のリクエストに沿って、懐かしい映像を45分から1時間半ほど上映し、お話するものである。必要な機材は、パソコン、プロジェクター、スクリーン、スピーカー。多くの介護施設にはイベント用として、パソコン以外はすべて常備されている。スクリーンがなければ、壁への投影でもさほど気になら

図2　『毎日がアルツハイマー』（関口祐加監督、2012年）のポスター

ないし、備え付けの大きな薄型テレビで上映しても問題ない。

さて、100回以上イベントを継続していく中で、認知症の重度と参加人数に応じて、大きく2つのプログラム構成に分類できることがわかった。認知症の重い方が多い滞在型施設、または大人数の場合（20人以上）と、軽い方が多いデイサービスやサービス付き高齢者向け住宅（サ高住）で少人数の場合（20人以下）との二種類である。以下では、この二種類のプログラム構成をレストランでの注文形式になぞらえ、「コース型」と「アラカルト型」とし、運営の仕方を紹介する。

やってみよう！

① コース型——認知症が重い、または大人数の場合

認知症の重い方が多い滞在型施設では、長編映画など、尺の長い映像は不向きである。集中力が長く続かない方が多く、ずっと座っているのも体力的に難しいからだ。歌謡曲やCM、テレビ番組など、5分以内のものが適している。長編映画の場合は、予告編など短いものがよい。こうした短編映像でプログラムを構成することで、大人数のイベントの場合でも、様々なリクエストに応じられる。このように、様々な映像をさながらフルコースのように堪能できるので、「コース型」と名付けた。

(1) 初回から数回目まで——プロジェクト立ち上げ

初回から数回のプロジェクト立ち上げでは、まず、昔の懐かしい映像を鑑賞することが楽しいということを知ってもらう。そこで、「青い山脈ノリノリ法」で紹介した、多くの人がノリノリになれる楽曲を中心にプログラムを組む。そこに、歌手や俳優の比較を盛り込むのもよい。例えば、同姓の女性スター、高峰三枝子と高峰秀子、または60年代に人気を誇った男性スターたち、石原裕次郎・小林旭・赤木圭一

郎のポートレートを提示し、「誰がお好きですか？」と聞いてみる。そこで多数決を行い、多くの方が見たいスターを今回、少なかったスターを次回上映とする。こうすると、一種のゲーム性が生じるので場が活性化し、次回の鑑賞も楽しみになる。

イベント時間は、大概の施設では、45分から1時間のプログラムを依頼され、時間帯としては、昼食後からおやつ前まで（14～15時など）が多い。この時間配分に収まる映像本数は、映画の予告編など1～2本と歌謡曲など6～7本、映画を入れない場合は、歌謡曲などで10本。「青い山脈ノリノリ法」で示した、ノリノリとシンミリをうまく組み合わせながら、最後に盛り上がって終わるように構成するとよい。筆者の場合は、スムーズに再生するため、事前に考えた順番で映像をパワーポイント上に並べて、用意するようにしている。また、映像を見る前に準備運動として体操をするのもよい。1章事例3の「将軍ゲーム」など手軽な運動をしておくと、楽曲を鑑賞している際の手拍子などもより活発になる。

そして毎回の上映後には、参加された方に感想と次回見たい映画や俳優や歌手のリクエストを聞き取りする。「青い山脈ノリノリ法」で紹介した楽曲は、介護施設で過半数を占める、現在80歳以上で認知症の方が多い世代のちょうど思春期から30歳代に流行した歌謡曲である。これらの楽曲を鑑賞いただくことで長期記憶は驚くほど生き生きと蘇る。そして、記憶が活性化した状態で聞き取りを行うことで対話も盛り上がり、貴重な記憶をお聞きすることができる。

ただし聞き取りの際、初対面の高齢者の方とお話するのは難しい場合もあるかと思う。アプローチのコツとしては、その場に来てくれたことへの感謝からお声掛けし、具体的な曲や映画が話題に出てき

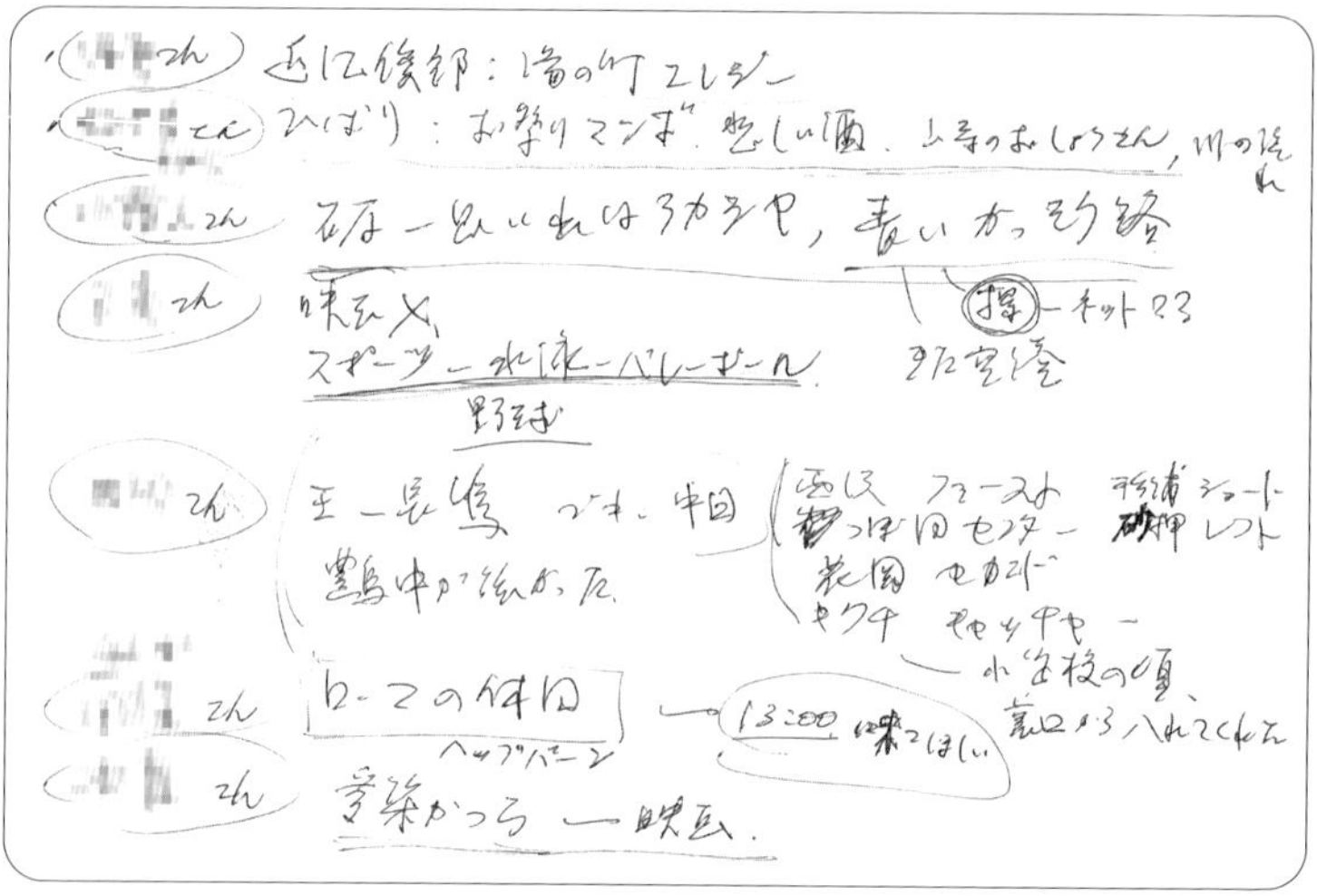

図３　リクエストをお聞きした際のメモの一例。野球の好きだった方は当時の中日ドラゴンズの選手名と守備パートを全部覚えていたり、13時に来るようお願いされたり、リクエスト以外のお話した内容もメモしておくと、次回お話する際のヒントにもなる。

たら、それを、いつ、どこで、誰と、どのように鑑賞したか、聞いてみる。そこから、出身地、ご家族や兄弟の思い出、結婚や出産や会社勤めのこと、趣味や当時の社会状況など、芋づる式に記憶が溢れてくる。1時間くらい話し込んでしまうこともしばしばとなる。そして、そこでお聞きした記憶とリクエストを、お名前とともにメモし、記録しておく（図3）。

なお、すぐにお話ができない方もいるが、その場合は、そばにしばらくいるだけでも効果がある。数十秒、間を空けながら言葉を掛けることで、少しずつお話が聞けることもある。

(2) プロジェクト立ち上げ以後

2回目以降から、次第に、このリクエストのメモを基にプログラムを構成していく（図4）。すると、参加されている方も自分のリクエストが反映されたことを喜び、また次回のプログラムを楽しみに

	ノリノリ or シンミリ	楽曲または映画名	公開年	上映時間（計 48 分）	解説
1	ノリノリ	美空ひばり「山寺の和尚さん」	1952 年	1	美空ひばりは敗戦後に子役からデビュー
2	シンミリ	美空ひばり「悲しき口笛」	1949 年	5	子役時代のひばりは、戦災孤児として出演多数
3	ノリノリ	『ひばりちえみのおしどり千両傘』	1963 年	10	60 年代に入ると、戦災孤児という戦争の負の記憶から脱し、喜劇映画に出演多数
4	ノリノリ	『ローマの休日』	1953 年（日本:1954 年）	10	『ひばりちえみのおしどり千両傘』の基となった映画なので、クイズにしても可
5	ノリノリ	高峰秀子「銀座カンカン娘」	1949 年	3	戦後の東京・銀座、戦後の復興を象徴する曲、終戦記念日翌日に発売
6	ノリノリ	フランク永井「有楽町で逢いましょう」※ 当時の有楽町と現在の有楽町の写真での比較	1958 年	3	戦後復興の過程で新たに開発された有楽町の思い出を話し合うのも良い
7	ノリノリ	石原裕次郎「嵐を呼ぶ男」	1957 年	5	石原裕次郎は復興した都会のワイルドな男の代表格
8	シンミリ	石原裕次郎「青い滑走路」	1975 年	4	リクエストされた方に、本曲の思い出を聞くコーナーを設けた
9	シンミリ	近江俊郎「湯の町エレジー」	1948 年	3	都会に対して田舎の戦後のステレオタイプを表す曲
10	ノリノリ & シンミリ	美空ひばり「お祭りマンボ」	1952 年	4	東京大空襲の風刺楽曲。同年終戦記念日に発売。シンミリなのにノリノリ、歌詞の最後「あとの祭りよ」で、おあとよろしく終了

図 4　図 3 のリクエストを基にした上映プログラム例

されるようになる。このように映像鑑賞に積極的に参加してもらうことで、記憶の蘇りも一層活性化する。ちなみに、筆者はリクエストされた映像を次回に上映し忘れてしまったことがあるが、リクエストされたご本人は1ヶ月経っても覚えておられて、怒られてしまった。リクエストは忘れないように！　また、映像鑑賞が特にお好きな方と、次回のプログラム構成を話し合うのもよい。このようにプロジェクトが軌道に乗ってくると、参加される方からのリクエストと助言によって、自然とプログラムは充実していく。継承モードのスイッチが入った高齢者の方は、私たちの「先生」になる。あとは先生方の指示に従おう。

やってみよう!

② アラカルト型―認知症が軽く、かつ少人数の場合

一方、認知症の軽い方が多いデイサービスやサ高住で、少人数(20人以下)の場合は、映画を1本鑑賞することも可能である。しかし、やはり映画を1本見てしまうと、参加された方は疲れてしまい、そのあとの対話は難しい。そこで、月に2日の訪問日を設定し、1日目はどんな映画を見るか話し合う茶話会、2日目を鑑賞会とするのがよい。この形式は、食べたいものを一つ選んで注文するアラカルトに似ているので、表題の名とした。

(1) 上映作品

いくら元気な方が多いとは言え、2時間以上の映画を全部見るのはかなりの身体的負担となる。大作映画の場合は1時間30分ほどに収まるよう、2日に分けるなどの調整を検討しよう。筆者の経験では、『風と共に去りぬ』や『七人の侍』は、前編と後編で2日に分けて上映した。

(2) 茶話会について

アラカルト型の場合、1日目、茶話会の構成に気を遣う必要がある。話題の中心は、「今月の上映で何を見るか」であるが、それを題材に20～30歳代の思い出を話していただく。この国の映画最盛期である1950年代[註3]が、施設にいらっしゃる70～80歳代の方の20～30歳代だった時期と重なるからである。お好きだった映画について聞くと話題に事欠かない。そして映画の題名が出てきたら、どこの映画館で見たか、誰と行ったか、当時の街の様子やお仕事のことなど、話題を広げていく。時には映画の予告編や人気者だった淀川長治の映画解説を鑑賞するのもよい。先のコース型で拡充した映像レパートリーは、この茶話会の時間にも活用できる。スマホなどで、当時の街の様子などを検索し、その場でお見せして

も楽しい。

どんな素が出たか?

義務教育ならぬ「義務介護」という仮説

昔の映像を通じて高齢者の方の長期記憶を刺激することで、私たちは歴史を教えていただき、継承していくことができる。好きな映画スターや歌手の話から話題はふくらみ、この国の歴史が見えてくる。学童疎開で初めて天秤棒で味噌汁の入った桶を担ぎ、村の神社の階段を登っていったら、知らぬ間に味噌汁を全部階段にこぼしていて、桶が空っぽだったこと、東京大空襲の折、膨大な焼け焦げた死体の中から行方不明の兄弟を探すため、わきの下の焼け残った服の模様を確認して回ったこと、日本が敗けてよかったこと、1週間カボチャ1個で過ごした敗戦直後のこと、今施設がある辺りは畑だらけで、牛がのんびり歩いていて、ある時、なぜか馬が疾走してきて、怖くなって土手下に隠れたこと、昔八百屋をやっていて、買い物に来た子どもたちを喜ばすために手品を披露していたこと、上野のアメ横でよく飲んでいたが、ある時、行きつけの店に石原裕次郎が来たこと、60年安保でもみくちゃにされたこと、お小遣いをこっそりため込んで、学校に行くふりをして、映画館に行ったこと、次の日にバレて先生に叱られたこと、60年代に早稲田付近でラーメン屋をしていて、１９６８年の新宿騒乱を目の前で見たこと、バブルのころは羽振りがよく、出張でタイやマレーシアに行ったこと――個人と家族と地域と社会と国家と、様々なレベルが混淆《こんこう》し、膨大な記憶が蘇る。

冒頭、赤ちゃんと高齢者の方の相似を指摘した。では、子どもが世に出るために義務教育があるならば、高齢者の方が世を去るために、「義務介護」があって然るべきではないだろうか。子どもたちが、義務介護として介護施設に行き、介護をしつつ一緒に遊び、高齢者の方は子どもたちへ、その記憶を義務教育として伝えていく。そうすれば、未来の可能性と進歩のみへと一方向に進んでいくこの社会の時間も、過去へと巻き戻され、不可能も許容できる円環の余白を描けるのではないか。そんな制度は、自分の眼の黒いうちには決して実現しないだろうと思いつつも、その夢想に惹かれる。

施設の若いスタッフの方が、シルバーシネマパラダイス！を楽しみにし始めた時など、その夢想が現実味を帯びる。昔の映像は今の人にも面白く、刺激的だ。もちろん、上映中は一時的に介護作業が急減するので、忙殺されているスタッフの方の貴重な休息時間になることも影響しているが、人気テレビ番組『てなもんや三度笠』は、後年、『必殺仕事人』や『はぐれ刑事純情派』などでシリアスな役どころをこなす藤田まことの生粋コメディアン時代が拝めるとあって人気。クレージーキャッツの貴重な舞台パフォーマンス映像は、「ラプソディ・イン・ブルー」の秀逸なパロディで、そのピアノをぶち壊すハチャメチャさが多くのスタッフを魅了する。紅白に出場した美空ひばりの後ろで、若き山口百恵や和田アキ子が手拍子しているのを見つけて面白がる人もいる。懐かしの映像は、世代間の断絶を一時混淆させ、進歩へ急ぐ時間を弛緩させ、記憶を共有させる。

膨大な記憶が継承されずに忘却されていく現在、人手不足の介護施設は、ボランティアでのイベント大歓迎だ。あなたの関わる地域でも、映像鑑賞を企画してみよう。そこから、人が、地域が、この国が、歴史的厚みを持って立ち上がってくる。そして未来は、その向こうに見えてくるはずだ。

（角尾宣信）

註釈

註1：三好春樹「根拠とすべき人間学とは3「魂」と呼ばれているもの」『ブリコラージュ』30巻2号、2017年7月、2-3頁。

註2：認知症介護研究・研修大府センター編『認知症の医学的理解』一粒社、2009年、I-②、など参照。https://www.dcnet.gr.jp/pdf/download/support/research/center2/48/48_4.pdf（最終閲覧：2020年4月19日）

註3：映画の年間観客動員数の最高値は1958年、11億人を超えた。岩崎昶『映画は救えるか　岩崎昶遺稿集』作品社、2003年、249頁、参照。

※本稿執筆にあたり、介護老人保健施設「シルバーピア加賀」、久喜すずのき病院「リハビリテーションセンターそれいゆ」、サービス付き高齢者向け住宅「友友ビレッジ昭島」、デイサービス「南大塚のNIWA」、以上の施設の方々にご協力いただきました。ここに謝意を記します。

11

人生デザインゲーム

みんなの「人生」を積み重ねて見えてくる、「より良い暮らしと社会」のイメージ

背景　**人生を体験してみる**

人生というものほど「行き当たりばったり」という言葉が似合うものはない。たいていの人にとって60年、70年、80年という長さのそれは、公園や住宅のようにデザインすることが難しく、そしてデザインの通りやりきることはもっと難しい。しかし、人生というものほど多くの人たちが「よくしたい」と思っているものもない。ある程度年を重ねると、「あの時こうしておけばよかった」とか「あのことが転機だった」なんてことを考えるものだ。それこそ「人生デザイン」のタイミングである。そのタイミングにどう適切なデザインができるかが大事なのだろう。そんなことを学習してみよう、議論してみよう、と考えたのがこのワークショップである。

このゲームは岩手県に住む中学生を対象として行われた。10歳の時に大津波に逢い、そこからの復興

を経験してきた彼らに対する復興教育の一環として行われたものである。

概要

競走しない人生デザインゲーム

ゲームの大きな構造はタカラトミーの「人生ゲーム」と同じであり、ルーレットやサイコロを振って参加者がコマを進め、コマがとまったところに書いてある指示にしたがって人生を経験し、そこで得た資源を積み上げていくものである（図1）。積み上げられる資源（図2）は貨幣ではなく、「テント」や「消防団」といった有形無形の資源であり、その多い、少ないを競うゲームではない。プレイヤーは、

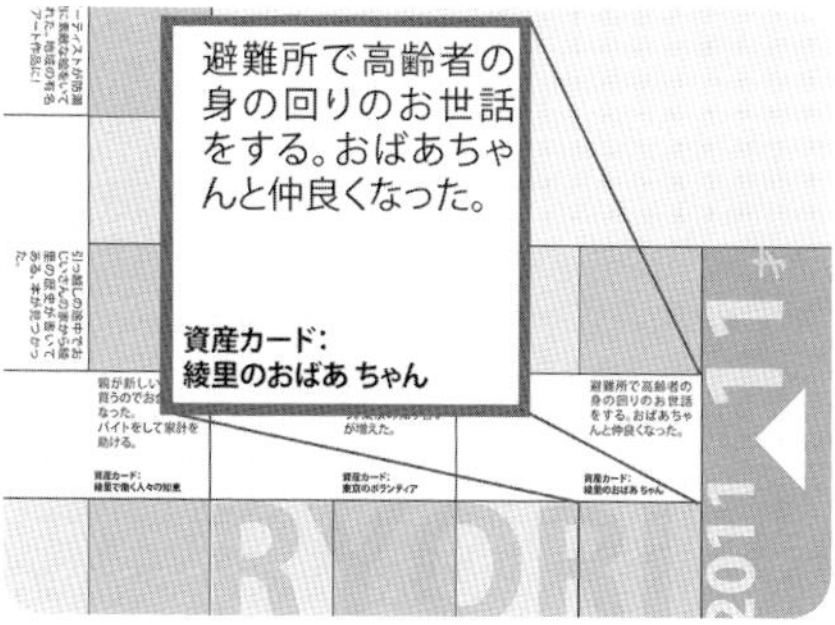

避難所で高齢者の身の回りのお世話をする。おばあちゃんと仲良くなった。
資産カード:
綾里のおばあ ちゃん

図1　それぞれのマスに人生におけるイベントとそこで得られる資源が書いてあり、マスに止まると資源カードを得ることができる

ダンボール	消防団	3Dプリンター	スケートリンク
万華鏡	漁網	敏腕エンジニア	テント
大きな図書館	綾里小学校	アパレル店員の経験	ライト
たくさんの絵本	不動滝	DIYの経験	超でかい鏡

図2　資源カードの例。地元の名産品もあれば、荒唐無稽な資源もある

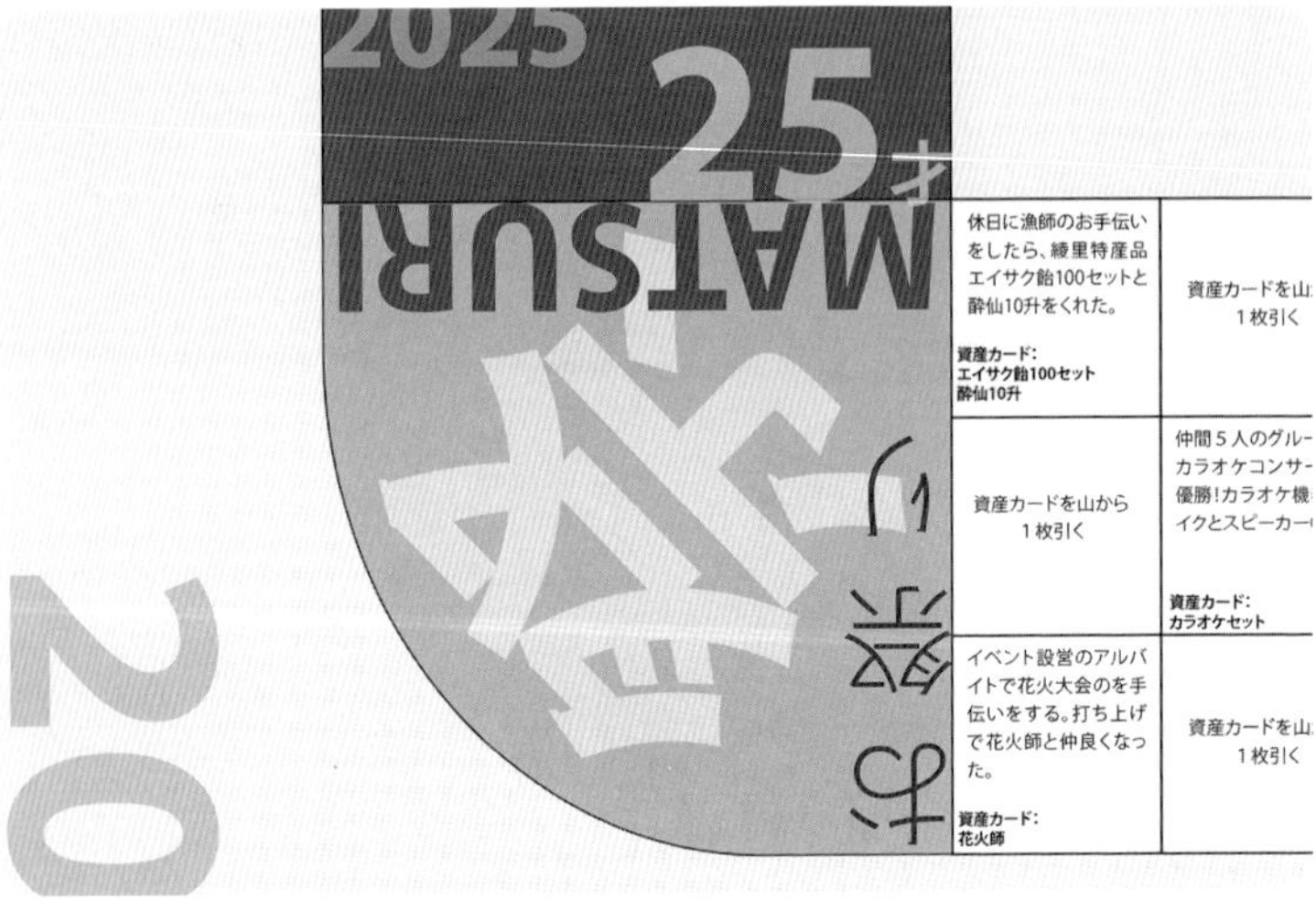

図3　25歳になった時のイベントは「地域のお祭りを共同で企画する」である。参加者はこのマスに止まったら残りの全員が来るのを待ち、全員が揃ったらそれぞれの手持ちの資源カードを組み合わせて、お祭りの企画を提案し、最も良いアイデアを出したら得点が得られる

人生の間に3回設定される「協力イベント」において、他のプレイヤーと協力して、資源を出し合ってそのイベントの解決策を考える（図3、4）。人生デザインゲームは競争ゲームではなく、協力ゲームなのである。最初のイベントは「地域のお祭りを企画する」、2回目は「地域で仕事をつくる」そして3回目は「また津波が来た」である。津波に対し、プレイヤーは自分の人生で獲得したマンションを地域の人たちの仮住居として提供したり、知人のシェフが仮設住宅で料理を振る舞うといったアイデアを競う。その中で最もよいアイデアを出したプレイヤーがゲームの勝者である。

ゲームのコースは3つに枝分かれしている（図5）。地元に残るか、都会に出るか、大都会に出るかである。プレイヤーは18歳、30歳、40歳の3度のタイミングでコースを変更できるが、そこでは「なやみカード（図6）」というカードを引く。そこに

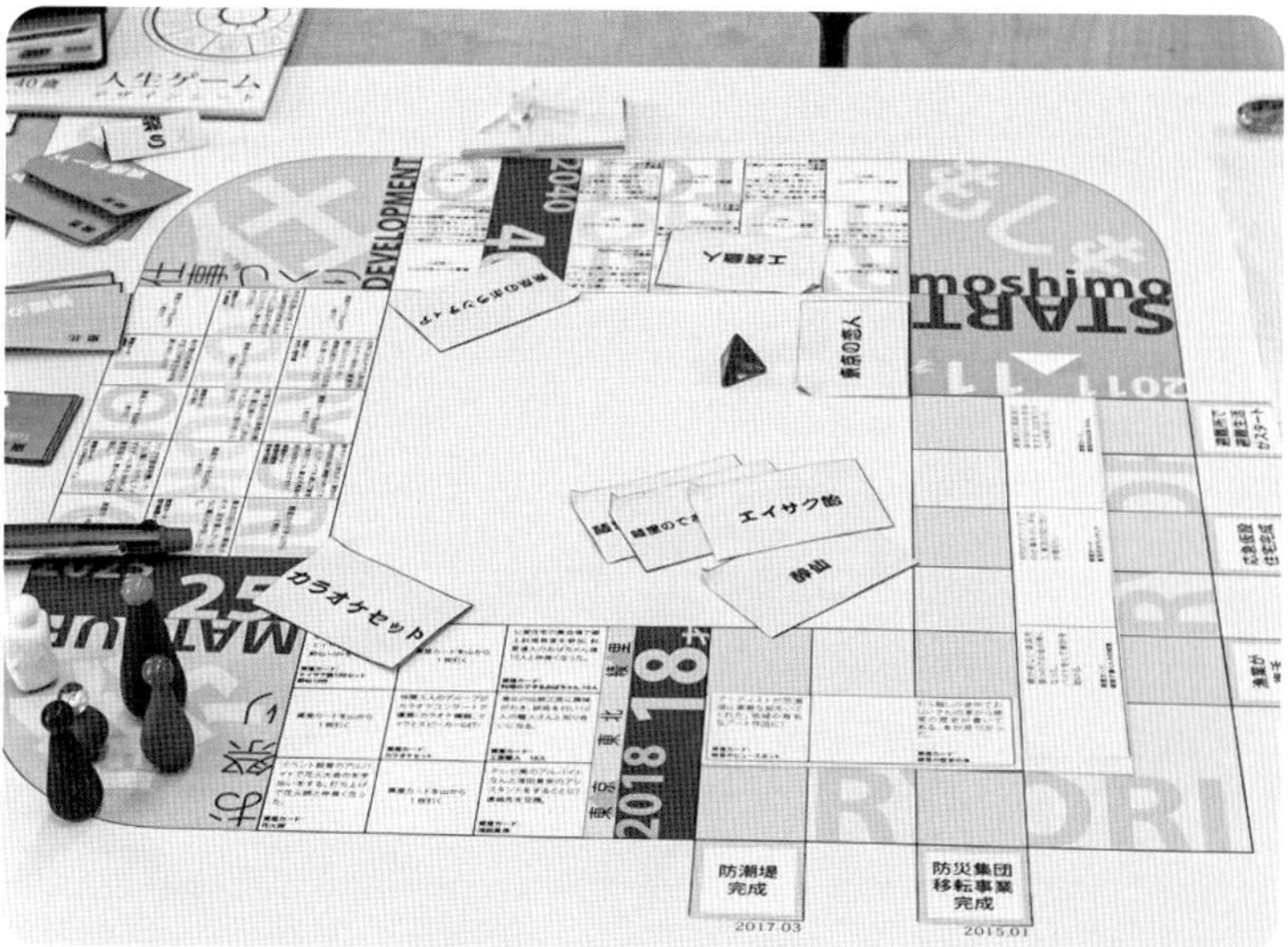

図4　お祭りの企画を提案した様子

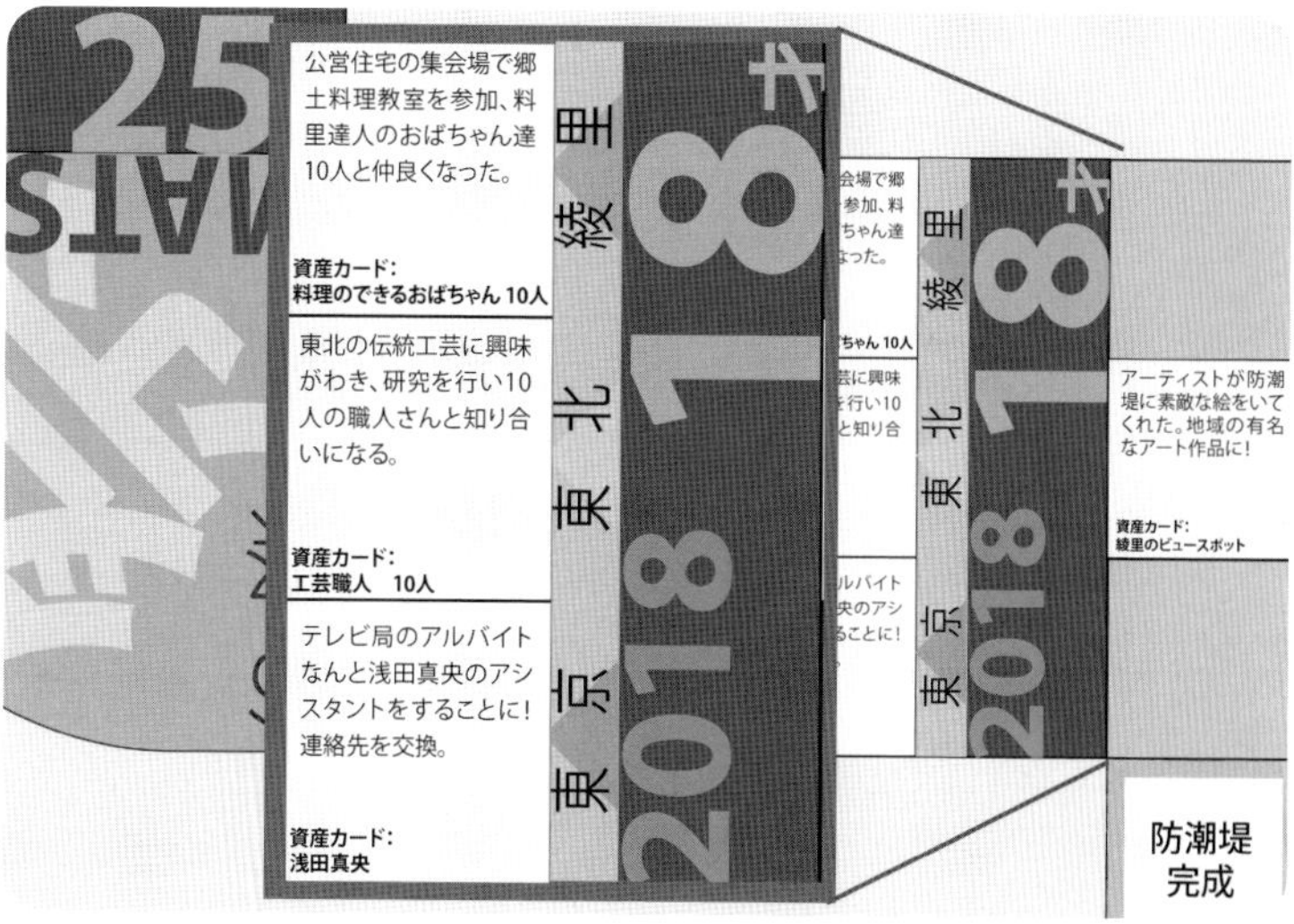

図5　18歳、30歳、40歳のマスに止まったら、地元（綾里）に残るか、東北に出るか、東京に出るかのライフコースを選択する。ライフコースによってその先の人生で得られる資源は異なる

東京で長い間働いてきた―親！ ・やっとお金の余裕ができて、家族のために一軒家を買うことになったけど東京は土地が高いなぁ。もったいない気がする。実家に住む？ ・綾里が好きだけど津波の心配はまだ残っている…しかも綾里の仲間とはむしろ東京の方が集まれるのかも。親を東京へ呼ぼうかな…。	綾里で長い間働いてきた―家族！ ・中学生の子どもはこれから東京の大学に進学したいって今一生懸命頑張っている。離れたくなければ一緒に行くしかないな… ・でも、両親も最近年をとってきたし、みんな東京に行っちゃうと親の世話はできない…	綾里に住むこと7年目―結婚！ ・今年綾里の相手と結婚することになった！でも家族が増えることを考えると、今の仕事のままで家族を支えていけるのか心配だ…。もっと現金が手に入る東京か東北の都市へ行こうかなぁ…。	東京で長い間働いてきた―家族！ ・東京で刺激ある楽しい生活をしてきたが子育ての環境を考えると、自然が溢れる綾里の環境が一番いいのではないか？ ・そう考えるとやっぱり家族と一緒に地元に戻りたいな…でもせっかく頑張ってきた仕事はまた一からやり直すのは大変だよ…
綾里に住むこと7年目―活性化！ ・地元の暮らしは7年目に入った。綾里の漁業が宣伝力不足ため、水産物はほとんど売れていない事がとても気になる、何かしたいな… ・綾里の食材を有名にするために経営の知識も必要になるんじゃないかな。それを勉強するには都会じゃないといけないかもしれない。	綾里で長い間働いてきた―起業！ ・仕事の余裕がやっとできた！お金も貯まったしこれからは綾里の食材を都会のレストランに提供し、さらに綾里の食の魅力を全国に発信したい！ ・それなら、都会での環境や人脈をわからないとだめだよね、都会にいくべきかな…。	綾里に住むこと7年目―転職！ ・綾里で頑張って7年目になるが、仕事がなかなかうまくいかない。東京ような大都会で大きな仕事を体験してみたいな…。少し遅いかな…。 ・でも仙台とか東北の都市でもできそうかな…。	東京で長い間働いてきた―起業！ ・東京でばりばりと働いてきたけど残業ばっかり。もう疲れたなぁ。綾里で家族や友達と生活しながら働きたいから帰ろうかな…。 ・でもさすがにいきなり漁師は無理だよな。出身と東京でのノウハウを活かして、東北でローカルビジネスでも始めようかな…。
東京に住むこと7年目―結婚！ ・今年地元の人と結婚することになった！一緒に綾里で親たちと一緒に暮らしませんかと聞かれた。綾里に戻ろうかな…それとも東北くらいの距離感で生活しようかな。 ・でも今の会社もなかなかやめられないな～東京でこのまま仕事は続けようかな…	東北で長い間働いてきた―家族！ ・子どもの進学先は私学に通わせたいし東京の学校にしようかなぁ。 ・自分の親の介護が必要になった。今の家で一緒に暮らそうかな。それとも綾里へもどるかな。 ・そろそろ家を買いたいなぁ。どこに家を建てようかな。	東北に住むこと7年目―結婚！ ・今年地元の人と結婚することになった！一緒に綾里で親たちと一緒に暮らしませんかと聞かれた。綾里に戻ろうかな… ・でも今の会社もなかなかやめられないな～東北でこのまま仕事は続けようかな…	綾里で長い間働いてきた―活性化！ ・綾里の産業をより広げるには、綾里と東京をつなぐ東北の環境が良いのかもしれないな…いっそ東京でもいいのかもしれない。 ・でも長い間家族と一緒に綾里で豊かな生活を過ごしてきて、急に環境を変えちゃうと家族に負担を与えてしまいそう…
高校卒業後の進路は... ・東京の大学に進学したいけど両親の面倒はどうしよう。東北の学校なら地元に戻りたい時すぐ戻れるんだな…。 ・綾里の友達はみんな都会に出ちゃいそう…そうすると、綾里の未来はどこにあるのかな地元で働き、綾里の力にもなりたいな…	東京に住むこと7年目―転職！ ・東京はやっぱり疲れるなぁ、綾里の暮らしが恋しくなる。3.11直後に比べたら、仕事も増えてきたみたいだし故郷にもどろうかなぁ。 ・専門知識もついてきたし、東北の企業に転職してキャリアアップなんかもいいな。そうすればすぐに親のもとにも行けるし。	東北で長い間働いてきた―起業！ ・東北の事業の規模はやっぱりちいさいなぁ。多くのクライアントは東京を中心として活動しているから手が届かない感じだな…。東京へ行って新しい事業を自分で始めてみようかな。 ・綾里で家族と生活しながら、綾里をPRするブランドでも起ち上げようかな…。	東北に住むこと7年目―転職！ ・疲れたなぁ、3.11直後にくらべたら、仕事も増えてきたみたいだし故郷にもどろうかなぁ。 ・専門知識を活かすには、もっとグローバルな東京に行くべきなのかなぁ。さらにステップアップして東京にいこうかなぁ。

図6　なやみカードの例。地元ならではの具体的な悩みである

はたとえば「郷里の両親の介護が必要になった。仕事をやめて帰郷するか」という悩み事が書かれ、プレイヤーは現実的な悩みを体験しながらゲームを進める。人生をどのように過ごそうとも、そこでは貨幣だけでない有形無形の資産を必ず得る事ができ、それらを出し合って協力する事によって様々なイベントを乗り越える事ができ、長い人生をかけて蓄積した資産が来るべき津波災害の復興へとつながる、といったことが人生デザインゲームを通じて伝えたかった事である。

やってみよう！

① 準備するもの

ゲームをはじめるにあたって、①ゲームボード、②なやみカード、③資源カードを作成する。そのまちの独自のゲームをデザインするため、実際に暮らしている人たちの人生についてのデータを集めることになる。

②ゲームボードのデザイン／ライフコースを集める

まずリアリティのある、そのまちらしい人生、ライフコースについての情報を集める。高齢者の数や子どもの数、どういった仕事に従事している人が多いのか、何人家族が多いのか。といったことは国勢調査のデータなどを使って簡単に集めることができるが、知りたいのはそういった、ある時期の一断面を切り取ったデータではなく、そのまちに生まれた人が50年、60年、70年かけてどんな人生を歩んできたのか、そこで何をえて来たのか、というデータである。そのためには実際に暮らす人たちに、これまでの人生についてインタビューをすることが必要だ。もちろんすべての人の人生を知ることはできない。5人から10人程度にインタビューを重ねる、そしてその人たちに「他の人の人生はどうですか」と重ねて尋ねることによって、まちで暮らす人たちのおおよそのライフコースが見えてくるはずだ。

そして代表的だったり、典型的だったりするライフコースをシナリオのようにまとめ、「ゲームボード」にまとめる。

③なやみカードの作成／転機を集める

ライフコースをたくさん集めたら、分析をしてみよう。分析の視点は「転機」である。誰にでも人生の転機が訪れる。高校に入学する時、就職をする時、故郷に帰ろうとする時などである。転機は予測される時もあるが、突然やってくることもある。そしてその転機に、どれくらいよい選択をすることができるかが、その後の人生を左右する。転機のタイミング、そこでどういう判断をしたのか、そこにどういうジレンマがあったのか、こういったことを読み取り、「なやみカード」にまとめていこう（図6）。

④資源カードの作成／人生で得られるものをあつめる

ゲームでは、人生で得られるものを「資源」と呼んでいる。「資源」という言葉は、魔法のような言葉で、古くなって捨てようと思っていたテーブルも「資源」と名付けるとまだ使えるような気がするし、道端で拾ったちょっと変わった形をした石も「資源」と考えると、そこからブローチをつくることもできる。もちろん、父親が残してくれた貴重な絵画、新品の自動車といった、誰が見ても資源となるものもある。また、資源は有形のものとも限らない。ピカピカのロレックスの時計と友達との友情、どちらが大事な資源だろうか。

ゲームを企画するにあたって、こういった資源をたくさん集めておく。そしてそれらを「資源カード」にして、参加者に組み合わせてもらうことになる。資源は一般的なものでもいいし、まちの特産品でもよいし、みんなの家に集まっているものでもよい。そのうちいくつかは、ちょっと頭を使わないと使い切れないような資源であるとよい。思いも寄らない資源を手にいれて、それを何に使えるか、一所懸命に考えることが、ゲームを盛り上げることにつながる。

どんな素が出たか?
切実な意見に素が見える

日々のよい暮らしの積み上げがよい人生であり、よい人生の束がよい社会である。これは見田宗介の言である。ワークショップはこのうちの「暮らし」を考えたり、「社会」を考えたりするものがほとんどであり、その中間の「人生」について考えるものはあまりなかった。短い時間のワークショップであるので、ここでは人生を形づくる要素をバラし、その要素の組み合わせを変えることでどういった人生を組み立てることができるのか、頭の体操をやってみよう、ということである。

ワークショップは、多くの人たちが初めて人生のデザインに向き合う14〜15歳の子どもたちを対象に開発された。あらたまって「お前の人生ってどうするの?」とは恥ずかしくてお互いに聞けない年頃だ。しかし抹香臭い「人生とは何か」というレクチャーがしみこむとは思えない。誰もが熱中できるゲームをつくって、そこでのやりとりの中で人生のデザインのコツをつかんでもらおうと考えた。

とはいえ、筆者がこれを初めて試した、岩手県の中学生たちは真剣だった。大津波から5年後のことであり、彼らの記憶にはきっと自分たちの人生がどうなってしまうのだろうか、それが強い外力によって壊されてしまったことの記憶が生々しく残っていたからだろう。小さな村の中学校だったので、中学生はほぼ全員が生まれた時からの幼馴染で仲がよい。最初から楽しそうにゲームに取り組み、お互いを仲よくいじりあったりする中で、「○○ちゃんは東京に行きたいんだよねー」「俺は漁師かな」「自然が多いこのまちから出たくない」「祖父の工場を継いだ方がいいのかな?」と、ポーズとも、本音ともつかない意見が引き出されてくる。ところどころに出てくる切実な意見が「素」なのだろう。

ゲームには3回の「協力イベント」が仕込まれている。協力イベントでは、すべての参加者がそれまで貯めた「資源カード」を使って、出されたお題の解決に取り組む。最初は「地域のお祭りを企画する」、次は「地域で仕事をつくる」であり、最後に彼らが60歳になった時にやってくるのが「また津波がきた」である。それまで楽しそうにゲームに取り組んでいた彼らの目つきが一様に真剣になり、数十年後に来るかもしれない津波からの復興のことを考える。

日本の社会において、彼らはまだ人生を決めなくてもよい。悩む時間はたくさんある。その時に、このゲームで経験した友達の「素」を思い出し、自分なり解釈し、とはいえある程度は成り行き任せに、人生をデザインしていければよい。

このゲームは、他のまちでもつくることができるだろう。その時に、できることならばそのまちの調査を丁寧に行い、オリジナルのゲームボード、なやみカード、資源カードをつくり込んでほしい。その作業を、そのまちに暮らす人たち自身で取り組むことで、もしかしたら平凡でつまらないものと思っていたそのまちでの暮らしが、たくさんの積極的な選択と、現実とのどうしようもない調整の上で成り立っていることがわかってくるはずだ。そしてそれを少しベターなものに変えていく手がかりを得ること、このことがよい暮らし、よい人生、よい社会をつくりあげていく手がかりになるのである。

（饗庭伸）

謝辞

人生デザインゲームは、池田浩敬（常葉大学）、常葉大学池田ゼミ、金静（饗庭研究室）、曽我明宏（饗庭研究室）によって2014年に開発され、大船渡市立綾里中学校の復興授業の一部として行われた。復興授業は2019年まで行われ、少しずつ改良された。実践の場となった綾里中学校、綾里地区復興委員会に記して感謝する。

Discussion 2

コミュニケーションを積み重ねていく

〈メンバー〉

角尾宣信

高齢者の方との映像プロジェクトを展開する映像研究者

饗庭伸

都市計画の現場にゲームを導入。
2章では「夢見る都市計画家ゲーム」と「人生デザインゲーム」を紹介

青木彬

アートの歴史から協同作業の可能性について考えているキュレーター

● 一緒に考える時のファシリテーターの役割

角尾：2章のテーマは「ブレインストーミング——アリバイづくりからコミュニケーションづくりへ」です。ブレインストーミングでは、特にワークショップを運営する側と参加される側の共同作業が、一つ難しいポイントとなるかと思います。運営側が参加者の方に一方的に働きかけるのも不自然ですし、何も働きかけないとワークショップの意味がありません。このあたりの塩梅や関係づくりに関して、まずはお二人にお聞きしたいと思います。

饗庭：本書でもたびたび使われている「ファシリテーター」という言葉があります。記憶では30年ほど前に普及した言葉だと思いますが、僕が最初に教わったのは、「ファシリテーターの役割とは、中立的な立場で、人々の意見をさばくことである」ということでした。中立的な立場から判断して、議論されたことをまとめていくことで、みんなが納得できる都市計画や建築のかたちが見えてくる、ということです。ところが、その通りにやってしまうと、情報を取っているだけの人になってしまうことがあります。参加者からすると、あのファシリテーターは愛想はよく、私たちの意見をよく聞いてくれるけど、自分の意見をまったく言わないで「すごいですね」とか「勉強になります」と言うばかり。ただ一方的に情報を奪っていく奴じゃないか、という印象を持たれてしまう。そこで最近では、参加者の様子を見つつ、自分が専門家として持っている情報などを出していく、参加者が興味を示した内容をとっかかりにして意見を引き出す、参加者の意見に自分の意見も混ぜつつ話し合いを進めていく、そういう風にファシリテーションをするようになりました。

- **中立的なファシリテーションとは?**

角尾：中立的な運営者として俯瞰するのではなく、参加者の方々と話の輪をつくる、そこに入っていくという感じでしょうか？

饗庭：僕の場合、自分の立場を悪用して、まずは学生に参加者の中へ入ってもらうんです。参加者にとって、僕みたいな偉そうな先生と違って、学生とは話しやすい。学生にも「ファシリテーター」を意識せず、なるべく素で話してもいいよと言っています。そうすると学生は、このまちってこういう印象ですよね、などとざっくばらんに話し、それに対して参加者は「違うよ～」などと批判やツッコミを入れながら話が転がっていく。僕はその様子を見ながら、全体のワークショップの流れを調整し、方向性を決めていく、と進めます。学生は間違えるものだから、間違えても構わないし、参加者が色々なことを教える相手にもなる。ワークショップの運営側と参加者側をかき混ぜるには、学生に入ってもらうのが効果的なんです。

角尾：完全に運営側でも参加者でもない、中間的な存在として学生を活用するというのは、饗庭さんの立場ならではの手法ですね。

・複数の役割を使い分ける

角尾：青木さんは、むしろアーティストとともにワークショップをファシリテートすることが多いかと思います。そして、アーティストもまた、こうした運営側でも参加者でもない中間的な存在になると思いますが、アーティストと参加者の方との関係づくりは、どのように行っていますか？

青木：僕も饗庭さんが仰るように、役割を上手く使い分けることを考えています。例えば不自然でないかたちで、複数のファシリテーターがボケとツッコミを演じるような場面を設計し、それを参加者の方たちに見てもらうことを通じて、「あ、こういう相談はあの人にしたらよいんだな」など自然と気が付いてもらったり。また、饗庭さんから、参加された方が情報を奪われたように感じてしまうという話がありましたが、アーティストが地域の人とコミュニケーションを取る時、逆に情報をこちらにたくさんくれてしまう人、しゃべりすぎてしまう人というのも、危険なように思うんですね。そもそもアーティストは、まだわからないこと、未知のことをしようとしているのですが、そういう方は、「あ、わかるわかる！」と興奮してたくさん話をされるんです。しかし、長期的に付き合っていくと、どこか大事なところがズレていたことが後から発覚したりする。情報の受け渡しは、やはり信頼関係がなければ成り立たないと思うんです。それがないうちに、情報をもらいすぎてしまったり、与えすぎてしまったりすると、やはり信頼関係自体が築けなくなってしまう。ワークショップの時間は限られていますが、その中で信頼関係を築いていくことが、一緒に考えるためには大切だと思います。

・限られた時間に適切な判断をする

角尾：饗庭さんも、ワークショップにおいて、こうした喋りすぎてしまう人が参加されることはあると思いますが、その場合は、どのように対応しますか？

饗庭：情報を提供しすぎる人もいますし、自分のストーリーが決まってる人、話す内容が決まっている人がいますよね。ただ、それくらいで困るということはなく、むしろ、こちら側がなるべく早い段階でプロファイリングすること、例えばあの人は毎回あの話をするけど、まだ本音は言ってないなとか、この人はボソボソと言葉少なだけど、本音を言ってるなとか、素がどこまで出ているかを探ることが大事だと思います。僕の場合、そこそこの場数は踏んできたので色々なタイプが頭の中に入っていて、「この人はあのワークショップのあの人に似ている」といったことを考えながらやるようにしています。参加者のタイプを素早く把握し、あの方とこの方は話した方がよいかなとか、グループ分けした方がよいなとか、適切に判断することが専門家としては大事だと思います。

•一緒に考えるまでには、とても時間がかかる

角尾：ここまでのお話で、参加される方の2つのタイプが出てきたように思います。話を聞くモードになりすぎてしまって自分の素の意見を出さなくなってしまう方と、逆に自分の中でこうだと決めた話をくり返し話し過ぎてしまう方という二種類かと思います。僕もワークショップをやっていて、このような二極化に陥ることがやはりありまして、その両者をどのように混ぜ合わせるかというところで、聞くモードになってしまった方に話を振って、話すモードに転換してもらったり、また話をくり返される方に、その決めてしまった図式を掘り下げる質問をしてみたりしています。ここで問題になるのは、二極化に陥ってしまうと、やはり一緒に考えることはできなくなってしまうことです。そして、本当は一緒に考えることができていないのに、「ワークショップ」という名目でイベントをしたから、とりあえず形式上は話し合いをしました、という体裁は整ってしまう。ここに、「ワークショップ」という言葉が持つ危うさもあると思います。この「ワークショップ」の罠とでも言うんでしょうか、そうした

ものに陥らず、形式的な話し合いにならないようにするにはどうしたらよいか、そこも考えることが多いのですが、お二人はいかがお考えでしょう？

饗庭：例えば市役所からの仕事を引き受けた場合などでは、一緒に考え始めるまでにとても時間がかかることがあります。とにかく市役所に言いたいことがあるので、まず市長に言いたいとか、それまでの経緯を全部説明せよ、とか、ワークショップが始まった段階で「頭にきている」人が多くいらっしゃるんですね。そういう人たちには、これは古い行政が使うよくないスラングなんですけど「ガス抜き」が必要なんです。まず初めに地域に溜まっている不満を全部喋ってもらう、場合によっては大声で怒鳴られたりもして、その後にワークショップを始めるとか、そういうことはよくあります。ワークショップ1回分の時間をまるまる使ってしまうこともあります。しかし、ここはごまかしても仕方がないので、怒鳴られないようにする妙案はたぶんないと思います。

角尾：普段自分が意識していることは、まず出し切らないと、別の方の視点から考えたり、冷静に問題を掘り下げたり、といったことは難しいですね。

饗庭：もちろんガス抜きだけで時間が終わってしまうと、話し合いにすら至らない形式的なワークショップ、いわゆる「アリバイづくり」のワークショップになってしまうと思うんです。しかし、ガスを抜ききらない、参加者の方が考えていることを言いきる前に、時間の都合から運営側がそのお話を強制的に抑え込んでしまい、残った人たちだけで話し合いをして結論をまとめたりするのも、やっぱり「アリバイづくり」だと思うんです。心底怒っている人たちや大声出さずにはいられない人たちも巻き込みながらやっていくのが、本来のワークショップのあり方だと思います。ただ、それは1時間などでは到底できないです。ワークショップ数回分の時間をかけなければ、できません。形式的ではない話し合いをするための方法は、丁寧にやるということに尽きるんじゃないですかね。

角尾：出し切るというプロセスは、とても大事だと思います。僕のプロジェクト「えいちゃんくらぶ」（3章参照）でも、こだわりの強い人は、やはりお話が止まらなかったりもします。話しているうちに興奮される方もいます。しかし、そうした方のお話を、ひとまずは終わりまで聴くと、今度は周りの方から、こういうお話があったが、その点はこう考えるとどう？ということた質問が提起され、だんだんと一緒に考える状態ができていく気がします。

・アーティストとのワークショップの場合

角尾：青木さんは、こうした一緒に考え始めるための準備や形式的ではない話し合いを行うための注意点に関しては、いかがお考えですか？

青木：ワークショップと言っても、やはり饗庭さんの挙げられたようなワークショップは、僕らのワークショップとは違う点もあると思うんですね。僕らの場合、アリバイにすらならないというか（笑）。例えば、このあいだ企画したイベントでも、広報する際にはわかりやすいので「ワークショップ」と書きましたが、終わったあとみんなでフィードバックした際に話に出たのは、別に「ワークショップ」っていう感じじゃないよね、と。アーティストが普段作品を制作する営みがあって、それにただ並走する、そのプロセスを体験する時間があるっていうだけなんじゃないかと。そこには、何か一律の形式や目的があり、そのためのアリバイとしてワークショップがある、というものではなくて、本当に参加された一人ひとりの主体性に委ねなきゃいけないところがあると思います。なので、初期設定の共有は難しいですよね。でも、長期的なプロジェクトを通じて、次第に参加した人たちを巻き込んでいくっていうプロセスがあり、時間があり、それがすごく重要だと思います。そして、アートプロジェクトでは、このプロセスの時間を「ワークショップ」と位置付けているかもな、と。

角尾：青木さんの場合は、そうしたワークショップに、やはりアーティストの存在がとても重要になると思うのですが、やはり向いてるアーティストと向いてないアーティストとか、そういう適性とかはありますか？

饗庭：都市計画のワークショップでは、日本語が通じるし、起承転結を踏まえて喋れば何とかなるし、5W1Hをはっきりさせていけば話し合いはまとまるしという風に、標準語で話せばワークショップが成立しますが、おそらく青木さんの企画するワークショップは、それとは違うと思うんですね。

アーティストって変じゃないですか(笑)。思考方法とか言葉の使い方とか、そもそも言葉で会話しないとか。そういったイレギュラーなことがありそうだな、と思っていて。わけのわからない言葉を喋るアーティストがいて、そこに一般の人たちを巻き込んでいって、一緒に考えていくというのは、えらく大変なんだろうなと思っていました。実際のところは、どうなんですか？

青木：参加者とアーティストを、どのくらいの距離感で接触させるのか、という点は、本当にうまくコーディネートしないと何も伝わらないし、何もでき上がらないことになってしまうんですね。そこはアートプロジェクトにおけるワークショップのコーディネーターが、専門家として一番考えなければならないところです。コーディネーターは、アーティストと密にコミュニケーションをとって、これまでの作品もちゃんと理解して、その上で参加者との距離を調整しなければいけない。そういうことが多分すごく大切になる。

角尾：なるほど、むしろ逆に一緒に考えない時間をつくる方がいいこともある、というわけですね？

青木：そうだと思います。その一つの例が美術鑑賞じゃないでしょうか。ある美術作品を前に誰かが解説をするか。普通にアーティストの話を聞いて面白い場合もあれば、アーティストではなく学芸員がきちんと説明した方がその意図が伝わる場合もあるし、誰がどんな言葉で伝えるかという問題まで立ち返るならば、美術鑑賞も一種のワークショップと言えるようにも思うんです。

饗庭：でも、やっぱり言葉を使うんですね？　最終手段というか、共通手段は言葉になるのですか？

青木：そうとも言い切れないですね。このあいだダンサーのワークショップに立ち会ったのですが、そのダンサーは中国出身の日本語が話せないダンサーでした。でも、彼は身体的なコミュニケーションが取れる人で、それは言葉を使わなくてもすごく強いなと思いました。しかも彼は、ダンスのプロではない人とダンスを創作することが上手だったので、ワークショップがうまく運んだと思います。そういう意味で、表現に関わっている人は、最終段階でも言葉ではないコミュニケーションを使い、他者を巻き込んだ創作を進めていくことができるんだと思います。

角尾：ちなみに、その言葉ではないコミュニケーションを積み重ねて、でき上がるのはどんなものだったんですか？

青木：そのワークショップは「即興ダンスワークショップ」と銘打っていたんですが、何か一つの作品ができ上がるわけではなく、各自の思い出を動きで再現してみようといったところから始まり、だんだん集団で各自の動きを重ねていくうちに、ダンスのようなものができ上がっていきました。

言葉じゃないコミュニケーションで言えば、饗庭さんがおっしゃったように、アーティストって何言ってるかわかんなかったりする。すると逆に、みんながアーティストを助けてあげたくなる現象が起きるんです。アーティストが何か余白のようなものを生み出していて、そこにみんなが身を委ねられる、というようなな。それは、1章のアイスブレイク的なふるまいに近いものだと思います。そして、アーティストの中にはそうした身ぶりを体得している人もいて、そういう人はワークショップがうまいですね。

角尾：なるほど。アーティストが余白になれるからこそ、参加された方が、運営側も含めてかもしれませんが、みんなでちょっと助けなきゃみたいな気分になって、だんだんと参加が促され、知らず知らずのうちにアーティストの創作に巻き込まれていく、気が付くと、みんなで一緒に考えている、といった事態が起こるということですね。

・一緒に考えると、多様な表現に開かれていく

角尾：最後に、一緒に考えることの意義について、お二人にお聞きしてみたいと思います。一緒に考えると、果たして何がプラスになるのか、そのことを最後にお聞きできたらと思うんですが、いかがですか？

饗庭：一緒に考えると、思いもよらないことが起きます。これは1章のディスカッションでアサダさんが指摘していましたが、当初は想定していなかったような面白いことが生まれる。そのためにこそ一緒に考えるのだと思います。あと、今の青木さんの話から考えたのですが、建築の設計では、ワークショップの結果を最終的に図面に落とし込むんですね。言葉だろうが、絵だろうが、数字だろうが、すべてのコミュニケーションを総括して、図面に落とし込む。都市計画の場合は、実は図面がほとんど力を持ってなくて、「よい町にしよう」というような、「言葉」に落とし込んでです。だから、僕の分野において、一緒に考えるという作業は、最終的に図面か言葉かに、落とし込む形式が決まっているんです。しかし翻って、都市計画は本当に言葉で表現しなきゃいけなかったのか、ダンスで表現してもいいじゃないかと思いましたよ。一緒に考える中で、ダンスでコミュニケーションを組み立てたのならば、最後までダンスでやってみる。つまり、一緒に考える時のコミュニケーションの手段を最後の落とし込みにまで使ってみる。

極端なアイデアですが、図面や言葉といったこれまでの形式ではないもので都市計画を表現してみる。もちろん、それを見てみんなが納得し、意図がきちんと伝わるという条件は必要ですが、万人に伝わるダンス、万人に伝わる美術で都市計画を表現することができたら、それは新しい可能性だと思いました。

角尾：それ面白いですね。ダンスで都市計画、ぜひ

見てみたいです！

・積み重ねが当事者性につながる

角尾：青木さんはいかがですか？　一緒に考えると出てくるものとか、その成果物がどういうものになりうるのか、など。

青木：一緒に考えていって、結局何もでき上がらなくても、少なくとも一緒に考えたという体験は残ります。それは、悪く言ったら「アリバイ」になってしまうかもしれない。でも、その体験の積み重ねを通じて、言葉や言葉でないものを媒介に、前提を共有していくことは、チームづくりや長期的なプロジェクトを継続する上で、大変役に立つものだと思うんです。そして、その支えになるのは、当事者性なんじゃないかと。一緒に何かつくっていった時間を共有したり、ある発言を一緒に聞き、あるふるまいを一緒に見聞きした経験を共有することで、当事者性が形成され、ああ、あの感じだよね、と通じ合うことができるようになっていく。饗庭さんが指摘した都市計画の例で言えば、「ガス抜き」のプロセスを共有していくことで、当事者性も共有され、それが長期的にプロジェクトを進める上でも役に立っていくように思います。

角尾：当事者性という指摘、重要に思いました。これは共同体の問題にも通じていく議論ですね。饗庭さんの挙げられた例ですが、怒鳴り出す人や不満を爆発させる人がいて、そういう人たちとそれを見聞きした人たちとが、その場において経験を共有することが、一緒に考えるための前準備となりますが、こうした「ガス抜き」それ自体も当事者性を生み出しているという意味では、この対立の経験、まだ話し合えていない時点もまた、一緒に考えることに含まれるのではないかと。一緒に考えるというのは、こういう激しい感情的対立も含めての当事者性を基盤とする共同体のあり方を考える、ということでもあるように感じました。

3章

コミュニティ活動

――本音が動くと活動は続く

12

上北沢の小さなおうち 耐震改修と みんなのキッチンづくり

空き家の使い方・続け方を自分ごとにする

概要　空き家とコミュニティ活動のマッチング

「空き家をつかって、コミュニティスペースをつくりたいんですけど…」と私たちの相談窓口にNPOや市民活動団体から電話がかかってくる。相談窓口とは、（一財）世田谷トラストまちづくり（以下、トラまち）[註1]が世田谷区から委託を受けて行う「空き家等地域貢献活用相談窓口」のことだ。私たちは、空き家を地域のために使って欲しいという所有者と市民活動などの団体をマッチングしている。空き家と言っても東京都世田谷区の立地だから、タダで貸せる物件は、ない。むしろ、市場より少しお安くなっているぐらいだ。だから、コミュニティスペース、居場所づくりというだけでは、家賃に見合わない活動が殆どだし、地域の小さな共助・互助の支え合いで成り立つ市民活動団体にとって、お金やスペースの使い方が絡んでくると思考停止に陥ってしまうことも少なくない。そんなことで、活用を諦めてしまう団体も多い。

では、このミスマッチをなくすためにどうしたらよいか。例えば、他のNPO団体と空き家を共同で使う、店舗として一部貸し出すなど、家賃などの固定費や空き家の間取りなどの情報さえあれば、まずは、サクッとゲーム感覚で、空き家活用について想像することができるツールがあればよいのではないかと考えた。ここでは、世田谷区上北沢で地域のコミュニティスペースを運営する「岡さんのいえTOMO」の耐震改修とみんなのキッチンづくりに向けた改修計画をメンバーでアイデアを練り、共有する際に活用したワークショップを紹介する。

背景　築80年の「まちのお茶の間」

◎築80年の木造家屋

「岡さんのいえTOMO」は、東京都世田谷区上北沢3丁目に位置する。築80年の木造家屋をつかって地域の人や子どもたちが集える「まちのお茶の間」として2007年に活動をスタートした。この家のもとの家主は岡ちとせさん。明治生まれの岡さんは、占領下の日本で英語のタイプを打つ仕事をしており、自宅では、地域の子どもたちに英語を教えていた（図1）。

図1　家の前で撮影した岡さんと英語を教えていた地域の子どもたち（1950年頃）

図2　家の前で撮影したオーナー、見守り隊員と利用者（2015年）

「この家は、私の子どもみたいなもんだから、地域の方に使ってもらえないかしらねえ」その一言を残し、岡さんは2006年に99歳で天国へ旅立った。同年、その遺志を親戚である現オーナー小池良実さんが引き継ぐべく奔走。トラまちの「地域共生のいえ支援制度」[註2]の支援を活用し実現に至った。

◎今使っている家への不安や課題

時は過ぎ、2015年。活動をスタートし7年が経過した。運営メンバー「見守り隊員」により、毎週水曜日は、誰でもどうぞの「開いてるデー」が開かれ、近所の乳幼児やその親、高齢者、学生など多世代が訪れる居場所として賑わっていた。最近では、定期的な地域への場所貸しや世田谷区と連携した「中高生のための居場所づくり事業」がスタートし活用の幅もさらに広がり、まさに「まちのお茶の間」としての活動が定着していた（図2）。

一方で、開設当初より、この家がいろんな人によって使われることを想定し、最低限の耐震改修は、オーナーの自費により施した。しかし、オーナーには、ずっと心に引っかかっていることがあった。2011年3月11日に起きた東日本大震災のことだ。その日は、「赤ちゃんサロン」が開かれており、後に、参加したお母さんから「天井が落ちてくるかと思った」と伝えられたのだ。この一言が、さらなる耐震性の確保へ踏み切るオーナーの発意となった。あわせて、活動の幅が広がったことによる空間の魅力や使い勝手向上の必要性も、オーナーや見守り隊員へのヒアリングの結果、わかった。以上のことから、2年程度の期間で、耐震性の確保を含めた空間の魅力向上の改修計画立案とその実施について、トラまちがサポートすることとなった。

ワークショップの概要

ここで紹介する事例は、岡さんのいえをケースとして、今あるスペースを現状の活動や今後さらに見込まれる活動に合わせて、メンバーがアイデアを出し合い、共有しながら、改修計画の大まかな方向性を定めるために用いたワークショップだ。このワークショップの運営主体は、トラまちであり、技術面では、トラまちと「まちづくりに関する包括支援協定」を締結した東京都建築士事務所協会世田谷支部(以下、建築士)が趣旨に賛同し協力した。

約2年間のサポート期間には、ワークショップの後に、建築士が実施設計を行い、地域の工務店や資材店の協力を受けながら工事を実施。さらに、改修に必要な資金は、クラウドファンディングや地域からの寄付で計130名から100万円を調達した他、区の耐震改修助成金130万円や信用金庫の融資も併用しながら、改修に必要な資金調達を行った。2016年3月に改修工事が完了している。

ワークショップのプロセスは次の通りである。

第1回ワークショップ

①前提条件の共有：これからの方向性の再確認

参加者は、オーナーと見守り隊員9名、建築士4名、トラまち3名の計17名である。まず、オーナーから「まちのお茶の間」として地域の居場所としてのこの家への想いが伝えられたのち、見守り隊員から、主な活動状況の報告がされた。その後、全員で今後の在り方について、意見交換がされた。その結果、引き続き「まちのお茶の間」として多世代が集う場であり続けることのほか、地域に居場所のない中学生、高校生の居場所づくりにも注力していきたいことが確認された。それとともに、活動の安定的な収入源となるような場所貸し事業も強化する方向性も確認された。

②「活動カード」「間取りシート」「おかねシート」をつくる

前提条件の共有ができたら、次にワークショップを進める上で必要な「活動カード（図3）」「間取りシート（図4）」「おかねシート（図5）」をつくってみる。「活動カード」は、5×5cm程度の手に収まるサイズのカード。団体が既に実施している「開いてるデー」や「縁側駄菓子屋」「中高生の居場所たからばこ」の他、場所貸しなど、今後、想定されうる活動のカードを用意しておく。カードは、活動の種類によって、住まい、店舗、事務所、屋外、既存の公益的な活動の分類で色分けして準備しておく。その場で思いついて書き留めることもあるから、自由に書き込むことができるカードもつくっておく（図3）。

次に、「間取りシート」はA3横サイズと大きめに、岡さんのいえの1階、2階の平面図と「活動カー

分類	具体例
住まい系	下宿／シェアハウス
店舗系	カフェ／パン屋／惣菜屋／福祉デイサービス
事務所系	NPO 等の事務所／コワーキングスペース
屋外（庭）系	砂場／マルシェ／縁側駄菓子屋／コミュニティガーデン
既存の公益的な活動	「開いてるデー」「中高生の居場所たからばこ」など
その他	＊自由に書き込むことができるカード

図３　活動カードの種別

ド」が、図面の各部屋へ配置できるものを用意する。図面がなければ、不動産屋の間取り図を拡大したり、手書きで簡単に書くでもよい。

最後に「おかねシート」は、左側には《収入》項目を、右側に《支出》項目を書き込める計算表となっている。《収入》項目には、「間取りシート」へ配置した「活動カード」がそれぞれどれくらいの収入になるのかを書き込み、《支出》項目には、家賃や水光熱費、固定資産税、修繕費などの固定費をあらかじめ書き込んでおく（図４、５）。

③空間の使い方をシミュレーション

参加者は、２人１組になって相談しながら「活動カード」を「間取りシート」へ自由に配置してみる。間取りの中に、一通りカードが配置されたら、次に、「おかねシート」の〈収入〉欄を配置したカードに沿って埋めてみる。まずは気楽に、たくさんのシートを使っていろんな案を試してみるとよい。ここでは、全８チームにわかれて、最後に８案の発表と意見交換を行って、各自気にいった案にシールで投票した。８案のタイトルは、例えば「歌って踊れる岡さんサンデー」「外からうちへつれこむ！」「男の隠れ家＋畳ライフ」「なんでもサンデー」など、提案を象徴する名称をつけた。具体的には、２階にＮＰＯのコワーキングスペースや学生の下宿、１階には、前庭での催しものや小さなパン屋の併設、地域の公

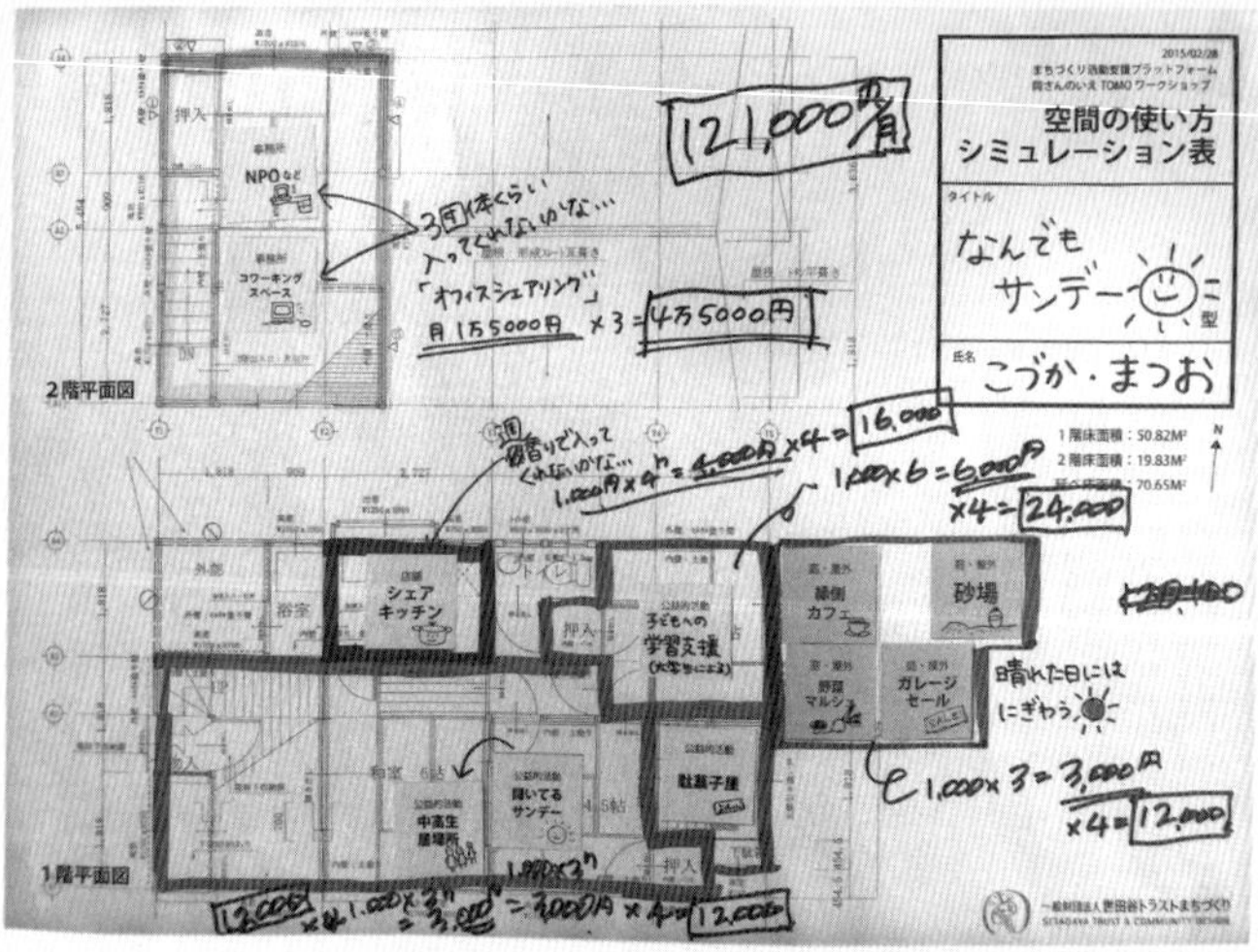

図４　間取りシートの例

収支シミュレーション計算表

収入内訳（月間）

	分類1	分類2		単価	時間	日	小計
			面積(㎡)	万円	H	日	万円
例	店舗	パン屋	20.0	10.00	—	—	10.00
例	住まい	下宿人（２名）	26.0	5.00	—	—	5.00
例	公益	中高生の居場所	29.0	0.10	4.0	4.0	1.60
例	公益	生活困窮者	29.0	0.10	4.0	4.0	1.60
例	公益	開いてるサンデー	29.0	0.10	4.0	4.0	1.60
例	公益	開いてるデー	29.0	0.0	4.0	4.0	0.00
例	公益	駄菓子屋	4.0	0.0	4.0	4.0	0.00
					収入合計（月）		19.80
1							
2							
3							
4							
5							
6							
7							
8							
9							
10							
11							
12							
13							
14							
					収入（月）		万円
			×	12ヶ月	収入（年）		万円

支出内訳（月間）

	分類1	分類2		単価	時間	日	小計
			面積(㎡)	万円	H	日	万円
1		家賃		5.0	—	—	5.00
2		固定資産税		1.0	—	—	1.00
3		水光熱費		2.0	—	—	2.00
4		耐震補強（100万円）		0.95	—	—	0.95
5		リフォームローン　　万円（　年）			—	—	
6							
7							
8							
9							
10							
11							
12							
13							
14							
15							
16							
17							
18							
19							
20							
21							
22							
					支出（月）		万円
			×	12ヶ月	支出（年）		万円
		収支差額	（年）		収入－支出		万円

図５　おかねシートの例

民館としての機能を持たせるスタジオや高齢者デイサービスなど、事前に準備された「活動カード」を使って、思い思いの活用の仕方を自由な発想でワイワイと発表し合った。

第2回ワークショップ

④ ②③でのアイデアを建築士によりキーワード、模型化する

2回目は少し間をあけて、1回目のWSに参加した建築士が前回8案のプランそれぞれの特徴を踏まえて、空間要素をキーワードに変換して示した。1回目のWSの後に、事前にトラまちと建築士で相談し準備しておいたものである。用意されたキーワードは、「土間」「倉庫」「こもれる吹き抜けロフト」「入りたくなるアプローチ」「オープンなキッチン」などである。さらにこれらのキーワードを模型化し示すことで、立体的な特色について参加者同士が共通に理解しやすいように工夫した。加えて、建築基準法上の改修への制約や一般的な耐震改修にかかる費用の概算の説明を行い、その後、参加者と質疑応答を繰り返し、疑問点、不安点が残らないようにした。自由な発想で生まれた第1回目のWS案に対し建築士がプロの立場から助言を加える役割だ。そして最後に、再度、参加者全員で8案にシール投票をして、投票数の多い3案に絞り込まれた（図6）。

⑤ 3案から最終案に絞り込むはずが…!?

投票数の多かった3案は、いずれの案も2階を住居やNPOなどの事務所として貸し出し、1階は地域へ向けた共助・互助の活動の維持を前提としながら、さらに、収益を見込める床を最小〜最大限の幅を持たせた案であった。日常的な小規模店舗としてパン屋とカフェを併用した「つれこみ土間カフェ」。人通りのある前庭に屋外カフェスペースをつくり、そこから室内（畳敷き）へ引き込む「畳を生かしア

図6　みんなで建築士と模型を囲んで空間の特徴について理解する様子

ウトドアカフェ」」。畳敷きの居間をすべて土間へ改編し、場所貸しなど様々な活動を想定したスタジオ「ザ 土間！」などである。

さあ、いよいよ、ここから3案のうちどの案に絞り込もう、という段階まできた。その意見交換の最中であった。60代の男性スタッフの発言が議論を巻き起こした。「昭和の民家としての温かな岡さんのいえの雰囲気は残したいよね…」。これに共鳴するように、他のスタッフからも声が上がった。残った3案は、活動を継続させるための安定的な収益が考慮され、多目的な活動を可能にする「土間」や小規模店舗であったが、これまでの昭和のお茶の間の雰囲気が大きく変わるちょっと思い切った案であった。議論を重ねた末、新たな岡さんのいえの姿も見てみたいが、やっぱり私たちとしては、懐かしい昭和の雰囲気を残したいね、とスタッフの意見が一致した。さらに対話は進み、共通点も見出された。それは、どの案にも課題として盛り込まれていた既存の台所についてだ。数人が台所に立てば、身動きが取れなくなるほどの狭さである。「食べる」ことを通じて交流する活動の充実を図るため、台所はなんとかしたいこと、また、2階は、耐震改修以外は手を入れず、これまで通り下宿人に貸し出す方向も一致した。最終的に、3案以降の絞り込みは行わず、3案の特色や台所の課題の解決をポイントに、建築士がいったん引きとって基本設計をつくるということで、このワークショップは終了した。

その後、建築士により、「耐震改修は施し、昭和の民家としての温かな岡さんのいえの雰囲気は残しながら、キッチンの使い勝手と居間との関係性を高める案」が提示され、それぞれ改修にかかる概算費用も含めたAからC案が示された。そのうち「昭和の懐かしい雰囲気を残しながら、台所が活動の中心となる案」に無事に決まった。

どんな素が出たか？　今までどおりでいい、という結論

今回、最大の「素」が出たのは、絞られた3案は選ばれず「今までどおりの岡さんのいえＴＯＭＯでいいじゃない」という結論が共有された瞬間だろう。どの案も活動の幅を広げていくための空間の魅力向上や活動を継続させていくための安定的収入を期待できる案ではあったものの、台所の課題解決と2階を下宿として貸し出すことは共通事項として、残りはあまり変えない方が望ましいという結論に至ったことだ。

今後のさらなる活動の展開と空間の使い方をセットにして、メンバー一人ひとりが、間取りに「活動カード」を配置してみること。さらに、これを「おかねシート」で数字に落として眺めてみること。それぞれが、これからの「岡さんのいえ」のことを考え

ている。わいわいとチームで対話を重ねながら、空間や数字として具体化、可視化する過程は、活動に追われている日常ではできない、例えばオーナーとスタッフの活動に対する温度差を埋めたり、スタッフの間でもお互いの本音を知るよい機会にもなった。このワークショップは、空間の改修計画の骨子を、個々の意見を尊重しながら、ゲーム感覚で理解、共有していくことに向いているのは確かだ。

しかし、今回のケースは、8通りの様々なシミュレーションを行った末に、現実味も可能性もある案が出たけれど、「自分の亡き後も地域の人に使ってもらいたい」とこの家を託した岡さんの想いやこの家の佇まいに共感して、この活動に関わり始めたということを見守り隊員があらためて気づいたということではないか。継続のための安定した収入といっても、大儲けして事業を拡大したい訳ではない。革新的な改修を施して、何か目新しいことをしたい訳でもない。見守り隊員が望むのは、これまでどおり、岡さんの想いを引き継いで、この家を地域のために使うこと、それをみんなで共有したWSとなった。

（角屋ゆず）

註釈

註1：一般財団法人世田谷トラストまちづくり：区民主体による良好な環境の形成及び参加・連携・協働のまちづくりを推進し支援するための中間支援組織で、世田谷区の外郭団体。

註2：地域共生のいえづくり支援制度：世田谷区内の家屋などのオーナーによる、自己所有の建物の一部あるいは全部を活用したまちづくりの場づくりを支援することで、地域共生のまちづくりを推進し、世田谷区民の暮らしやすい環境と、地域の絆を生み出し育んでいくことを目的としている。

参考文献

後藤智香子・角屋ゆず・金子有太「岡さんのいえＴＯＭＯにおける多主体連携による改修工事プロジェクトの試み――住宅を活用したコミュニティスペースの改修方法に関する研究」『日本建築学会技術報告集』58号、２０１８年10月、１２４５-１２５０頁。

※本稿執筆にあたり、いつも歯に衣着せぬコメントをくださる岡さんのいえＴＯＭＯオーナー小池良実さんへこの場を借りて感謝申し上げます。

13

えいちゃんくらぶ（映像メモリーちゃんぽんくらぶ）

パーソナルな映像制作活動が、人と地域の記憶になる

背景　**映像を使って地域の記憶を引き出す**

映像には、常に何かが記録されている。では映像を使って人と地域の記憶を引き出し、それを共有することでコミュニティ活動を生成できないか。ここで紹介するのは、高齢者の方と映像の関わりから、地域のコミュニティ活動を生成するプロジェクトである。しかし翻って、映像とは何か？

私たちは、映像に囲まれて生活している。日々それを視聴して、一喜一憂したり、納得したり振り回されたり。そうして映像は、今ここで視聴している私たちに消費されていく。でも、1万年後のことを考えてみよう。12020年、ある知的生命体が1万年前の地層から、膨大な映像を発見した。そこには、様々な活動が記録されていた。彼らは、私たちがポンペイの遺跡を発見したように、驚嘆する。1万年前、地球を支配していたらしい人類というの

は、こんな風に生活し、いたわり合い、いがみ合いしていたんだ！　発見された映像はすべて最重要資料とされ、彼らの誇る博物館行きとなる。私たちにとって、日々の水面に浮んで消える泡沫にすぎない映像は、1万年後には、れっきとした記録だ。

今度は過去へ。映像の始まり。１８９５年の年の瀬せまる12月28日。パリで写真館を営んでいたリュミエール兄弟が、カフェの一室でシネマトグラフを世界初公開した。そこには、駅に到着する汽車や、仕事を終えて工場を出る人々や、両親に食事を与えてもらう可愛らしい赤ちゃんが記録されていた（図1）。今から１２５年前の話。そこでも映像は、やはり記録として始まった。

撮影された映像は、自動的に記録される。デジタル化はその記録性を一層高めた。パソコン上で削除しても、ハードディスク上にはごく微小の痕跡が残る。少なくとも理論上は、そこからデータを復元可能。映像は、世界を、私たちの意図とは関係なく、無条件に後世へと残していく。映像は、時空を超えるメモリーなのだ。

この映像の「時空超越性（？）」なるものを利用して、人生の酸いも甘いも経験されてきた地域の高齢者の方のメモリーをちゃんぽんするような場をつくれないだろうか。こうして始まったのが、「えいちゃんくらぶ」（正式名称：映像メモリーちゃんぽんくらぶ）。映像が1万年後まで残るのならば、せいぜい現代でも人生１００年、高齢者の方々のメモリーを残し伝えていくことくらい、わけないはずだ。しかも、デジタルカメラは既に普及し、スマートフォンが全盛の今、映像などタップ一つでいくらでも撮れる。しかも映像制作というアクティビティが、普段は眠っている高齢者の方々の記憶や思いを活性化し、予想もしなかった対話まで生みだす。時空を超える記録システムを社会に普及させたのに、世代間断絶、介護施設で陰惨な事件まで起こるとは、哀しいかな。映像を気軽に撮ってつくって話して残していく場が、地域のハブとなり、世代を超えて人々が水平に交わるトポスとして自律していくことを最終目標に、現在もプロジェクトは継続中である。

図１　『工場の出口』（リュミエール兄弟、1895年）より。労働を終えた男性や女性、躍り出てくる犬、自転車、色々なものが記録されている

概要　地域の高齢者と映像制作

東京の武蔵小金井を拠点とし、アートを通じた地域コミュニティの実践を行っているＮＰＯ法人アートフルアクションから、地域の高齢者の方と映像を創らないかとお声かけをいただいた。ぜひ！と即答した。こうして、ほとんど思いつきのように「えいちゃんくらぶ」は始まった。しかし、映像制作といっても、それがどういったものか、特に高齢者の方に周知されているとは思われず、遠慮する方も多いのではと思われた。そこで、まずは映像制作の初心者を中心として広報を行った（図２）。また、映像制作というと若い人が中心ではと心配する方もいらっしゃるので、「70歳以上」と年齢制限を付した（この年齢設定は認知症発症率に基づいており、80歳以上で映像制作が行える方の割合は減少する）[註1]。そして、若い世代に関しては、「サポートメ

小金井市芸術文化振興計画推進事業

ARTS COUNCIL TOKYO

高齢者のための　はじめての映像制作の会

「えいちゃんくらぶ」メンバー募集！

（「映像メモリーちゃんぽんクラブ」）

誰でも簡単に映像が撮れるようになったこの時代。スマホやデジカメで映像を撮った経験はないけれど、「余裕のできた時間に何か始めてみたい」「地域に仲間を作ってみたい」「外に出るきっかけがほしい」など考えていらっしゃる70歳以上の方々と、映像制作についてはじめの一歩から共に学び、映像に触れる・作る・遊ぶクラブのメンバーを募集します。

■日　時　2018(平成30)年10月20日(土)～2019年3月初旬ごろ(全11回)
その後の日程はメンバーで相談しながら決めていきます(月二回程度)

■講　師　角尾宣信（つのお よしのぶ）さん

■場　所　主に市内の公共施設など

■参加費　無料（交通費等、別途実費がかかる場合があります）

■内　容　懐かしの映像から映像制作のノウハウを学び、「メモリー」をテーマに実際に映像制作に挑戦します。最後は上映会を開催し、自分たちで作った作品をいろいろな方に見てもらいましょう！

■対　象　スマホやデジカメで映像をとったことがほとんどない、映像の知識や技術をお持ちでない70歳以上の方（定員10名）。特別な機材は不要です。
※応募者多数の場合は抽選のうえ、10月15日(月)までにご連絡いたします。

■申込方法
①お名前②ご連絡先（電話番号、またはメールアドレス）③応募理由④「えいちゃんくらぶ」

図2　えいちゃんくらぶ第一期の公募用チラシ

ンバー」という枠を設け、参加メンバーの方の制作をサポートする立場で参加してもらうことにした。結果、市報とネットでの呼びかけに対して、小金井周辺在住の5人の参加メンバー、8人のサポートメンバーが集まった。

毎月1〜2回のワークショップでは、アートフルアクションのスペースまたは近隣の公民館を会場とし、時間は午前からお昼ごろまで、2時間ほどとした。各回の内容を整理・復習できるよう、簡単なレジュメを毎回用意した。参加メンバーは、自然とお菓子や食べ物を持ち寄るようになり、第3回あたりから分け合い合いの雰囲気が形成されていった。

初回は、お互いの自己紹介を兼ねて、持ち寄りの夕食会兼映像鑑賞会を行い、筆者が映像の「時空超越性」について、リュミエール兄弟の作品などを上映しつつ歓談。

第2回以降から、段階的に映像制作の方法を学んでもらった。まず機材。コストをかけず、気軽に映像制作をしてもらうため、カメラは自宅に1台はあるデジタルカメラの動画撮影機能を使った。また編集ソフトも、無料でダウンロードできるムービーメーカー（見やすく簡便）やShotcut（専門的な編集も可能だが、見にくい）を適宜使用した。そして制作方法は、映像の記録性を重視するため、脚本を作らずに以下の手順で行った。

課題①：カメラをどこかへ置き、固定カメラの映像を撮影する

最もシンプルな撮影方法。しかし、こうして撮影されたものには各人の思い出がこめられている。なぜこれを撮影したのか、どうしてここで録画を止めたのか、などお聞きしていくと、それぞれの方の人生をめぐる充実した対話が導かれた。さらに、タイトルやエンドロールを簡単に付けたものをお見せしたところ（こうした作業にはムービーメーカーが便利）、急に単なる映像が映画のようになって、歓声が上がった。

課題②：動いているもの、または自分が動いて撮影する

動いているものとカメラフレームの関係や、カメラが動くことによる映像の変化を体感してもらう課題。動物を撮影する方や自分の散歩コースの風景を撮影する方など様々であり、撮影されたものについての話題だけでも話が尽きない。特に、人形制作の趣味がある方は、数十年に渡る制作のすえ、自宅に100体ほどのダンサーの人形をお持ちだった。その方に人形を持ってきていただき、みんなで人形が踊っているように撮影するにはどうしたらよいか、試行錯誤する回もあった。

課題③：グループでつくってみる

1人でつくるのではなく、複数の人と撮影してみるため、公園を利用してサポートメンバーが被写体となり、2人の人物が出会って、話をして、別れる、という簡単なフィクションをつくってもらった（口絵）。ここでも、特に脚本を準備せず、その場での思いつきやアイデアを、対話を通じて共有することに重きを置いた。参加メンバーもスタッフも、ちょっとしたお祭りに来たようにはしゃいでしまった。驚くべきことに、映画の好きな方たちは、どのようなショットが必要か、すぐに脳内で構成できた。長年、映画鑑賞の経験を積まれた成果が突然湧き出し、あたかも映画監督のように生き生きと指示を出された。

課題④：編集してみる

前回、複数人で撮った映像をパソコンに取り込み編集する。ここで、パソコンが好きな人、編集に向いている人と、そうではない人が出てくるので、互いに協力してもらった（口絵）。好きな方は、寝食を忘れて編集に没頭してしまい、このクラブに入ってから日常生活がままならないとこぼすほどだった。

こうして4ヶ月ほど、映像制作に関する課題を中心としたワークショップを重ねたところで、各参加メンバーの興味関心、人生の来し方、どんな作品をつくりたいか、といったことが大まかに見えてきたので、各人の作品制作に移ってもらった。それは、70年ほどの人生のメモリーが華やかに開花し、記録されるプロセスであった。主な作品を取り上げると、

図3　完成作品の展示の様子《Let's Dance!》　（以下図7まで、主要作品とその展示風景）

人形制作を趣味とされた方は、様々な曲調に踊る人形たちを映像にした（《Let's Dance!》図3）。実際にダンスをするのも趣味とする彼女のカメラワークは、その道の人でなければ表現できない、流麗な動きをみせていた。地域のコミュニティカフェを愛する方は、そのカフェのドキュメンタリーをつくったが、当初3分と言っていた作品は、結局30分の大作になった（《あるコミュニティカフェのはなし》図4）。本作は、カフェのオーナーメンバーにも気に入られ、現在もカフェの広報用に上映されている。植物がお好きな方は、自分の好きな近所の植物をたくさん撮った。それを編集の得意なご主人に編集してもらうという共同制作だった（《私の好きな木・草・花》図5）。好きなものを撮るフレーミングは、自然と作者の愛を醸し出すのが不思議である。小金井の街の風景がそこに映りこんでいるのも楽しい作品となった。羊毛を洗うことから始まる本格的な編み

図4《あるコミュニティカフェのはなし》

物を趣味とされている方は、まさに詳細なそのプロセスのドキュメンタリーを制作された（《旅するひつじ》図6）。こちらも30分を超す大作となったが、糸車の動きを収めるそのショットの軽やかなリズムが印象的だった。また、この織物教室は障害を持つ子どもたちとその両親たちとのコミュニティスペースであり、本作はそうしたスペースが地域にあることの記録ともなっていた。自分の家系のルーツを探りたいという方は、自分の父が書き残した家系図を持ってこられた（《家系図》図7）。そこで、それを公園で撮影し（長いので、それを広げられるスペースが必要だった）、解説のナレーションを付した。彼は、辛抱強く、家系図を撮り続けた。そのルーツは高知にあるそうで、来期の「えいちゃんくらぶ」ではぜひ高知へ旅行して撮影すると意気込んだ。

結果として、合計11作品ができ上がり、1人2作品以上を制作し、その成果は「えいちゃんふぇすー

図 5《私の好きな木・草・花》

図 6《旅するひつじ》

図7《家系図》

多様にたわわな実りと種」というインスタレーション形式の展覧会（会期：2019年3月12〜16日、会場：小金井アートスポットシャトー2F）となった。これが単なる上映ではなくインスタレーションのかたちとなったのは、参加メンバーの意向のためだった。家系図を撮影した方は、自分が趣味で集めてきた数十台にも及ぶアンティークカメラを飾りたいという。さらに作品は自室を模した空間で展示することになった（図7）。人形制作をされてきた方は、あまりに人形がよくできていたので、他の参加メンバーがそれを飾った方がよいと言った（図3）。編み物をされていた方は、色々な上映の仕方がありますという話をしていた折、織物に投影したら面白いということになった(図6)。植物を撮影された方は、映像の周りに植物を飾ると言う（図5）。こうして、参加メンバーとサポートメンバーがくり返し話し合い、展示の仕方が決まったら、会場の形状を

図8　展覧会「えいちゃんふぇすー多様にたわわな実りと種」の展示風景

示す白地図にポストイットで作品の配置をしてもらい、それに沿って実際の会場セッティングを行った。アートフルアクションで余っている素材や、各自のご家庭から持ち寄られたもの（椅子、テーブル、アンティークカメラ、人形、楽器、織物、植物、紙粘土細工、などなど）で会場は彩られた。映像だけでなく、こうした物たちにも、半世紀以上の記憶や思いがこもっていた。

こうして、展覧会は開幕した（図8）。全日、常に参加メンバーが常駐するようにし、お客さんと参加メンバーの間でも対話が生まれるようにした。会期中は毎日、各参加メンバーの知り合いが押しかけ、盛況だった。作品に刺激を受けて、来期から参加したいと言う人も出てきた。こうして「えいちゃんくらぶ」第2期が継続決定となった。

やってみよう！

人集めから作品発表まで

「えいちゃんくらぶ」の実践は、①人集め、②映像制作の技術的ワークショップ、③作品制作、④発表の4段階を一期とする。一期は、約半年ほどでまとめられる内容である。以下、各段階の注意事項をまとめておく。

①人集め

特に高齢者の方が参加しやすい環境であることを伝える必要がある。コストがほぼゼロ、録画ボタンを押せば映像は撮れる、気負わないカジュアルな雰囲気を伝えるようにしたい。

また、高齢者の方は、ネットではなく広報紙（市報など）を見ている。紙媒体での告知は必須。

②映像制作の技術的ワークショップ

ある程度期間がとれる場合、強いて脚本をつくる必要はない。脚本の執筆は専門的な技術を要する上に、映像の記録性を失わせる面もあり、また映像が説明的になりやすい。しかし、脚本をつくることで計画的に撮影できるという長所もある。短期間のプロジェクトでは、脚本をつくった方がよい。[注2]

また、映像制作技術に関する課題は、できる限り簡単なものにする。ただカメラを置くだけで映像はできる。その容易さを伝えることで、じゃあ次はこんなことをしてみよう、というポジティヴな思考が導かれる。パソコンが使えないので編集はムリ！という方には、順撮り（作品のでき上がりと同じ順序で撮影し、編集作業はそれをつなげるのみとする制作方法）という方法があることをお伝えするとよい。

③作品制作

参加メンバーの思いつきをできる限り拾い、またその作品の内容はできるかぎり操作しない。極端な話、映像ではなく絵を描きたいと言われても、それを受け入れる方がよい。その様子自体を他のメンバーに撮ってもらえばまた別の作品になるし、それを背景にして映像を上映するのも面白いだろう。理想的には、すべての要望を記憶と思いの多様性として受けとめるのが望ましい。一見、よくわからない提案にも、実は意外な人生の背景が潜んでいる。

④ 発表

映像は危険でもあることを記しておきたい。それは先述のように、日常生活がままならなくなる方が出てしまうように、人を無限の記録へとのめり込ませてしまうからだ。特に高齢者の方の場合、課題が気になって眠れなくなってしまったり、編集作業に過剰に集中してしまったりし、展覧会後に燃え尽きてしまう方もいた。あくまで各回のワークショップは、継続可能なかたちで余裕を持って構成する必要があり、そのためにも毎回映像制作をするのではなく、映画鑑賞の日や、肖像権や著作権など法律的な問題を考える日を設け、活動自体に幅を持たせる方がよい。また発表形式も、展覧会とすると可能性が広がるのでよいが、楽しすぎて疲労することもある。上映会の方が気楽にできるので、適宜、様子を見て検討すべきだろう。

どんな素が出たか？

楽しさは記録のまわりに

こうして「えいちゃんくらぶ」は目下、2期目に突入した。しかし振り返ってみると、結局、あの楽しかった対話は、実は映像に記録されていないことに気づく。あの方の外資系企業で働かれていた頃の話は、あの方の持ってこられた手づくりのお菓子の味は、あの方から勧められたお蕎麦屋さんのことは、別段、記録に残っていない。それは、参加メンバーから筆者を含むサポートメンバーへ語られただけだ。しかし、そんな話をしていたことこそが、この「えいちゃんくらぶ」の場を楽しいものにしている。記録を取り囲む楽しいものは、記録されない。逆に言えば、記録を通じて、楽しいものをその周囲にまき散らすことができれば、記録が残ろうと残るまいと成功なのではないかと思う。それが、生きている楽しさ、生きているという痕跡をつくる楽しさなのではないか。そんな楽しい場を、これからも映像を通じて地域に生み出していけたら。その楽しさの痕跡こそを、1万年後にも伝えられたら。

（角尾宣信）

註釈

註1：厚生労働科学研究費補助金 認知症対策総合研究事業「都市部における認知症有病率と認知症の生活機能障害への対応」平成24年度総合研究報告書などを勘案し、映像制作が可能で退職後の生活が安定する年齢として、平均的定年65歳に5年を加え、70歳以上とした。

註2：国内の事例として、NPO法人remoによるプロジェクト「ご近所映画クラブ」がある（http://www.remo.or.jp/ja/project/48/）。こちらは、数時間〜数日の短期間による映像制作プロジェクトである。

14

ファンファンレター

手間と時間をかける広報紙づくり

概要

アートプロジェクトを地域住民に知ってもらう情報発信

アートを通じて、これまで当たり前だと思っていた考えを解きほぐす〝対話〟を生み出し、地域の文化資源の活用から多様な生き方に触れる〝学びの場〟を創出することを目指して、2018年より墨田区で始まったアートプロジェクト「ファンタジア！ファンタジア！―生き方がかたちになったまち―」[註1]（以下：ファンファン）。墨田区の墨東エリア（北東部）を主な舞台に活動を行うファンファンが、地域住民へプロジェクトの情報発信を行うために制作した広報紙が「ファンファンレター」だ。しかしこの「ファンファンレター」の大切な役割は、広報紙としてプロジェクトの情報を広めること以上に、地域住民やプロジェクトに関わる人々にとって重要なコミュニケーションツールとして機能していることとである。

「ファンファンレター」を制作するようになった背景はプロジェクトを行う地域の特性が関係している。ファンファンが活動を行う墨東エリアはこれまでも様々なアートプロジェクトが行われており、地域コミュニティを活性化させる担い手が自然発生的に育まれ、活動を行っていた。こうした地域でのコミュニティの関係者は近隣住民で構成されており、そこでの情報伝達は直接会って話すことが重視される傾向がある。そのため新たにプロジェクトを行う際も、この地域に既存の情報伝達のルート、すなわち口コミによる周知が重要となっていた。例えば地域内に点在するカフェやアートスペースは効果的な情報伝達を行う場になるので、プロジェクトを広める広報紙の設置場所としても重要な意味を持っている。ファンファンが地域の文化資源の活用をキーワードにしているのもこのような地域の特性を見出していたからだった。また、プロジェクト発足当時から継続しているヒアリング企画「WANDERING」（2章・事例9参照）の影響もある。主に地域住民を対象に、この地域との関わりや自身の活動について掘り下げるヒアリングからは、様々な情報や思いを得られる一方、プロジェクトを運営する事務局がその情報を持ち続けずに鮮度のあるうちに地域へ返していく定期的な情報発信の必要性を感じていた。そうすることで、地域コミュニティの課題を見つけたり、地域の活動をより盛り上げるためのアイデアへと発展させるきっかけをつくることが目的にもなっている。

概要　手作りで、地元の人を巻き込みながら

「ファンファンレター」に掲載される情報は、ファンファンが予定しているプログラムの参加者募集の案内や、行ったプログラムの開催レポートなどの他

に、前述の通り「WANDERING」など他のプログラムで見聞きした地域の情報、地域住民が書いたコラムなどだ。これらの情報を編集して紙面をつくり、リソグラフを使って印刷する。リソグラフは専門の印刷業者に依頼することもできるが、各自治体が管理する施設などに設置されていることが多く、通常のプリントよりも安価に印刷することができる。

この「ファンファンレター」には大きく3つの特徴がある。まず一つ目は誰でも参加できる手作業によって制作されていることだ。アートプロジェクトやまちづくりにおいて、紙媒体での広報はそのプロジェクトの雰囲気を手触りで伝える重要なメディアである。実際多くのプロジェクトが広報紙を制作する場合、編集された情報をグラフィックデザイナーへ渡し、デザイナーが1人でパソコンに向き合いながら専門のソフトを用いてデザインされていることが多い。当然デザインの質は高くなる反面、プロジェクトに関わる人々にとってはそのプロセスが空洞化してしまうとも考えられる。その時間をコミュニケーションとして有効活用するために、「ファンファンレター」は枠内を手作業によって自由にデザインできるフォーマットと、レイアウト作業を手助けするオリジナルスタンプをつくった(図1)。これによって子どもから大人まで、特別な技術がなくても複数人で同時に一つの紙面をつくることができるのだ。

2つ目の特徴は、定期的に人に会うきっかけを生み出すということだ。掲載する情報の収集、紙面のデザイン、近隣への配布という各プロセスは地域の人を巻き込むきっかけとなり、またプロジェクトを行うスタッフの足を地域へと向かわせる仕組みになる。そして地域型のアートプロジェクトやまちづくりにおいて、活動を可視化する重要な振る舞いとなっていた。

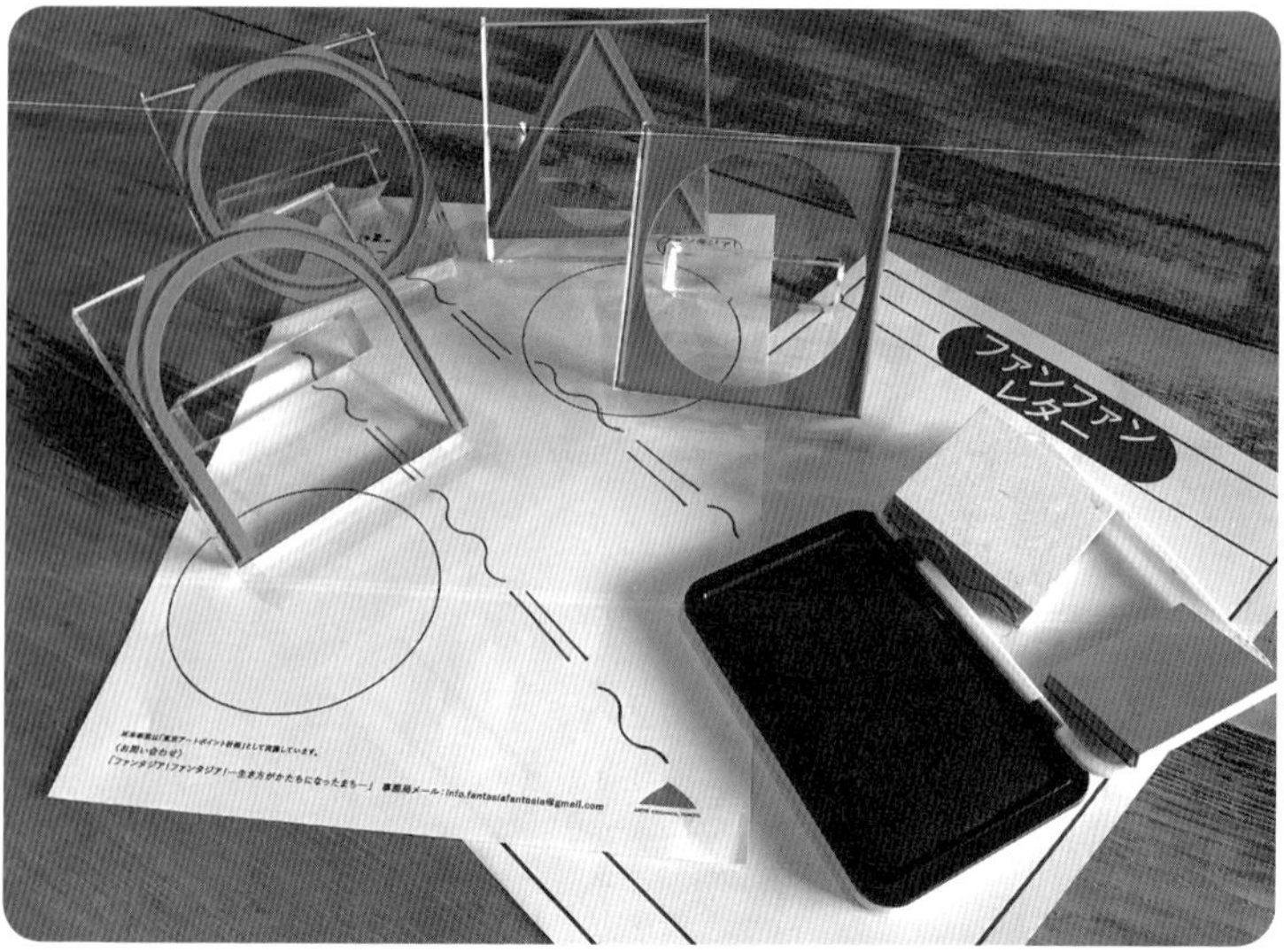

図1　紙面のフレームと装飾を施すためのオリジナルスタンプ

3つ目は、プロジェクトのバイオリズムを計る指標になっていることだ。プロジェクトは時間が経つ中で関わる人々が変わったり、事業が大きな山場を迎えたり、一定のリズムでは進まない。当然事務局の役割はスタッフが疲弊しないようにできる限り一定の速度で進行できるように力加減を調整することにある。しかし、「ファンファンレター」では号によって紙面の情報の濃度に生じるムラは敢えてそのままにして、プロジェクトがどのような状態にあるのかを開示するようにしてきた。これまでの特徴でも挙げてきたように、「ファンファンレター」にとって大切なのは毎号優れた紙面のレイアウトを完成させることではなく、プロジェクトに関わる人々が顔を合わせて一緒に手を動かすことにあるからだ。その関係性はその時集まったメンバーや、プロジェクト全体の状況によって多少なりとも影響を受けることが、結果として紙面が醸し出すファンファンらし

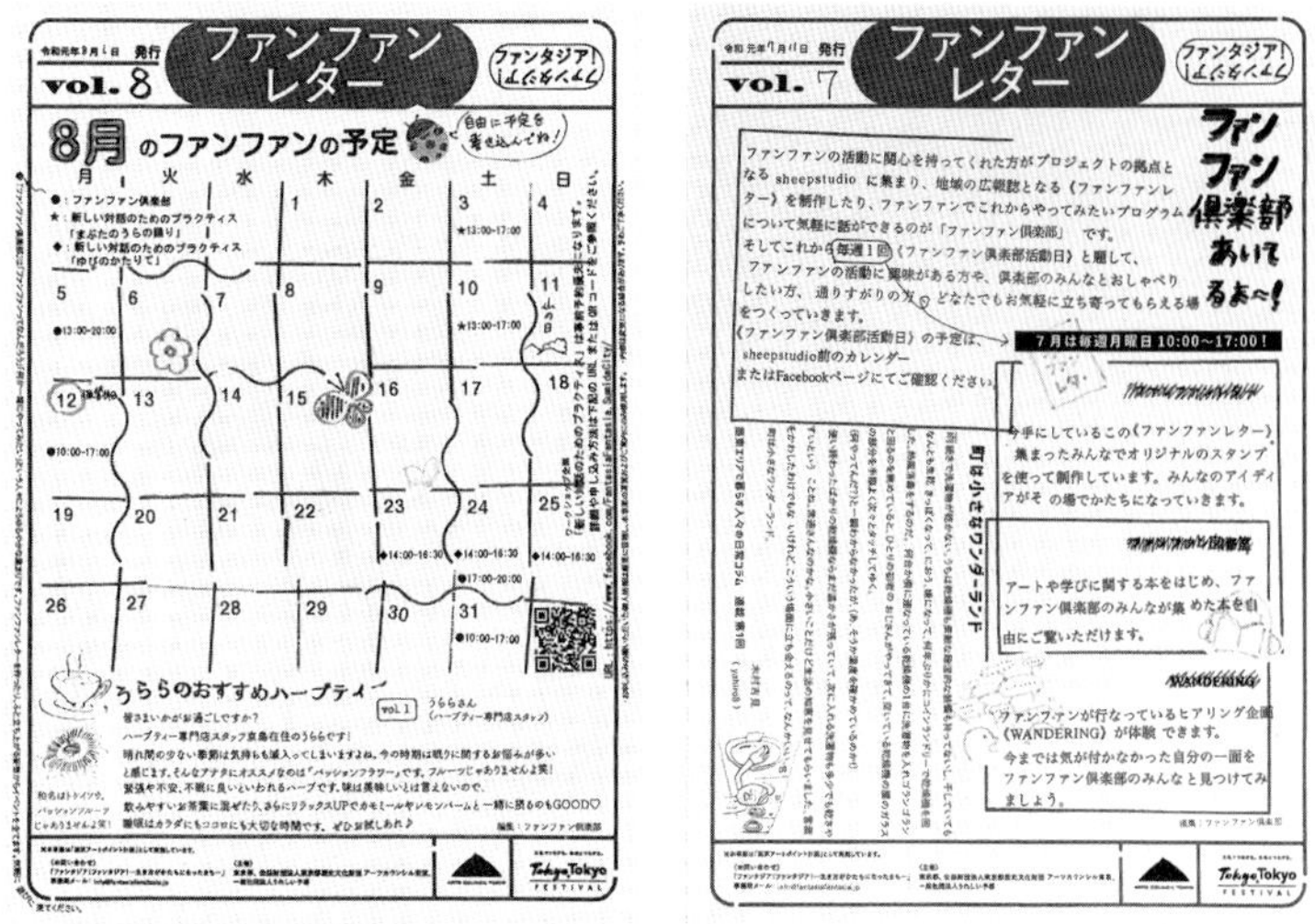

図2 毎号掲載内容やデザインも様々だが、フレームやスタンプのおかげで雰囲気が統一される。約200枚印刷して配布している（撮影：高岡弘）

さに繋がっていくのだ。リソグラフの印刷によるムラも相まって、つくり手の温度感が残った「ファンファンレター」は、古い長屋や町工場をリノベーションして活動するアーティストやクリエイターが多いこの地域の雰囲気にもぴったりだった。

やってみよう!

◎フォーマットの作成

- まず、紙面の大きさを決める。サイズは掲載したい情報のボリュームだけでなく、自分たちが使用できる印刷機の条件や、配布予定の場所の大きさによって適切な大きさを考える。
- 複数人で作業しても統一感が生まれるように、装飾を行う道具は統一しておく。フォーマットのサイズに合わせてオリジナルのスタンプなどを準備しておくと、レイアウト作業が行いやすくなる（図1、2）。

◎紙面の制作

①掲載する情報を集める

プロジェクトについての説明やこれから開催するイベントの告知、地域住民にとって有益な情報から日常を切り取ったコラムまで、様々な素材を集める。実際の新聞や雑誌の構成を参考にしてもつくりやすい。

②みんなで集まる

紙面を制作するために、プロジェクトを運営する事務局だけでなく、地域住民や関わってほしい人々へ呼びかけを行う。

③レイアウトを決める

集まった人々で、その紙面に掲載したい情報の種類と量を確認し、大まかなレイアウトを決める。レイアウトは「新聞っぽく」や「大胆に」などテーマを決めると話し合いやすい。

④素材をつくる／切って貼る

掲載する情報を印刷または手書きで準備し、レイアウトの形に沿って切り出し、用意したフォーマットに貼っていく。

⑤印刷する

でき上がった原稿をリソグラフで印刷する。通常の印刷機のスキャン機能でも印刷可能だが、リソグラフは大量に刷る場合は安価なのと、インクのかすれに独特の風合いがあるのでオススメだ。

どんな素が出たか？

手を動かすと会話が生まれ、歩くと出会いが生まれる

「ファンファンレター」の制作によってプロジェクトを推進するための事務局内のコミュニケーションの速度感や、基礎体力づくりに繋がっていることは大きな効果だ。みんなで一つのものをつくることで、手を動かしながら自然と会話が生まれ、それぞれの所作の違いやこだわりが見えてきた。こうしたコミュニケーションの積み重ねは、プロジェクトの

図3　地域の人々とファンファンレターを制作する様子（撮影：高田洋三）

テーマでもある対話の技術として身体化され、その他のプログラムを企画立案する際の土台づくりにもなっていった。また、手配りで近隣のカフェやアートスペースに配布することで新しく加わるスタッフが街を歩くきっかけづくりにもなる。さらに、手作業によって生まれる親しみやすい雰囲気が、手に取ってもらいやすさにも繋がった。広報として広く行き渡るよりも、あえて1人では完成させられない面倒臭い制作プロセスを構造化することで、「ファンファンレター」1枚をきっかけに様々なコミュニケーションが誘発されるようになったのだ（図3）。

（青木彬）

註釈

註1：「ファンタジア！ファンタジア！－生き方がかたちになったまち－」主催：東京都、公益財団法人東京都歴史文化財団 アーツカウンシル東京、一般社団法人うれしい予感

15

リカちゃんハウスちゃん

住民とアーティストの言葉のやりとりから生まれた漫画キャラクターの成長

概要 実在する小学校に通って卒業した、「マンガ」の女の子とその保護者のおはなし

茨城県取手市にある井野団地は常磐線の始発駅であるJR取手駅から徒歩15分程度にある、2166戸におよそ2800人が暮らす団地だ。91棟の住棟が広がるこの団地には、かつて棟と棟の間に点々と掲示板が設置されていた。その掲示板の一角で連載されていたマンガがある。その登場人物は、「リカちゃん」という女の子、そしてその見守り役を務める「ハウスちゃん」。リカちゃんはハウスちゃんの中に住んでいて、2011年のある日、2人がトラックに乗って井野団地に引っ越してきたことからお話が始まる。

「リカちゃんハウスちゃん」は、郊外の団地を拠点に住民とアーティストとの間の言葉の往還で生まれた、実在していないようで「存在」している、ある

女の子とその保護者のお話である。お話は、団地で出会う人びとから寄せられた日常のことばや風景がもとになっている。例えば団地の人だけが知っている広場の呼び名のこと、井野団地ではペットを飼ってはいけないこと。そしてそのお話を見た人からの反応や、この地域にまつわる新しいエピソードをキャッチして次のお話が続いていく。そうやって連載が進んでいたところ、「リカちゃんは小学校にいかないの?」という投げかけをきっかけにして、団地の学区の小学校の図書室で連載が続くことになった。そこからリカちゃんは、団地で生活しながら実在する小学校に通い、そこで出会う様々な人からいろいろなことを教えてもらい、成長していく。活動は6年を超えて続き、リカちゃんは（マンガの主人公ではあるのだが）通い続けた小学校を卒業し、今は同じ学区の中学校に進学している「らしい」（図1）。

図1　リカちゃんハウスちゃん４年生の巻表紙

生活景を記録する

リカちゃんとハウスちゃんをこの世に送り出したのは、アーティストユニット宮田篤＋笹萌恵。取手アートプロジェクト（TAP）のコアプログラム《アートのある団地》のパートナーアーティストだ（4章事例19「サンセルフホテル」参照）。当時、大きく活動のかたちを変えようと奮闘していたTAPの現場で、「必ず顔が見える関係に基づく活動のみを行う」という活動の方針に寄り添うプロジェクトとして、団地に暮らす人びとの隣人として、「リカちゃん」「ハウスちゃん」は井野団地にやってきた。当初は、取手も団地も初めてのリカちゃんたちが、団地で出会う人に教えてもらうことが次のお話になるという仕組みでマンガを連載する、ということだけを決め、作家たちが団地を歩くことから始まった。ストーリーの種は、団地の拠点で時間を過ごして出会った人びとに聞いた生活の断片や、読者である団地の住民や子どもたちからおたよりでよせてもらう、団地や学校での生活の情報、個人的な思い出などだ。つまり、リアルな日常で偶然出会った人から聞いた／届いたお話が、マンガの世界の次のストーリーをつなげていく。そのストーリーは1ページのマンガのかたちをとって団地の掲示板に貼られ、そのマンガを読んだ次の人から寄せられた／投げかけられた反応や、新たに出会った人から聞いた団地ならではのエピソードが次のストーリーをつくる。その仕組みは、まるで往復書簡のやりとり、あるいは短歌と返歌の関係のように、バトンが受け渡されていくことでリカちゃんの生活が展開されていく形だ。

春、団地の窓を開けると散り落ちてくる桜の花びら、団地で人気だった、今はなくなってしまったパン屋さんのこと、団地の真ん中にあるショッピングセンターの理容室と美容室、光ファイバーの工事の様子。誰かの目に留まって、作家との対話の中で言葉に変換された日常の断片がマンガに記録されていった。この活動は、そういった日々の団地の生活の、普段なら記録されないささやかな物事を記憶する、歳時記のような役割も持ち始めていた（図2）。

お話が転がりだす①小学校入学

「リカちゃんは、そろそろ小学校に行かなくていいの？」

図2　2人が井野団地に引越してきたはじまりの回

図3 「にゅうがくしきをもういちど」の巻

図 4　図書室での活動の様子

団地で出会った数人が、「リカちゃん」の年齢についてこの小さな疑問を投げかけたことで、活動は実に大きく動いた。もちろん作家は自分で決めず、周りに聞いてみた。やっぱりリカちゃんは、そろそろ小学校に入る年くらいに見えるよ。そんな投げかけを受けて、団地の学区の小学校に行ってみた。入学、できるでしょうか。なんと当時のK校長先生は快く受け入れてくれた。リカちゃんは、１ヶ月遅れで入学式をしてもらい、晴れて取手市立井野小学校の１年生になった。

以降マンガは、団地の掲示板から小学校の図書室へと連載の現場を移し（団地掲示板での連載も場所を絞って続けつつ）、月１回程度、学校への訪問とお話の更新をしながら進んでいく（図３、４）。

お話が転がりだす ② リカちゃんも一緒に歳をとる

リカちゃんが入学してから、作家たちはリカちゃんのいる学校に通って児童や先生に話を聞き、マンガの更新を続けてきた。そんな中、年度の変わり目を間近に控え、またリカちゃんをめぐる一つの疑問が持ち上がった。果たしてリカちゃんは、年をとるのか？それとも、ドラえもんののび太くんのように、基本的にはずっと年をとらないのか？この疑問についても、もちろん周りに聞いた。そして、リカちゃんは1年に1歳、私たちと同じように歳を取ることになった。リカちゃんは2年生になった（図5、6）。

お話が転がりだす ③ 小学校の統廃合を経験する

リカちゃんが3年生になった年、リカちゃんが通う団地の小学校の新1年生の人数は11人。団地に住んでいるけれど、他の学校に通う子も多かった。なぜなら、団地の学区を含む3つの校区が統合して、別の小学校になることが決まっていたからだ。リカちゃ

図5　去年のわたしちいさい。イラスト

図6　2年生の巻表紙

んがそれを知るのは3年生の巻末だが、リカちゃんは統合校に編入するための準備として、校長先生に編入許可書を発行してもらった。新年度これを持って、統合校にあいさつにいってみてください。校長先生に言われた通り、4月になって新しくできた取手東小学校におそるおそる行ってみたら、なんと旧井野小学校のS校長先生が、新設校の校長先生として出迎えてくれた。無事、リカちゃんは新しくできた取手東小学校の4年生になった。

お話が転がりだす④小学校を卒業

統合校でリカちゃんは、高学年になった。統合校それぞれ別の学校から来た子たちも、リカちゃんのお話を考えてくれた。いろんな情報を集めるおたよりに参加してくれたり、図書室を訪問する作家たちと話したり、リカちゃんがいる学年限定でおこなわれた〝ひみつのじゅぎょう〟を受けたり（図7、8、9）。クラブ活動を始め、委員会に参加しているうちにリカちゃんも6年生になった。校長先生も教頭先生も、教務の先生もリカちゃんが編入した当時の先生たちではなくなったけれど、変わらず活動は続いた。作家も6年分、小学校に通った。ある日、6年間ちゃんと通ったし卒業式をしてはどうか、とT校長先生とY教頭先生からの提案があった。どんな風に卒業式をやるかのアイデア出しがT校長先生とY教頭先生により行われ、その年の6年生を送る会の最後、サプライズで校長先生が緞帳の奥に消えると、直後にスクリーンにリカちゃんとマンガになった校長先生が登場。全校生徒が見守る中で、リカちゃんは卒業証書を受け取った（図10、11）。

どんな素が出たか？

乗り降り自由なワークショップであること

この活動は、6年間の活動と卒業式を経た今もゆ

右頁：図7（上）新しい学校で統合された3校から集まった4年生を対象にしたひみつのじゅぎょう ／ 図8（下右）わすれものスピーカー装備のマンガ／ 図9（下左）クラブの取材の様子

左頁：図10（上）6年生を送る会でのサプライズ卒業式の様子 ／ 図11（下）同級生を卒業式で送る

◎ご卒業おめでとうございます。

◎リカちゃんハウスちゃん　《きねんしゃしんの巻》

◎みんなもマンガも6年間がんばりました!!

るやかに小学校で活動が続いている。活動頻度は1学期に1回程度。作家が新しいおたよりを携えて図書室に出向き、そこで出会う児童と時間を過ごし、話し、児童からの言葉に返事をしたり、次のお話とおたよりを用意したりする。

一般的なワークショップは、一定の約束に基づいて、身体や気持ちの同伴を求める。何かの役割を分担する、あるいはルールに従って一つのアウトプットを目指す。他方、この活動は常に関わる人が「乗り降り自由」だった。散歩の途中に掲示板を見て、次のお話を楽しみにしてくれている団地住民がいる一方で、きっとそのお話に気づかない人々もいただろう。図書室でおたよりとお話を更新するのを待ち構えて話しに来てくれる子どもたちもいれば、その時々でふいっと興味がなくなり他の遊びに行ってしまう子もいる。でもふとおたよりをくれたりもする。このお話が転がることに手を貸してくれた人はあまたいたけれど、手を貸したことでこの活動はその人々を縛るわけではなかった。まるで雑踏で交わす挨拶のように、アイデアや言葉を投げかけたあとは、その先どうお話が転がるかを面倒見てもいいし、見なくてもいい。見なかったら別の誰かが少しタッチして、次の人にパスをする。けれども誰かと誰かの偶然が連続して、生活の中でリカちゃんとハウスちゃんが「実在」していく。実はもはや、新しいお話が生まれなくても、リカちゃんとハウスちゃんのお話が、それぞれ知っている人のイメージの中で勝手に続いていく。少しずつ活動を重ねた人の意識の中に、なんとなくリカちゃんとハウスちゃんが息づいていることも事実だ。卒業式を目前に小学校と地域で実施した「リカちゃんが6年生を終えたあと」に関するアンケートには、それぞれよい意味で好き勝手な「リカちゃんハウスちゃん」のその後が期待されていた。リカちゃんとハウスちゃんは引き続き取手井野団地に住んでいる。リカちゃんは中学生になったらしい、いやいや、留年して小学校にいるらしい。ハウスちゃんは小学校の先生になってほしい。活動の時に訪れた学校で「あ、リカちゃんはもう中2ですね～」といった先生。活動を見守る先生たちの頭の中でもリカちゃんは年をとって大きくなっていっている（図12）。

　この活動は、そんな想像力のあそびが自由にそだつ仕組みづくりの実験だったかもしれない。偶然に出会ったマンガの中の小さな女の子を、それぞれの人が空想の中で育てていく。それぞれの人が、自分自身の生活を通じて地域からすくいとったまちへの気づきや生活の思い出、お話を動かしていくアイデアを教えてくれた。それは普段の生活を想像の中の隣人と一緒に味わうようなものでもあったかもしれない。あるいは、自分の生活を、違う視点の存在からみてみる体験だったかもしれない。その体験が長い年月、活動を行き交う日々の言葉を受け止めて積み重なることで、ちょっとおっちょこちょいなリカちゃんは、ハウスちゃんと一緒にいろいろなことを経験し、団地で暮らす人々の愛すべき隣人になった。

　さて、あなたのまちには、どんな隣人がやってくるだろう、トラックに乗って。

（羽原康恵）

※本稿執筆にあたり、宮田篤＋笹萌恵のお二人、取手井野団地および近隣にお住まいの皆様、旧取手市立井野小学校、取手東小学校の皆様ほか、リカちゃんをいっしょに育ててくださった皆様に改めまして御礼申し上げます。

図12　広報紙「あしたの郊外」で届けられた、中学生になったリカちゃんのマンガ

Discussion 3

本音を動かし、活動を動かす

〈メンバー〉

安藤哲也

アート文脈のワークショップを知り、可能性を再考中のまちづくりコンサル

羽原康恵

生活の場で住民・芸術家と活動するアートマネージャー。職住混在約10年

アサダワタル

表現活動を通じて社会の風通しを良くしたいと願う実践者・文筆家

・ワークショップを行う時に大事にしているもの

安藤：3章のテーマは「コミュニティ活動——本音が動くと活動は続く」です。都市計画系のワークショップでコミュニティづくりは範疇にないように思います。地域住民と合意形成をするとか、何らかの将来像を描く、などといったゴール・目的をしっかり持ってスタートするのが我々が日ごろ触れているワークショップです。しかし、アート系のワークショップのお話を聞いていると必ずしもそうではないと感じています。改めてワークショップという言葉の持つ意味の広さを感じていますが、まず羽原さんとアサダさんのお二人に伺いたいのは、ワークショップをする時に大事にしていること。色々なタイプのワークショップに触れてこられたと思うのですが、根っこにある大事なもの、自分の中のこだわりみたいなものがあると思いますので、

その辺りをまず最初に教えてください。

羽原：私はアーティストではなくてマネジメントの側なので、その立場から何を大事にしているかという話をしますね。今回の書籍で紹介した事例の、取手アートプロジェクト（以下、TAP）でやっている「アートのある団地」というプロジェクトでは、既存にない新たな繋がりをつくることをプロジェクトの目的にしていて、新しいコミュニティをこれまであったものとは違うレイヤーでつくることができたかなと思っています。

活動をつくり始める時に大事にしていることは、やっぱりパートナーになるアーティストの、地域の中での振る舞い方を信頼できるかどうかということですね。では何を信頼の根拠にしてきたかと言うと、一つの活動を行う際に無理にイニシアチブを取らないでいてくれる人だったかなぁ、と思います。ワークショップとなると、引っ張っていく人、指示を出してくれる人がいないとある種のカオスになりかねないけれど、地域で暮らしているいろんな人が集まった場で、あえてイニシアチブを意識的にふわっと浮かして、それを色々な人が持っていける場をつくれる人を選んできたように思います。「俺についてこい！」系ではないからこそ、「さてどうしましょう〜」って事が起こるのを待つ時間を楽しみにしつつ大事にできるというか。そうすると、その場に関わっている人から波が起こって。それを期待したいから、予想できないところにどう転ぶかを一緒に面白がって、そしてどう転ぶか自体を自身の作品にできるような人をパートナーに選んできたと思いますね。逆にそこが担保されていたら、うまくいく気がしてました。

安藤：ありがとうございます。アサダさんはいかがでしょう。

アサダ：やっぱり色々なしがらみとか関係性の中で人って生きているじゃないですか。基本的にそこにはない言葉が出たり、そこにない感覚をつくることを重視しています。これは「素が出る」という本書のテーマと関わると思いますが、素のレベルで人が繋がることって理想だなって思うんです。

例えば、元々知っていた人のイメージが変わったり、知らなかったけど案外自分と同じような経験をしてるんだなと知ったり、または全然違う経験をしていることを知ったことでリスペクトが生まれたり。よい意味で既存の関係性やふるまいがちょっと崩れたりするような状況を大切にしています。そういうところに表現というものがあると思ってます。

あとは、1章のディスカッションでもお話ししましたが、人との関係性づくりという意味だけでなく、より根っこには、表現を行う、あるいはそこに参加するたったひとりの個人の日常に対する見方が変わる、社会に対する新しい「まなざし」を獲得することも、表現の大きな役割かと。なので、表現は、絵を描くとか、踊るとか、音楽を奏でるだけでなく、そういった美的な体験をしたことで得られたまなざしを、現実の日常の中でガンガン使っていく、生活実践へと落とし込んでいく、みたいなことを常々意識しながら、プロジェクトやワークショップをつくっていますね。

• 継続するのか、しないのか

安藤：アート系のワークショップはゴール設定が都市計画系と異なるところが面白いですよね。例えば、アサダさんの話にあるように元々知っている人同士の関係性が変わるとか、その人を掘り下げることで新たな気づきを得るとか、予期しない面白いものがブレイクスルーして生じることを目指す部分もありますよね。それであれば確かに「コミュニティ」に繋がるのかなという印象があります。ところで、3章のテーマは「コミュニティ活動――本音が動くと活動は続く」ではあるのですが、活動を継続しないと決断することもあると思います。そうした事例があれば教えてください。

羽原：冒頭の、何を大事にしているかという質問にも繋がるんですが、その「大事にしている部分」が維持できなくなると考えて、プロジェクトをやめる判断をした経験があります。

事例で紹介している「サンセルフホテル」（4章参照）というプロジェクトをやめた理由の一つでもあるんですが、この活動はプロジェクトの母体としてTAPという運営組織があって、そこに地域の人たちとアーティスト、の三者が混ぜこぜになりながらずっとやってきたんです。当初アーティストとは、いつかはプロジェクトの側とアーティストの側が抜けていって、活動自体が地域にスピンオフして受け継がれていくといいなって話していたんです。今から考えるとエゴだったなとわかるんですけど。

でもそれを目指していたから、運営の主導権はアーティストにもマネジメント側にも固定しない状態になるように意図していました。関わるホテルマンの代替わりがあったけれども、それでもプロジェクトは続いていた。活動時も普段も、いつも三者のバランスをフラットに保つための丁寧なコミュニケーションに意識的だった思います。小さな声や試みを大きな声や思いと同等に受け止める。でもホテルの活動も5年を経て状況が変わってきて、そのコミュニケーションを維持する体力が運営側になくなってしまうな、という予感が生じた。その時、プロジェクトの面白さが死んでしまうならばその前にやめた方がいいなと思いました。特定の地域と関係を深く結ぶアートプロジェクトは、ずっと地域の生活に影響を与え続けてしまいかねない。そこで提供する・されるの関係性が生まれて固定してしまうのは望まないし、活動自体も殺してしまうから、やめる判断をした、という経緯でした。

安藤：本章で紹介している事例の一つ「ファンファンレター」がこの話に関係するなと感じます。ファンファンレターの面白いところは、アーティストや関係者のテンションが下がっていたら、その盛り下がってるままであえてレターを発行するところだと思います。恐らく密度がすかすかなレターとかもあるのかなと思いますが、そんな部分をあえて可視化して伝えることは面白いです。

・プロジェクトの継続と評価の難しさ

安藤：ではアサダさんに伺いますが、ワークショップでそもそも長期間継続した例があるのか、それから今のようにアーティストや地域のテンションが下がってしまったけど、継続したらV字回復したよ、という例はありますか。

アサダ：まず、ワークショップを長期間開催したかという点については事例の「八戸の棚」や「ラジオ下神白」では自分がディレクターとして関わったプロジェクトになりますが、ワークショップがたまたまプログラムの一つに入っているというだけで、あくまでもアートプロジェクトの一つなんです。プロジェクトの中にワークショップもあれば、イベントもある、と。プロジェクトという意味で言えば、長期的にやっているものは他に沢山あります。

V字回復の例ですが僕は事例として持っていないですね。羽原さんの話を聞いていて、まさに目下同じような悩みを抱えているものはあります。

話が広がってしまうかもしれないですけど、ワークショップから派生して場所を運営する、スペースを運営するような色々な展開が事後に生まれていくことが時々あるのですが、それをどこまで「プロジェクトとして続いている」と言っていいのかは難しい。プロジェクトの評価としての基準をどう定めるか、やはり難しく、多くの団体がここでは悩んでいますよね。ある意味いかようにも自己評価できてしまうところもあるし、確固たる評価軸を得るために、様々な文化事業者によるピア評価とか、他分野の専門家も交えた第三者評価とか、いろいろ模索されているわけですが。

安藤：なるほど。僕だったら何かのプロジェクトをやって、それがその後よい感じに繋がったら「最初から計算してましたよー」って顔しますけどね（笑）。お話を聞いていると「ワークショップ」と「プロジェクト」の違いなんかも気になり始めたんですけど、そこを掘り下げるのはやめましょう。

都市計画系のワークショップは、基本的には行政から仕事を貰って行うものが多いと思います。ロードマップを描いておいてそのロードマップに従い「第1回でここまで、第2回でここまで」とマイルストーンを置いていくタイプ。2章のディスカッション（141頁）で饗庭さんが言ったように炎上する回もたまにあるので、その場合は少し後ろ倒しにして対応することはあるかもしれませんが、いずれにせよワークショップは合意形成や意見を伺うための手法であって目的ではないので、ワークショップそのものの評価はあまり考えたことがないかもしれません。

・プロジェクトの副産物としてのコミュニティ活動

安藤：さて、3章のテーマはコミュニティですが、仕事として受ける時に「ここのコミュニティをよくしてください」といったスタートもありますか。

羽原：団地でのプロジェクトをやってから、各地のまちづくり団体や社会福祉協議会など色々なところからヒアリングがあって「最初はどういう目的で始めたんですか」って聞かれて。申し訳ない気持ちになりながら「いや、最初は課題解決とかまったく考えていませんでした」という話をしていました。団地のプロジェクトがみなさんにすごく魅力的なケースに映っているなら本当にありがたいのですが、それは副産物でしかないと思います。そもそも何が起こるかわからない実験として始めたものです。

以前、TAPでは、街なかで作品が見られるようなフェスティバルをやっていて、遊休地や使われなくなった場所などをよく会場にしていました。でもある時、生きてる団地で展覧会をやってみたところ、人が生活している場所なので誰もいない遊休地と違ってすぐレスポンスが色々な形で返って来る。これは今までとまったく違う発見でした。それが2008年のことで、そのあと団地でのプロジェクトを続けてみようということで拠点を構えました。

団地は本当に色んなルーツの人が住んでいるが故にしがらみがたくさんあります。生活していくための派閥や力関係みたいなものがうごめいていますが、そこに素知らぬふりをして入り込んで、既にある関係を抜きにして個人の感覚で面白いと思えるような活動をやってみる。地域の方々と日常的につくる芸術活動を、いくつか走らせていったらどんな変化が地域に起こっていくのかと。このように、本当にアートプロジェクトとしての主観的な目的から始まりました。だからこそ課題をクリアしたら終わりではなくて、自分たちが見たい風景が見えるかどうかをずっと追い求めてきたような気がします。関わる個々の方々が、これまでに見せたことのないような表情で開花する様子をみたいという感覚です。でもそれは団地のエリアに生活していらっしゃる人たちにすごく面白かった経験を残しているけど、もしかすると名残だったり未練だったりを同時に産んでいたかもしれず、ある意味乱暴だったのかもしれないと思うところもあります。

安藤：実験的にやってみましたというプロジェクトなんですね。その進め方はアート系ならではだと感じます。行政系の「我々はこの課題を解決するためにアートという手法を用いるぞ」というものとは違いますね。

- **むしろうまくいく、アートに無理解な環境でのワークショップ**

安藤：アサダさんが今取り組まれている事例で行

政系のお仕事もあるということですが、その時に「アートの力を使ってまちづくりとかコミュニティづくりをやってほしいです」という相談もあると思います。そうした際にアートに無理解な人と関わることで動きにくくなったり、いやそれは全然違うよ、という提案をされることもあるのではないかと思いますが、そういうご経験はありますか。

アサダ：もうめっちゃありますよね（笑）。ただ、ある時期からなんですが、自分の個人的な関心で言うと、やりにくい環境でやる方が合ってるなとも思えてきたんです。例えば行政で言うと文化政策課や文化振興課が実施するアートプロジェクトの一環でやる場合、プロジェクトやワークショップそのものの実験性や表現性みたいなものをモチベーションとして担保しながらも地域に関わることがあります。要はそれをやってもいいという環境下なので、やれるわけです。しかし、文化と名がつかない部課と仕事をする場合は、まったく違う目的が求められていることが多く、そうもいかない。

例えば、今関わっている品川区の施設は障害福祉課の仕事で、基本的にはアートという文脈がほぼないところでやっています。たまたま指定管理で関わっている事業者が文化に関心があり、軸として障害のある人たちと地域を結ぶような何かができないかというところで僕は今ディレクターをやっています。文化ならではの価値を決めつけないような活動をすることが大切で、別にそこでみんなで絵を描くこととか、踊ることとか、奏でることそのものが目的ではないんです。そういう活動を通じて、障害のある人たちの一見何か困ったなと思われるような行動も面白く捉え直すことができるというか。こういったことは、「くせの再演」（1章参照）でも書きましたが。そういう「この方はとても魅力的なのだ」という伝え方をする、地域の人たちにとっても、柔らかく障害のある人たちと付き合える環境をつくっていくことができると思っているんですね。

これについては僕自身のこれまでの経験から障害のある人たちとどう繋がれば面白い場がつくれか、その実感があるからできるのかもしれませんが、行政に対して説明する時は「それも福祉です」って言い方をするんですよ。アートでやるって言い方はせず「これこそが福祉です」と言う。こういうことが本来福祉でやるべきことなんじゃないですかね、っていうことを投げかけていきます。と言いつつ、現場レベルで起きている現象は何か一見訳のわからないワークショップだったりするわけなんですけどね（笑）。

・無関心が一番辛い

アサダ：行政の話で、無理解よりも一番辛いのは無関心です。まったく見に来ないみたいな話です。ある意味無関心だから結果を見るまでは自由にさせてもらうわけですけど、やっぱり寂しいのでちょっとでも見てもらいたいと思うんです。どうにか繋がりたいと思うんだけど、やっぱり異言語の世界になってしまっていて、先方は福祉って全然そういうもんじゃないと思ってる。困っている人を助けるというか、障害がある人は必ず困ってると決めつけてるし、もっと言えば、当事者というよりはその家族だけを見ているところがある。当事者の方の中には言葉でコミュニケーションできない方が多いので、「この子にはこういう支援をしてください」というのがご家族だったりして、行政もそこからクレームがこないように、頭がそっちばっかり向いているので、できるだけ「いらんこと」はやらんといてほしいと本音では思っていると思います。でも、そもそも彼ら彼女らは困っているだけじゃなくて実はすごい才能を持っていたり、その方の個性みたいなものってすごく面白いというか、違う視点・まなざしから捉え直していくことで抜本的に「そもそも〝障害〟って何？」ってことを問うてゆく。そういうコミュニケーション自体が世の中で凄く大切だと思っています。一見、運営側の裏話みたいなんですけども、こういうことも言っていかないと多分アートプロジェクトとかアート系の社会活動ってずっと、一定のジャンルを越えることができないんじゃないかなと思っています。とても難しかったりはするんですけどね。

　ということで翻って安藤さんがさっき質問してくださった「コミュニティをよくしてくれ」と言われるのかと言うと、むしろ「コミュニティをよくしてくれって言ってるけど、どういう意味でよくしてくれって言ってるのか」と逆に意味を問う感じですね。そんなスタンスになっています。

安藤：ありがとうございます。WHOが定義する3つの健康「フィジカルヘルス」「メンタルヘルス」「ソーシャルウェルビーイング」に、アートはとても素敵な関係性を持てるのかなって思います。

　僕はまちづくり文脈の人間ですけれども、やっぱり行政系の方々のリテラシーの低さは常々頭を悩ませていて、例えば今まちづくり業界ではパブリックスペースとかプレイスメイキングとか、そのような流れがあるのですが、そういったものを知らないから「そんなもの意味ない」って決めつけてくるわけです。世界の流れを勉強していない。とは言え、そう言ってくる行政に対して、どう理解してもらうかは大切ですよね。理解というより納得のフェーズかもしれません。理解と納得はフェーズが違う。理解は何が起きているかを知ればよいので、企画書でこういうことやりますよ、でOK。でも、納得はその先のフェーズなので、実際に体験してもらって「ああ、この空間気持ちよいなあ」「ぽかぽかした春の日に芝生の上で寝転がる行為ってこんなに気持ちよいんだな」って無理解・無関心だった人たちが自分事として感じて、腑に落ちてくれたらそれが納得だと思います。それができたら、おそらく一気にパートナーになれるのかなと。さっきアサダさんが言っていたコミュニケーションをしていくこと自体が大切というのは、そういうことなのかなと凄く共感できる部分がありました。

・活動が続いていくために必要なのは、本音で動くこと

羽原：この10年で、コミュニティをつくってきたかどうかって言うと、半分自信があるし、半分自信がないという感じですね。関わってくださった方たちがその場を体験して、何かしら持ち帰っているものが確実にあるだろうとは思える。でもそれがコミュニティなんですかって聞かれたら、判断はそこに関わっていた人に委ねるしかない気もします。

さっきヒアリングをしてくる人たちに向けて、副産物でしかないですよって言ってたのは、アサダさんの話を聞いていたら逃げてたなとはちょっと思いました。

堂々と色々な異分野の人に対して「これ面白くありませんか」って、普段それぞれの分野の人が持っている目的からちょっと外れて、個人の感覚に立ち戻れる投げかけができることは、アートプロジェクトのよさであり突破する力だと思います。これは参加者はもちろん、行政の人然り、大学の人然り、違う立ち位置の人たちにいったん社会的な立場を脱いでみていただいて、本心でどう思いますかねっていう話ができるところが面白みなのかなと思います。地域の中で活動が続いていくためには、その「本音が動く」ことが大事なのかなぁ、と。

・誰のために何をしているのかを改めて考える

アサダ：例えばワークショップに来る住民、学校だったら子どもたち、そういうプロジェクトに参加する人たちが、素になっていく。そこから新しい関係性が生まれていく、ということはこれまでも重視してやってきたつもりはあるんですけど、同時にやっぱりもう何度も限界を感じるというか、難しいなって思いながらずっと仕事をやっています。

今やっている品川のプロジェクトはチームが20人ぐらいいるんですけど、ほとんどが福祉の支援職のスタッフなんです。新卒さんもいたりして。で、彼女たちはこういうアート的な文脈はもちろん全然知らない。だから一緒にプロジェクトをやっている時に、むしろどっかで僕は障害がある人たちに向けてやっていると同時に、スタッフに向けてやっている気分があります。おこがましい言い方ですが、教育とか人材育成とか。単純に年の功的にもやらないといけないなと思っているんです。

「こういうやり方もあるよ」とか、「もう一つの方法があるよ」みたいなことを伝えたい。僕はアートを絶対視していないので、何でもできるとは思っていないけど、「こういう視点のずらし方があるよ」ということはせめて伝えていきたいと思ってる。福祉でもいいし、環境の活動でもよいし、まちづくりでもよいし、横の仲間っていうのかな。チームで一緒に育っていけるようなことをしていかないといけないなって。そういう意味で、広く教育みたいなことに関心がありますね。振り返れば、自分も色々な方々に育てて貰ったなと思うので、やっぱり必要なことなんだと思います。そんなことを最近感じているところです。

安藤：ありがとうございます。最後に教育の話が出るとは思わなかった。教育と言えば、府中市の小学校の図画工作の先生が面白い取り組みをしていて、地域の人たちと一緒になって小学校の授業を展開しているんです。地域の人たちが学校にも入ってくることができて、小学生たちはその人たちと色んなものをつくり上げることが楽しみになっているそうです。教育者がアートを用いて地域と子どもを繋げている素晴らしい取り組みだと思います。

ワークショップやプロジェクトでは、参加者をどう集めるかだけじゃなくて、一緒にプログラムを実施するチームメイトや、場合によってはパトロンという人たちへの理解や納得をどうやって育んでいいくのかが大切なのかなと感じました。立場の違う人たちも継続することで互いに理解し、納得して繋がっていくことで次第にコミュニティになっていくのかなと思います。

もう2年前にこの本の出版プロジェクトがスタートした時に羽原さんが「コミュニティをつくる」と言っていて、その時の僕は強烈な違和感を覚えました。コミュニティは既にそこに存在するものなので、我々がコミュニティに対してできることは、育てる・繋げるぐらいだと思っていたからです。だけど、2年間アート系のみなさんとご一緒したことで、今は「コミュニティをつくる」ってきっとできるんだなと思うようになりました。ありがとうございました。

4章

実験ワークショップ

――価値観をほぐし、広がる世界を共有する

16

八戸の棚Remix!!!!!!!!

街なかの「余白（空き店舗）」を市民の表現の場に

背景 **街なかの空きテナントを多様な関わりの場に**

青森県八戸市にある「八戸ポータルミュージアム Hacchi」（略称：はっち）をご存知であろうか。２０１１年2月にオープンし、ちょうど10年を迎える八戸市立の地域観光交流施設だ。はっちのコンセプトは、八戸の人、物、食、文化といった地域資源の魅力を紹介する八戸の玄関口となること。館内には、ミュージアムショップやカフェ、貸館としてギャラリーやシアター、子どもと大人の交流の場として育児支援機能も備えた遊び場「こどもはっち」や、ものづくりや食のスタジオ、プロのアーティストが市民とともに制作できるレジデンススペースなどがある。とにかく利用する市民の多様な活動や発表を通して、八戸の魅力を存分に感じられる総合的な場をつくることが、開設前から企図されてきた。

筆者は２０１１年夏、はっちの開設準備スタッフ・

プログラムコーディネーターのIさんから、はっち開設前に街なかで行うアーティストインレジデンス事業に招聘された。アーティストインレジデンスとは、アーティストが地域の何かしらの拠点に一定期間滞在しながら作品を制作するプログラムのことだ。中には地元住民と協働しながら制作を進める内容もあり、おおまかな条件として、「中心市街地の空きテナントを活用して、そこで市民が多様な関わり方をできるような場を期間限定でつくってほしい」ということだった。八戸には全国の地方都市に共通する課題があった。城下町として発展してきた八戸の中心街は、八戸三社大祭や八戸えんぶりなど国の重要無形民俗文化財に指定されたふたつの伝統的な祭りが行われてきた場所でもある。また昭和30年代から商業、金融、行政の機能が集まり、まさに八戸の中心部、都市の顔として栄えてきた。しかし、その賑わいに徐々に陰りが見え始め、筆者が2009年夏に最初に訪れた際も空きテナントの存在がそれなり目立っていた。事前にIさんがリサーチをし、筆者の滞在会場ははっち建設現場から徒歩2分ほどの元洋服屋だった2階建てのテナントに決まった。間口は狭いがその分うなぎの寝床のように縦に細長く奥行きのある空間で、試着室や壁に固定されたハンガーなどが残置。2階にはバーカウンターがあり水周まわりもあった。滞在は準備を含めて2010年6月~7月の約2ヶ月。ここを拠点に筆者があらゆる表現手法を持ち込み、市民がそこにそれぞれのやりたいことを持ち込んで場が動いてゆくような、そんなプロジェクトを立ち上げることにした。

概要　元洋服屋で3つのプログラムを開催

2010年6月19日（土）~7月25日（日）にアートプロジェクト「八戸の棚 Remix!!!!!!!」を実施した。その際に、以下のようなステイトメントが街な

sidence棚　八戸市十六日町20-2(旧Ann/やぐら横町)
時〜20時(トークライブ開催時は21時まで)　※6/20,21,28,7/1,4,5,11,12,20,21 は休み

参加者募集中

あなたの想像する棚

八戸市内で放出された廃家具を再収集し、まちの装置としての「棚」を演出。参加者と共にお茶を飲みながら「棚」に置かれたひとつひとつのオブジェや古写真・フィルムについて語り合います。会話の一部はスペース内、まちなかの音声広告にて配信。地元建築デザインチームによる棚演出WSも開催。

旅する料理教室

日常の食材調達をパフォーマンスとして演出。地元の食材を知り尽くす赤坂美千子さん、下田尚子さんをフードコーディネーターに五つの場面を展開します。参加者みなさんで食材の買い出し、調理、食事まで、食を中心とした家族の風景を「棚」に浮かび上がらせます。

月27日(日) 10:00〜13:00
たのお子さん買物ドキュメンタリー
いとん・焼きそば編
費:1000円程度(買物代実費分)
親子ペア(10組限定)
ナー:下田尚子さん

月10日(土) 11:00〜14:00
茶碗〜おかず求む
費:1000円程度(買物代実費分)／定員:20名
ナー:赤坂美千子さん

月18日(日) 16:00〜19:00
風景×写真屋
費:1000円程度(買物代実費分)／定員:10名
:ダニー五戸さん(白銀町在住の即興魚料理アーティスト)
カメラの大平さん(まちの写真屋)

月24日(土) 10:00〜13:00
たのお子さん買物ドキュメンタリー
子編
費:1000円程度(買物代実費分)／対象:親子ペア
10組／パートナー:赤坂美千子さん

月25日(日) 10:30〜13:30
ごはんサークル
費:1000円程度(買物代実費分)
女子中高〜大学生(男子もあり)※学生服着用歓迎
15名／パートナー:下田尚子さん

❶6月27日(日) 12:00〜14:00
棚編集ワークショプ1「傘八cafeをつくる」
会場:はちのへホコテン会場内はっち建設現場前
参加費:無料
パートーナー:八戸工業大学ADL
※上記プログラム開催中はresidence棚は
クローズしている場合があります。

❷7月19日(月) 16:00〜18:00
棚編集ワークショプ2「トロッコ筆笥をつくる」
※終了後 トロッコ筆笥パフォーマンス(!?)あり
会場:residence棚(八戸市十六日町20-2)集合
参加費:無料
パートナー:八戸工業大学ADL

6月19日[土]—7月25日

全プロ

八戸で日常を過ごす人々が自分の半生をありのままに語るトークライブを展開。その人の記憶から聞き出した様々なエピソードが、さまざまな媒体(動画、音声等)に変換され、まちなかに音声や映像として配信されます。

記憶が漏れだす座談会

❶6月19日(土) 19:30～21:00
横町知也さん(cross space shelter代表)の記憶編
[料理パートナー赤坂さんによる「八戸缶詰バー」も併設]

❷7月2日(金) 19:30～21:00
田中哲さん(八戸大学ビジネス学部 教授)
×河村信治さん(八戸工業高等専門学校総合科学科教授)の

❸7月3日(土) 19:30～21:00
晴山努さん(フォーラム八戸支配人)の記憶編

❹7月9日(金) 19:30～21:00
江口亜季子さん(used shop PAULO オーナー)の記憶編

❺7月16日(金) 19:30～21:00
Aさんの記憶編

❻7月17日(土) 19:30～21:00
金入健雄さん(株式会社金入 常務取締役)の記憶編

❼7月18日(日) 19:30～21:00
Bさんの記憶編

❽7月25日(日) 14:00～15:30
塚原隆市さん(コミュニティ放送局 BeFM 放送局長)の記憶

アサダワタルの記憶と表現 じゃじゃ漏れ祭り
～トークライブ&パフォーマンス～

プログラム番外編

❶6月19日(土)
18:00～19:00
オープニングパフォーマンス
「八戸缶詰バー」併設
赤坂美千子さん

❷6月25日(金)
19:30～21:00
トークライブ
「八戸缶詰バー」併設
赤坂美千子さん

❸7月16日(金)
18:00～19:00
パフォーマンス

❹7月17日(土)
18:00～19:00
パフォーマンス

❺7月25日(土)
16:00～17:00
クロージングパフォーマンス

図1　プロジェクトチラシの裏面の一部分（プログラム紹介部分）

かの店舗など各所で告知された。

あなたの日常における　忘れ去られた生活道具
食材調達の風景　まちで過ごした私的エピソード
思い当たるそのすべてを　八戸の棚にお持ちください
いただいた素材はすぐさま陳列し
愉快痛快な遊びへと　再編集します

元洋服屋を「residence棚」（略称：棚）と名付け、そこを拠点に街なかも含めて開催された3つのプログラムの概要をチラシの裏面の一部より引用し、そのあと、この中から「あなたの想像する棚」と「旅する料理教室」について具体的なエピソードを交えて紹介する（図1）。

やってみよう！

企画のつくり方とエピソードその①：関わるきっかけを与える、まちの不用品たち「あなたが想像する棚」

企画をするうえで最初に心がけたのは、できるだけ多様な背景を持つ八戸の活動人（プレイヤー）に何かしらの形でこの場づくりに関わっていただくことだった。具体的には、会場のつくりこみにおいて、八戸の商店街で使われなくなった廃家具や什器を、各店舗さんからいただいて回ることから始めた。「あなたの想像する棚」と名付けられたこの会場づくりプログラムでは、タンスや本棚などの家具、照明器具、商品パネルや立て看板、商品陳列のために各種什器、椅子や机、畳、三輪車、マネキン、テレビやビデオデッキ、レコード、ファミコン、商店街の昔の様子が写された写真パネルや資料などなど、とに

図２　プロジェクトの本拠地「棚」の外観

かくもらえるものはなんでももらってきた。さらにそれらを解体してはリメイクするプロセスでは、八戸工業大学の建築デザインチームＡＤＬの学生たちに協力してもらった。物と物とを組み合わせて（タンスを倒してその上に畳をひいてステージにするなど）、それらの本来の用途も変えて（何百本もの人名印鑑をぜんぶ別の什器に出して、もとの印鑑ケースに戻してドット絵を描くコーナーにするなど）、不思議な空間を立ち上げていった。入り口付近には、初代ファミコンと数本のソフトを置いて自由にゲームができるようにし、かつ畳を置いてそのうえに商店街が栄えていた時代の古写真と資料を並べて展示した（図2）。

　実際の反応として、とりわけ入り口付近のファミコンと古写真はかなり効いた。そこでスーパーマリオブラザーズを筆者がやっていると、通りすがりの人がニヤニヤしながらこっちを見ているのでお誘いをする。最初は「結構です」と断られるが、徐々に「じゃあ1プレイだけ」と一緒にやってくれる。まもなく小さな人だかりができ、そのタイミングですっと筆者が抜けた後も知らない人同士がファミコンをやっている状態が続く。これから夜の仕事にでかけるであろうホストのお兄さんと放課後まちをうろついている地元の女子高生の組み合わせや、近所のコンビニでアルバイトをしている休憩中の大学生と近所の小学生の組み合わせなど、なかなか面白い風景が生まれる。さらにその横では、比較的ご高齢の方々が「あぁ、懐かしい。これいつの七夕の時かしら」「昔の三春屋（地元のデパート）よね？」と記憶に花が咲き、このまちのことを何もしらない筆者にいろんなことを教えてくださる。そんなことをしながら「ところで、ここは何のお店？」と聞かれて、筆者は初めてチラシを渡しながらこの場所の趣旨を説明し、中にご案内する。あまりの雑然とした室内に驚いて出て行く人もそれなりにいるが、「ああ、このレコード俺も持っていたよ」とか「ああ、昔こういう棚あったね。よくこんなもの拾ってきたね（笑）」などと関心を持ってくれる方もいて、もう一歩突っ込んだ「参加」へとじわじわと誘っていくのだ。このように書くと、「人集めのための表面的なテクニック」のように受け取られる可能性もあるが、筆者が言いたいのは、一つひとつの創意工夫に「いやいや兄ちゃん、なんでやねん！」（関西弁で言えば）と「ツッコミ」をいれてもらうことの大切さだ。そのコミュニケーションは徐々に相手をほぐし、いつしか「素の私」としてとても個人的な話をしてくれるような状態になるのだ。ここでは、出会いの量よりはこういった「コミュニケーションの質」を追求していった（図3）。

図３　「棚」の入り口で昔のまちの写真を眺める人たち（左手前）とファミコンをする人たち（右奥）

やってみよう！

企画のつくり方とエピソードその②：見慣れたまちと出会い直すための遊び

「旅する料理教室」

八戸といえばなんといっても食材の豊富さ。海の幸はもちろんのこと、せんべい汁などで知られる南部せんべいなどもある。ここでは、街なかで里山夢食堂を営む赤坂美千子さんと、野菜ソムリエとして八戸や東京で活躍するnagisa cafeの下田尚子さんとタッグを組みながら、食材そのものを「街に繰り出し調達すること」までを含めた料理ワークショップを試みた。例えば「あなたのお子さん買い物ドキュメンタリー」では、5歳～小学5年生くらいまでの子どもたちが数班に分けられ、事前に決めたメニュー（すいとん、焼きそば、餃子）の中に入れる具を子どもたちが画用紙に書き出し、それを商店街や地元のスーパーに買い物に行く。そして彼ら彼女らが街なかで、スーパーで繰り広げる「食材探しの珍道中」を、筆者とスタッフがビデオカメラでしっかり記録する。そして、「棚」の2階に設けられた調理スペースで下田さんや赤坂さんが調理方法を子どもたちに教えた後に各班、包丁を持って調理を始めるわけだ。料理が完成したら、お母さんたちを招くわけだが、そこで上映されるのが先ほどの「お子さん買い物ドキュメンタリー」だ。子どもたちの自由奔放にまちを駆け回り、スーパーでちょこまかと遊びまくる様子をみながら、お母さんたちは「子どもたちの目線」を共有する。この企画で大切にしたのは、「大人にとってみれば普段見慣れたこの八戸のまちなみに、子どもの目線を介して出会い直すこと」。普段、親と一緒の買い物シーンだけでは知ることのできなかった我が子のユニークな行動に笑ったり、意外としっかりと買い物をしているシーンに感動したり、こちらの意図どおり、「えっ?こんな場所あったの? そうか、いつも通ってるけどあまり意識してなかったです」といった意見ももらえたことは新鮮であった(図4)。

また「尾行ごはんサークル」では、地元のスーパーの協力のもと、われわれサークルメンバーは店に張り込み、一般客のどなたかを「ターゲット」として決めて、その人をこっそり尾行してその人が買い物かごに入れるものとまったく同じものをかごに入れていくとどんなメニューをつくれるのか、またその食材群からは「八戸」を感じることができるか、を試す企画だった。このプログラムでは、以下のような「尾行ごはんサークルの心得」も定めた。

1　ばれないようにすること
2　とにかくばれないようにすること
3　尾行リーダー、計算係、記録係　最低3人のメンバー

図4　「棚」の２階で子どもたちの「買い物ドキュメンタリー」を観ながらご飯を食べる様子

でサークルを結成すること

4　舞台となるスーパーの配置図は事前に入手して予習しておくこと

5　1人に対する尾行（1尾行）につき、上限8品目までとすること（8は八戸にちなんで）

6　1尾行につき、上限4000円までを目安とすること

7　ターゲットを完全に見失ったり、途中で結局買物をせず出て行ったりしたら直ちにカゴの中身を元に戻し、次の尾行へと進むこと

8　安心して尾行するには、事前に舞台となるスーパーの担当者に承諾を得ておく方がベター

9　とにもかくにもばれないようにすること

下田さんと筆者がタッグを組み、サングラスをかけてトランシーバーを持って物陰に隠れ、各チームの尾行リーダーにトランシーバーから呼び掛ける。「あの麦わら帽子を被った今お酒のコーナーにいる

図5 「尾行ごはんサークル」決行中(ビデオキャプチャ)

女性でお願いします」「チルドコーナーにいるベージュの柄もんの服着たあの奥様を」といったように。数人尾行を続けると八戸らしくホヤがカゴに入るなど、食材も多様になってゆく。徐々に恐る恐るやっていたサークルメンバー(大体が地元の大学生)も慣れてきたかこの状況を楽しみだすように。会計を済ませ、スーパーの入り口で改めて各チームの食材を照らし合わせつつ、「棚」に集結。下田さんがそれらをもとにちゃんちゃん焼きに仕上げ、みんなで感想や反省をシェアしながらの食事会を行った。このようにして、日常の食材調達を「表現ワークショップ」として演出することで、普段何気なく使っている商店やスーパーやそこにいたるまでの道のりの風景を、「非日常」として楽しみ直す機会をつくり出したのだ(図5)。

「街なか・路上に出る料理教室」というコンセプトにこだわったのにははっきりした理由がある。それは、「棚」だけを活動の舞台にしないということ。そもそもまもなく完成するはっち自体が「八戸の玄関口（ポータル・ミュージアム）」というコンセプトを持っていることを考えれば、一つの「ハコモノ」だけが活動拠点になることは避けるべきことだ。したがって、はっちを通じて八戸の魅力の片鱗を知った人たちが、そこから八戸の各地に赴くように、「棚」を通じてまちに繰り出すきっかけが何かしら必要だと感じていた。大事なのは、in（で）ではなくｆｒｏｍ（から）。たまたま「食」というモチーフがそのきっかけになり、「食材調達」という発想ならそれができると考えるに至ったのだ。

どんな素が出たか？ 自分の愛着を自分で探す場所に

このプロジェクトは、決して多い人数ではないが、この八戸の中で何かしらの「表現」をしたいと欲する一部の若者たちには確実に響いたように思う。「棚」の面積はそれなりに広く、いろんな不用品を持ち込んでもまだ「余白」がたくさんある状態だった。そこで、最初にその「余白」を見つけてくれたのは、当時地元の女子高生（3年生）だったAさんだった。彼女は、例の入り口のファミコンでひっかかったのだが、そこから中に入ってくれて、地元の話や高校の話、普段やっている活動（演劇やアクセサリーづくり）について聞かせてくれた。ちょうど「棚」の2階に洋服屋さん時代から備え付けられていたガラスのショーケースがあったので、「そこ使ったら？」と声をかけたら、自分で手書きのポップを付けだして彼女の展示コーナーが誕生した。それに限らず、棚の飾り付けや家具類の模様替え、イベントの準備などほんとにいろんな面で共にこの場づくりを担ってくれた。すると類は友を呼ぶもので、地元の20代の女性2人組、RさんとYさんがたびたび来るように。最初は冷やかし半分だったようだが、いつしかいろんな作業を手伝ってくれるようになった。2人とも普段はアルバイトをしながら実家暮らしをしているが、「何か新しくて面白いもの」「文化的な何か」を求めて悶々としている感じがとても現れていた。そのうちイベントの看板づくりを2人に任せるなど、この場づくりに欠かせない存在となっていった。他にも、地元で会社員をしながら絵を描いている美術家Sさんが自分のポートフォリオを持ち込み、「棚」の中で彼の個展が開催されることに。またPさんという職業不詳の男性は、ITスキルが高い方で、「棚」で開催したトークイベントの際にゲストが語る記憶に関連するキーワードをライブ検索してもらう役割を果たしてくれた。またある時はいきなり熱帯魚を水槽ごと持ち込み「ここでしばらく育ててもいいか」と置いて帰ることも。このようにして「ここの使い方を直感的に理解し、自分の〝表現〟を持ち込む人たち」との素敵な出会いが、生まれていったと実感している。最後に、当時女子高生だったAさんから数年後にいただいたメールより、この取り組みに関するコメントを引用する。

よくある言葉で言うと、居場所でしたね。家から1時間半かかる八戸の中心街の高校にひとりっきりで進学したので、同じバスで帰る高校の同級生も居なかったんですよ。で、街で遊んで帰るにしても、なかなか落ち着ける場所が見つからなくて、いつもフラフラ歩いてたんですよ。棚に来ていいよ!って言われて1番嬉しかったのは、何かのお店ではないので冷やかししちゃってる・邪魔しちゃってる罪悪感が薄かった事……なのかな?と思います。(中略)街をフラフラして「八戸の中心街ってこんなもんかぁ」って思っていたのが、「街でこんな事ができたら楽しそう!」と想像する側になりましたね。棚に行くと、いつも色々なビルからクセのある不用品がやってくるじゃないですか。あれがとにかく楽しかったですね。物ボケじゃないけど、これでどうやったら面白くできる?ってR子ちゃんやY美ちゃんと一緒に考える時間が好きでした。(中略)そこにある物と居る人で棚がつくられていくのが好きで、そのつくる作業にいっぱい関わりたいから毎日のように遊びに行くという……どうつくられていくのかを見届けたくて仕方がないというか、自分がそういうの好きだったんでしょうね。(中略)棚は「好きにしていいよ」ってある程度許された環境だったので、そこで何か私のセンスwで気になる所があったら「ここ何とかしてみようかな?」って気持ちになったんだと思います。私含め、何かしら表現したい物を持っているけれど、誰に向けて発信したらいいかわからない、場所や勇気もない、みたいな人の後押しにはすごくなっていましたね。私の中で大きな変化だったのは、棚の頃から八戸の街のお店の人とよく話すようになったし、街に愛着が湧いたんですね。いつのまにか棚で『自分の愛着のある場所は自分で探す』方法を学んだのかもしれません。

「遊びにくる」が「手伝う」になり、「手伝う」が「共にやる」になる。「お客さん」が「参加者」になり、「参加者」が「共犯者」になっていくプロセス。会期中様々な苦労がありながらも、共にプロジェクトを進めてくれた方々が増え、Aさんが書いてくれたように「自分の愛着のある場所は自分で探す」という術を、多く学べた機会であった。

(アサダワタル)

※本稿執筆にあたり、八戸ポータルミュージアムスタッフ(当時)のIさん、ならびに参加者の一人であるAさんはじめ関係各位にこの場を借りて感謝申し上げます。

17

URBANING_U

都市を体験し直す方法

背景　街を身体で解釈する

ワークショップという名が付くイベントはまちづくりやアートプロジェクトを問わず散見される。しかしその定義や内容については様々な解釈がされているのが現状だろう。このワークショップという手法をとりまく技術や歴史を考察し、自らのアートプロジェクトとして実施しているのが建築家の宮口明子、笠置秀紀によって構成されるユニット、ミリメーター（mi-ri meter）だ。彼らが2017年から取り組む「URBANING_U」は、参加者が都市空間、公共空間に対するリテラシーを醸成し、能動的に都市へ介入するアクションを誘発することを目的としたプロジェクト型の作品である。

「URBANING_U」は都市の中で実際にテントを張って宿泊しながら行うものと、半日のみで行う場合があり、ミリメーターが自主的に開催することも

図1　都内の雑居ビルの屋上に張られたテント（写真提供：mi-ri meter）

あれば、展覧会やアートプロジェクトへの参加の際に実施されることや、企業によって招聘されることもある（図1）。

この作品は自分たちが住む街を建築や都市計画における制度のみで解釈せず、自らの身体で都市を体感しながら「小さな都市計画」を実装するための複数のプログラムによって構成されている。通常は10人程度の限られた参加者を対象に、空間や制度に対する考え方を解きほぐす行動をまちの中で試してみる「エクササイズ」、都市を取り巻く様々なトピックをテーマに議論をする「ラウンドテーブル」、参加者のアイデアを実際の都市の中で実行する「インストール」の三種類がある。

「URBANING_U」は都市とアートをキーワードにした過去のアーティストたちの作品にいくつかの参照先がある。例えば1950年代後半に思想家ギー・ドゥボールが中心となり結成されたシチュアシオニスト・インターナショナルの実践はその代表的なものだ。シチュアシオニストたちが行った「漂流（デリーヴ）」と呼ばれる行為は、ただ赴くままに都市を歩き続けることで、土地の境界や都市のゾーニングが内包する政治性を身体によって解体する試みでもあった。彼らの実践は時に数日間もの間都市を歩き続けるなど命の危険すら伴うことがあったようだが、このような一見すると過激に見えるパフォーマンスも歩行という日常的な行為の延長にあり、現代では目的地から目的地へ効率的な移動に慣らされている人々に新鮮な驚きを与えてくれる。「URBANING_U」はシチュアシオニストが始めた現代アーティストたちの都市空間での実践や、スケートボードやグラフィティ、その他社会学的な現象を背景に現代の都市を教材として行われる言わば野外学校のようなものだ。

概要

都心のテントで1泊2日

「URBANING_U」を行う場合、テントや主催団体の施設、街なかの公園などがプログラムを展開するための拠点として設定される。通常プログラムは拠点からスタートして決められた時間に再集合するように指示が出されるが、場合によっては初めに参加者一人ひとりに地名や通りの名称が記載されていない拠点周辺の地図、指示書などが配られて実施されることもある（図2）。このように実施パターンは様々で、枠組みによってプログラム数も変わってくるが、ここではいくつか具体的な内容を紹介したい。

前述のシチュアシオニストを参照した「街が小さくなるまで歩き続けなさい」というエクササイズでは、決められた時間内ひたすら街を歩き、拠点に戻ってくるというものだ。目的地もなく街を歩くため、ど

図2　指示書。毎回実施する所要時間などによって仕様が変わる（写真提供：mi-ri meter）

れくらいの時間で拠点まで戻れるか、道順は覚えているかなど、通勤や通学とは異なる感覚が際立つのではないだろうか。また、どんな道や風景に自分の関心が向くのか、自分自身について考えるちょっとしたきっかけにもなるのかもしれない。時には参加者同士が街なかでばったり出会ったり、遠くを歩いているのを見つけたり、参加者しか知らないルールを都市の中で共有している面白さも感じられる。都市を身体化する要素が高まっていくものとしては「普段登らない場所に登りなさい／普段通らない場所を通りなさい」という指示のエクササイズもある（図3）。これはミリメーターの誘導で細い路地を通ったり、街なかのちょっとした段差に登ってみることを試みるものだ。普段とは異なる風景が見えると、実は自分たちが「ここは入ってはだめ」という見えない壁を意識していたことや、そうした意識を省けば都市空間がどこも地続きであることを再認識でき

図３　「普段登らない場所に登りなさい／普段通らない場所を通りなさい」の実施風景（写真提供: mi-ri meter）

る。アートやワークショップという日常から少し隔たった中だと、普段とは異なる振る舞いが可能になるよいエクササイズだ。さらに「あなたの定点を決めなさい」では、街なかで気になるところ、落ち着くところを参加者それぞれの定点として設定し、その場所に止まって周囲を観察したりする。この定点はその後に行われる「定点でくつろいだり、掃除したりしなさい」といった内容の指示へ繋がっていく。当然定点を設定する時はその後にどんな指示が出されるか知らないので、思わぬ場所を掃除しなくてはいけなくなる参加者も出てくるなど、プログラムが進むほど様々な都市との関係が構築されていく。

こうしたプログラムの間には議論を行うラウンドテーブルの時間が設定される。「プライベート」と「パブリック」、「遠慮」と「公共」などのキーワードを手掛かりにそれまでに取り組んだエクササイズの振り返りを行うことで、自らの体験を元に都市のあり方を言葉にすることができる。

どんな素が出たか？　都市を探索するようになる

「URBANING_U」はプログラムを重ねていくうちに参加者の都市への関わりが変わっていくことがよくわかる。例えば参加当初は消極的に見えた参加者も、「普段登らない場所に登りなさい／普段通らない場所を通りなさい」というエクササイズを経ると、積極的に街を歩くようになったり、普段意識していない制度や街のルールに対して疑問を投げかけるなどワークショップに対して非常に能動的な態度を示すようになる。このように意識を変容させる体験を生み出すことができるのは、「URBANING_U」が合意形成や一義的な目的を持って行われるワークショップではなく、戸惑いも含めて多義的な議論を生み出すことが許容されるアートとしての面白さがここにあるからだ。

「URBANING_U」ウェブサイトの概要には、「プライドではなくポリシーとして場所を愛し、革命ではなくハックとして社会を変化させる」「私たちの場所を私の場所にする。まずはそこから」という言葉が並んでいる。都市というとどこか抽象的かつ東京もニューヨークも変わらない平凡さを感じてしまうかもしれない。その均一さは、交通や経済活動を中心とした機能としての場所性であり、ガイドマップなどを眺めていても余暇すらそうした合理性の中で組み立てられてしまっているように感じられる。そうした合理性に対して「URBANING_U」はある種、都市を未開の森のように捉えて歩き回ることに似ている。いかに早く目的地に着くか、どうすれば効率的に経済が回るかといった合理性とは異なる都市の一面、つまり普段通らない路地裏がどんな場所かを知る発見や、普段登らない段差に足をかける身体的な経験、無目的に街に佇む時間が、参加者自身と都市との新たな関係をつくっていく。

こうした経験や議論を通して私たちの場所を私の場所にしていく作業は、例えばシビックプライドと呼ばれるものの醸成にも似ているかもしれない。しかし、アートとは常に過去の作品を更新するために、常識やルールを棚上げして根元的な問いに立ち戻りながらその歴史を更新してきた。仮に「URBANING_U」を通じてシビックプライドが高まったとしてもそれは副産物的な効果であり、このワークショップが参加者の意識をそうした単一の結果に集約することを強制することなく成立するのは、アートという技術を用いているからこそと評価できるだろう。ただしこうしたプロジェクトを実行するうえでは法律上や参加者への安全配慮など様々な課題をクリアしながら行う必要がある。こうした意識を主催者、参加者、アーティストが共有していくプロセスから既にこのワークショップは始まっているとも言える。

実際にワークショップとして開催されるのは長くても1泊2日程度、短い場合は数時間であるが、「URBANING_U」自体は開催される形式が変わってもプロジェクトとして継続されていくため、実現のプロセスを含めてミリメーターや参加者に様々なフィードバックが蓄積されていく。現在（2020年4月時点）は「エクササイズ」と「ラウンドテーブル」を中心に展開しており、今後回数を重ねていずれ、より具体的に都市を変えるような行為につながる「インストール」プログラムへと発展することを期待する。


（青木彬）

18

穴アーカイブ

地域に眠る映像アーカイブを掘り起こし、幽霊たちとともに語り合う

背景 「ミニメディア」としての映像と幽霊たち

　人が集まって話をする。「ワークショップ」というと、まちづくりでもアートでも、そのような場面が必ずある。では、どんな人々が集まるのか。地域の人、プロジェクト関係者、プロジェクトに関心のある人、などなど。しかし一つ共通点として、多くの場合そこに集まるのは生者だけだ。そこには、死んだ人たち、幽霊たちが欠けていないか？　これは、単に地域の歴史を考える必要がある、といった話ではない。今は亡きあの人たちのことを考えずして、歴史を考えることができるのかという問いであり、また幽霊たちとともに地域を考えるという可能性の模索である。

　ここで紹介する「穴アーカイブ」（主催：公益財団法人せたがや文化財団 生活工房）は、対話の場に映像を通じて幽霊を招く試みである。過去の地域の

人々、その多くは亡くなられている人々だが、そうした市井の人々が撮影し、後世に残したフィルムを収集・上映し、その鑑賞を通じて対話し、地域をベースとした開かれたアーカイブとしていくプロジェクトである。

フィルムからビデオへ、そして動画へ。私たちの視聴覚が認識する世界を記録するメディア、いわゆる映像は様々に変化してきた。しかし、いまだにエンターテイメント産業が多額の資金を投入して製作する「映画」の影響は大きい。今でこそ、誰でも手軽に映像制作ができるようになったが、こと長編映画となると製作にかかる金銭的コストが大きく、個人で賄うのは難しい。また、こうしてつくられる映画はコストに見合う興行収入を確保できるよう、大規模なマーケティングに基づいて緻密な調整が施され、大規模な宣伝戦略が打たれることが多い。こうして映画は、大多数の人々に記憶され、またその影響力に鑑み、公的な映像アーカイブによって優先的に保存される。つまり映像は、基本的に大衆（マス）を対象とするメディア、「マスメディア」として位置づけられてきたと言える。

この映画由来の大衆の論理は根強く、現代の個人による映像制作をも規定している。ユーチューブであれば再生回数が、フェイスブックであれば「いいね」の数が重視されるのは、結局、どれだけ多くの人に受容されたかで映像の価値を測るからであり、大衆的受容を基準とした考え方である。この考え方は、広告収入と連動することで近年一層強まっている。

しかし翻って、映像って、それだけなのか？　多くの人々に愛される映像を否定するわけではない。だが、そのために個人や小規模な人間集団での価値観や認識は、大衆向けに調整されたり、宣伝のために簡略化されたり、時には政治的に操作されて歪曲されたりする。マスメディアとしての映像は記録・

記憶されるが、小さなグループの記録・記憶は失われやすい。すると、後者を対象とする映像、言うなればミニメディア」としての映像が、マスメディアによって忘れられがちな記録・記憶を補完する可能性もあるのではないか。

実は、ミニメディアとしての映像実践は、映像の始まり、フィルムの時代から連綿と続けられてきた。この国に映画が輸入されてから30年も経たぬうち、1920年代から「小型映画」と呼ばれる匿名の個人による趣味的な映像制作が始められた。ミニメディアとしての映像も、マスメディアたる映画同様、その歴史を百年も遡ることができる。そして、この実践は、敗戦後の高度経済成長を通じてもたらされた経済的余裕と技術革新を背景として、「ホームムービー」や「ホームビデオ」として社会に普及していった。その延長に、今の私たちが撮影するスマートフォンの動画がある。そこには、大衆向けに調整されたマスメディアの映像からは抜け落ちがちな、一個人や一家族、そして一地域に生活する人たちのまなざしに基づく映像が記録されている。

東京・世田谷をベースに「穴アーカイブ」を企画制作するNPO法人「記録と表現とメディアのための組織 remo」メンバーの松本篤は、このプロジェクトを「市井の人々による記録に光をあて、想起すること、想像することの価値を再発見するアーカイブ・プロジェクト」と説明する。[註1] 地域に残されたミニメディアとしての映像を発掘し、そこに記録されたものを対話と想像力を以て読解し、地域の歴史やそこに生きた人々を蘇らせ、共有すること。その上で、地域の過去と現在、そしてこれからを考えていくための映像アーカイブ。それにしても、なぜ「穴」なのか?

松本のプロジェクト内容から筆者なりに整理すると、「穴」には3つの意義がある。まず駄洒落であり、「an archive」という英語表記の不定冠詞とアーカイブの頭文字を「ana」と読んでいる。次に不定冠詞は、このアーカイブが匿名のものであること、製作会社名や監督名、俳優名などの固有名が明記されたマスメディアとしての映像ではなく、匿名の個人によって制作されたミニメディアとしての映像に焦点を当てることを示唆する。そして、3つ目の穴。このミニメディアとしての映像たち、古いものでは百年近くを経た映像たち、そこに映された人々は多くが死者である。彼らは、この映像という記録を通じて、今の人々の眼前に蘇り、記憶されていく。その点では、この映像自体が、死者へと通ずる穴となる。「メディア」とは、古代ギリシアでは、死者や神々を生者と媒介する巫女を指した。その始まりから、メディアは異界への穴だった。穴アーカイブは、その穴を掘り、解き放ち、地域の記憶を重層化する、または、地域へと、この三重の穴を穿つ。

図1　AHA!〔Archive for Human Activities/人類の営みのためのアーカイブ〕『はな子のいる風景──イメージを（ひっ）くりかえす』武蔵野市立吉祥寺美術館、2017年

概要　世田谷の穴アーカイブ―その具体的な軌跡

松本は、「文房具としての映像」をキーワードに21世紀のメディアのあり方を追求する「remo」に2003年から参加し、2005年からは記録と記憶の潜在的な価値を探求するアーカイブ・プロジェ

クト「AHA!」を始動。2017年には、前年2016年に亡くなった井の頭動物園の象のはな子をめぐって、彼女を撮影した、または彼女とともに撮影された写真を広く公募し、写真提供者へのアンケートやはな子の飼育係員が記した日記などを含めて、はな子と彼女をめぐる人々の記録から、個人や家族、井の頭周辺の地域、そしてこの国の敗戦後の記憶を辿り直す書籍『はな子のいる風景――イメージを（ひっ）くりかえす』を出版した（図1）。メディアを、過去と現在を往還する記録として、またその読解や誤読を通じて人々が記憶を形成していく媒体として捉える松本にとって、過去の匿名の人々が撮影したフィルムの発掘が、魅惑を放ったことは想像に難くない。

　2015年5月から始まった穴アーカイブは、収集・公開・保存・活用の4段階を基本プロセスとして循環していくプロジェクトである。以下、収集、保存、そして公開と活用を比較検討するかたちでプロジェクトの詳細を解説する。

　まず収集に当たっては、本プロジェクトのプレゼンテーションを含むキックオフイベントを開催するとともに、フィルム収集のためのチラシを配布し、フィルム提供を公募した（図2）。そして、提供者から連絡があり次第、ベースである世田谷区の文化施

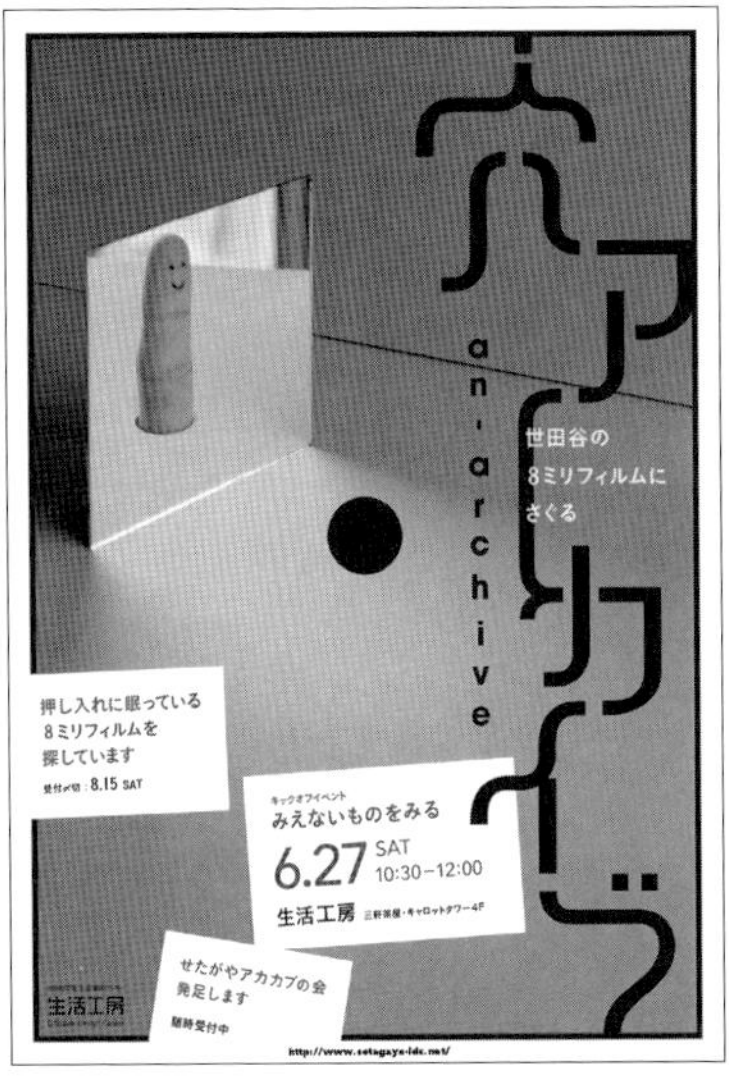

図2　フィルム提供公募の際のチラシ

設「生活工房」または提供者の自宅を会場として、関係者のみの試写会および調査を行った。松本によれば、こうしたフィルムは、映写機が一般家庭に殆ど残されていないため、数十年以上も上映されていない場合が多く、試写会では集まった親族から驚きと喜びの声が上がるという。結果として、初年度だけでも15人の提供者から合計16時間ほどのフィルムが集まった。その内容も、今はなくなってしまったお店や路面電車、余暇を楽しむ人々の様子や家族旅行の記録、戦時中のラジオ体操や飼っていた軍用犬の訓練風景など、まさに多様性に溢れていた。こうして収集されたフィルムの基本情報は、各映像の「カルテ」としてまとめられていく(図3)。

次に保存に当たっては、フィルムのままでは上映および収蔵が難しいため、特に地域の人々にとって馴染み深いと思われる映像を選別し、デジタル化した。そしてデジタル化された映像を基に、大学生などのサポートメンバーが中心となり、映像に関する調査を行った。基本的に、調査の観点は2点であり、撮影された場所を当時と現在の地図で確認すること、また撮影当時の社会状況を調べるため、主に新聞資料に当たることである。

そして公開は、年単位で開催される100名を超える大規模な「8ミリフィルム鑑賞会」を通じて、活用は、隔月ペースで開催される小規模の「せたがやアカカブの会」を通じて行われる(図4、5)。前者は、より多くの人に穴アーカイブを知ってもらうイベントであり、後者は、少人数で未公開の映像について吟味していくものである。また、どちらも提供者が在席している場合が多いが、松本によると、あまり声高に提供を主張したくない方も多いので、企画側から提供者の出欠を明示することはないそうだ。

このような配慮からもわかる通り、松本のオーガ

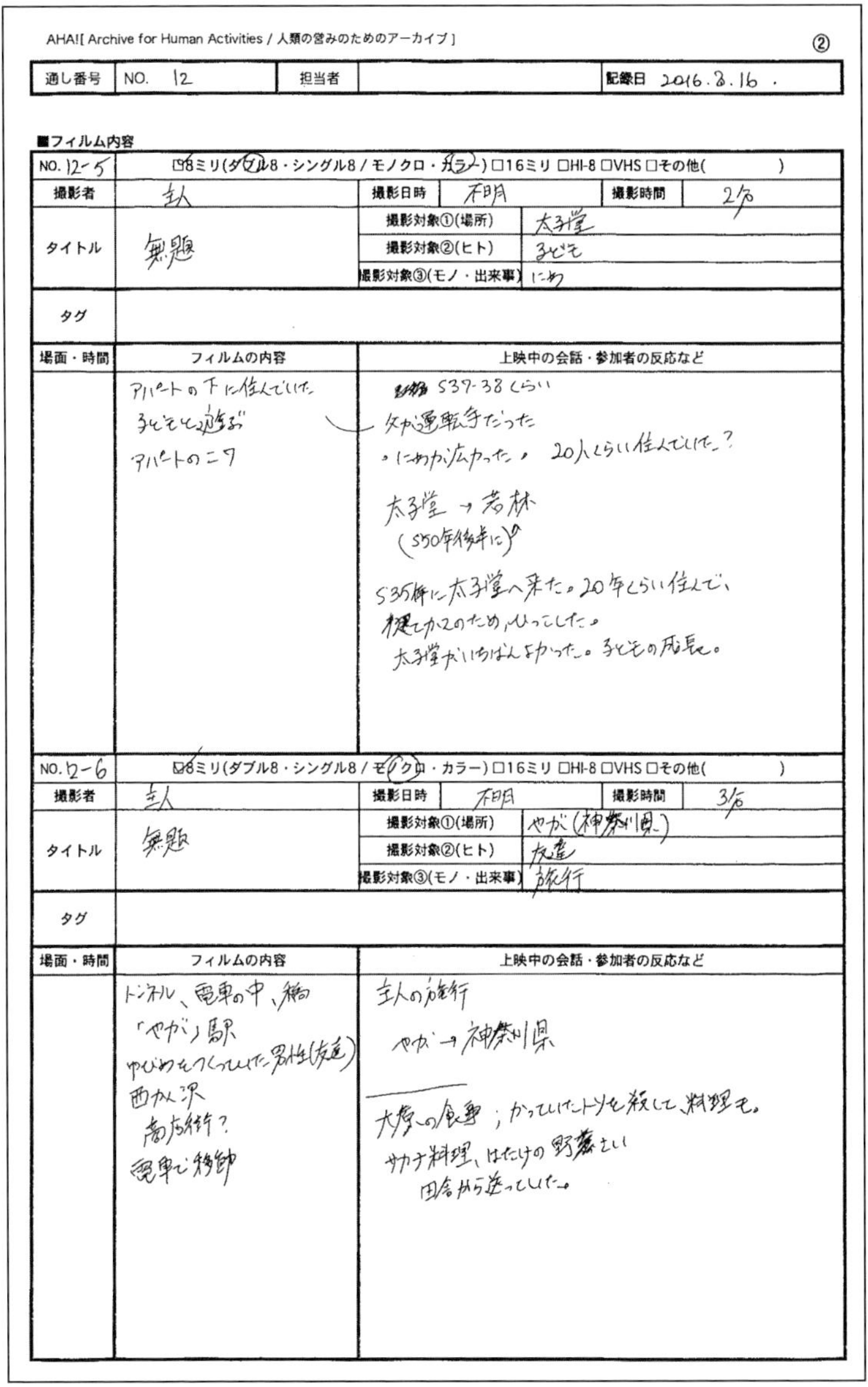

AHA![Archive for Human Activities / 人類の営みのためのアーカイブ]　②

通し番号	NO. 12	担当者		記録日 2016.8.16.

■フィルム内容

NO. 12-5	☑8ミリ(ダブル8・シングル8 / モノクロ・カラー) □16ミリ □HI-8 □VHS □その他(　　)				
撮影者	主人	撮影日時	不明	撮影時間	2分
タイトル	無題	撮影対象①(場所)	太子堂		
		撮影対象②(ヒト)	子ども		
		撮影対象③(モノ・出来事)	にわ		
タグ					

場面・時間	フィルムの内容	上映中の会話・参加者の反応など
	アパートの下に住んでいた 子どもと遊ぶ アパートのニワ	S37-38くらい 父が運転手だった ・にわが広かった。20人くらい住んでいた？ 太子堂 → 若林 （S50年後半に） S35年に太子堂へ来た。20年くらい住んで、 建てかえのため、ひっこした。 太子堂がいちばんよかった。子どもの成長。

NO. 12-6	☑8ミリ(ダブル8・シングル8 / モノクロ・カラー) □16ミリ □HI-8 □VHS □その他(　　)				
撮影者	主人	撮影日時	不明	撮影時間	3分
タイトル	無題	撮影対象①(場所)	やが（神奈川県）		
		撮影対象②(ヒト)	友達		
		撮影対象③(モノ・出来事)	旅行		
タグ					

場面・時間	フィルムの内容	上映中の会話・参加者の反応など
	トンネル、電車の中、橋 「やが」駅 ゆびわをつくっていた男性（友達） 西かん沢 商店街？ 電車で移動	主人の旅行 やが → 神奈川県 大家の食事；かっていたトリを殺して、料理も。 サカナ料理、はたけの野菜とい 田舎から送っていた。

図3　収集されたフィルムの撮影者や撮影場所、撮影内容を記録したカルテの一例

ナイズするイベントは、その場に集まった人たちが発言するのに任せるかたちで行われる。スタッフが調べた地図や新聞の情報は提供されるが、それ以上の介入はない。まっさらな状態で暗闇の中、映像に触れることが重視される。しかも当時は音声を同時録音する技術がなかったため、多くのフィルムは無音である。この聴覚的空虚が、映像と音声の併存と

図４「８ミリフィルム鑑賞会」のチラシ

図５「せたがやアカカブの会」実施中の様子

氾濫が当たり前の現代にあって、異様に感じられる。そして、その空虚を埋めるかのように、高齢の方たちの記憶が蘇り、また若い方たちの関心が湧き、対話が始まる。ロマンスカーに乗るのが憧れだったなあ、昔のベビーカーって曲がりにくそう、地域の餅つき大会、今もあったらいいのに、などなど。時には、米軍基地のアメリカ兵が映りこんでいる。1954年撮影の映像が、戦勝国による占領から独立してまだ2年しか経ていない当時の雰囲気を伝える。アメリカ兵はカッコよかったなあ！と発言する高齢の方、そういうものかと聞いている若い方、そして話は旧日本軍のこと、傷痍軍人のことに移り、50年代半ばには、もう傷痍軍人はいなかったという方、いや俺は見たよという方。幽霊の記憶は曖昧な靄をたゆたう。そのためだろう、イベントには、郷愁というよりも、いるかいないか定かでない不気味さが漂い、知られざる過去への探求心が刺激される。鑑賞する映像の長さは、時間の都合上10分に満たない。しかし、幽霊たちに誘われて、生者たちがこの短い映像をくり返し見つめ、話をしていくうちに、気づけば1時間が過ぎる。

プロジェクトは、近年新たな段階に至った。穴アーカイブは拡張し、提供者は約30人、集まったフィルムは200巻以上となった。2019年3月には、そのうち同意が得られたフィルム84巻、合計15時間が、インターネット上でのアーカイブ「世田谷クロニクル」(https://ana-chro.setagaya-ldc.net/) として公開されることになった（図6）。閲覧者は、製作年順に配置された84巻の映像のサムネイルをクリックすることで、自由に映像を鑑賞できる他、フェイスブックでシェアしたりツイッター上で感想を書きこんだりすることが可能であり、ここでも、閲覧者同士の対話が促進されるよう設計されている。そして、本アーカイブの活用とこれまで

図６　インターネット・アーカイブ「世田谷クロニクル」映像選択画面

の活動を総括する展覧会「世田谷クロニクル」（日時：2020年3月14日〜4月5日、会場：生活工房）も開催された。

こうして穴アーカイブは、インターネット上での公開アーカイブという新たな活用の段階に至ったが、公開・活用の形式も発展しつつある。上映イベントは、生活工房というベースを飛び出し、区内の小学校や介護施設でも企画され、さらには世田谷をも飛び出して、映像に記録された他の地域でも行われつつある。例えば1936年に撮影されたフィルム『あこがれの大島へ』には当時の大島を旅行した人たちの様子が記録されているが、「世田谷クロニクル」を通じて大島の人たちに知られるところとなり、現在、大島の郷土資料館での活用が検討されている。世田谷の記録と記憶は、全国規模のネットワークへと拡張しつつある。穴アーカイブは、特定の場所に保存されるものではなく、つねに収集・公開・保存・

活用を循環し、時空を超えて利活用されていくアーカイブとなった。それは将来的には、グローバルなネットワークを形成するだろう。世田谷で記録されてきた幽霊たちが、世界を飛び回る日も近いかもしれない。

やってみよう！

地域に残されたフィルムを活用するプロジェクト

松本は、類似のプロジェクト「Home-Moving! 風景と生活をめぐるアーカイブ」を水戸芸術館でも展開している。こちらでは、歴史に関心を持つ市民の方々と協働し、歴史的資料も含めたアーカイブを展開しているが、やはりフィルムも発掘される。穴アーカイブは、世田谷でしかできないわけではない。どこでも人の住まうところ、ミニメディアとしての映像実践は営まれてきたし、どの地域でもこうしたプロジェクトを展開することができるだろう。そこで、穴アーカイブを参考事例に、地域に残されたフィルムを活用したプロジェクトの流れをまとめておく。穴アーカイブでは、活動全体を、①収集・②公開・③保存・④活用の4ステップに分けているので、以下、ステップごとに説明する。

①収集

地域に眠ったフィルムの提供を呼びかけ、フィルムを集める。穴アーカイブでは、フィルム提供者とプロジェクト関係者とが、当該フィルムを一緒に鑑賞するプロセスを踏む。ここで、きちんと提供者との人間関係が構築されていることが、その後のプロジェクトの円滑な運営に寄与する。

②公開

提供いただいたフィルムを地域の方々に公開する。穴アーカイブでは、100人ほどの聴衆に対して「8ミリフィルム鑑賞会」が開催される。イベントの設計では、映像を鑑賞したあと、聴衆をグループ分けして各グループで感想を共有するなど、対話が重視される。

③ 保存

提供されたフィルムをデジタル化し、アーカイブに保存していく。プロジェクト全体で見られるが、この段階でもスタッフとして大学生など若い世代が参加し、フィルムを提供する年長者へのインタビューを通じてフィルムの撮影者や撮影場所などについて情報収集し、その情報を基にアーカイブ化を進める。こうして若い世代がプロジェクトに関与することで、世代間の交流や記憶の継承も行われる。また提供されたフィルムは、前述の通り、提供者も映写できず未見の場合が多い。そのため、高齢であろうと若年であろうと、見たこともない映像を相手にしている点では対等である。この対等性に基づいて、高齢の方たちと若い方たちとが協同できる土壌が生まれる。

④ 活用

映像を少数の参加者とともに詳細に鑑賞し、対話を重視したイベントを行う。穴アーカイブでは「せたがやアカカブの会」として定期開催されている。②公開の段階についても指摘できることだが、穴アーカイブの独自な点は、映像をめぐる対話に重点を置くこと、そして、できる限り対話を遮らず、その赴くままに任せることである。過去に個人制作されたフィルムの収集は他の地域でも類似のプロジェクトがあるが、[註2] 穴アーカイブは、圧倒的な収蔵フィルム巻数を誇るだけでなく、この対話の点で独自性がある。映像の内容には地域差があるが、前述のように多様であり、今とは異なる過去の地域とそこで生きる人々をありありと記録している。その鑑賞を通じて、高齢の方たちは過去への郷愁から、若い方たちは現在からみた過去の新奇さから、自然と対話が始まっていく。さらにフィルムの内容は、地域レベルの記録だけでなく国家レベルの記録も含む。東京オリンピックの様子や米軍基地のアメリカ兵たち、そして戦時中の出征兵士たち。地域の記憶と国家の記憶が連関し、生きて死んでいった人たちの幽霊が蘇る。このように、映像と蘇る幽霊たちが対話を導くのに任せることで、過去の記憶を基盤とした生者たちの緩やかなコミュニティが生成し、地域の歴史から今とこれからを考える視座が育まれる。

どんな素が出たか？ 地域の歴史を自分の体験へ

地域には歴史がある。その積み重ねで今の地域がある。まちづくりでもアートでも、ある地域を舞台とする場合、今生きている人たちだけを相手にしてしまっては、その地域における過去の積層へと根差すものとはなりにくいだろう。その点で、ミニメディアとしての映像記録の活用は効果的だ。それは、今ここにいる私たちの身体に、歴史を、過去を、いびつさを伴った視聴覚体験としてもたらす。そして、メディアの原義通り、過去から今へと幽霊たちを、いるかいないか、連続か断絶か、それらの混淆としての存在を、蘇らせる。幽霊たちとともにいることができたら、それは歴史をわが身として経験できたことと考えてよさそうだ。そのための手法は、時間はかかっても案外シンプルであることを、穴アーカイブは教えてくれる。色んな人とじっくり映像を見て話すこと、それだけだった。

（角尾宣信）

註釈

註１：以下の穴アーカイブ公式サイトより：
https://www.setagaya-ldc.net/program/444/
（最終閲覧：２０２０年４月19日）

註２：墨田区：http://www.sumi8.com/
台東区：https://www.city.taito.lg.jp/smph/index/kurashi/gakushu/shogaikakusyujigyo/archive/sakuhin.htmlなどがある。最終閲覧：同前。

※本稿執筆に当たっては、ｒｅｍｏ・松本篤さま、生活工房・佐藤史治さまに、様々なかたちでご協力いただきました。ここに謝意を記します。

19

サンセルフホテル

団地の一室がホテルに、住民がホテルマンに、本気のごっこ遊び

概要　団地ホテルづくり ≒ ドラマティックなワークショップ?

「サンセルフホテル」は、茨城県取手市にある、2166戸・約3000人が暮らす取手井野団地（3章事例15参照）を舞台に2012年9月から2017年5月の約5年にかけておこなわれた、美術家・北澤潤と取手アートプロジェクト（TAP）、そしてホテルマンたちによるアートプロジェクトだ。

このホテルの特徴は大きく2つある。一つは、宿泊中に使う電気をゲストが太陽の光を集めて自らつくること。そしてもう一つは、ホテルマンを地域内外、老若男女様々な住民たちが務めることである。このホテルは、ゲストが訪れる春と秋の2回だけ、団地に現れた。ゲストはウェブサイトを通じて広く公募され、回ごとに異なるドラマが繰り広げられた。普段はごく普通の、均一な窓が並ぶ団地を、あるいは

図1　ゲストのチェックインを待つホテルマンたち

そこに暮らす人々の意識を一変させてしまった、このホテルづくり活動を「ワークショップ」としての視点で捉えてみよう（図1）。

プロジェクトの始まり
1泊2日とそれまでの数ヶ月

２０１２年の秋にスタートしたプロジェクトの最初の活動は、このホテルの象徴でもある「太陽を集める」ための装置、「ソーラーワゴン」をみんなでつくるワークショップから始まった。この会はすなわち、「ホテルマン」募集の皮切りの会でもあった。興味を持つ団地の住人、自治会のメンバー、活動場所に通りかかった子どもたちなどとわいわいしながら、まだ誰もつくったことのないソーラーワゴンをつくる。製作にあたっては、藤野電力さん[註1]に設計・組み立てのアドバイスを貰いつつ、近くのホームセンターの常連になって車輪や台車のベース、塗料、電線、蓄電用のバッテリーなどなど……を手に入れ、ああでもないこうでもないと作業して完成したワゴン。これを活動のキックオフとして、その後ホテルづくりの活動が始まる（図2）。

活動スタートのあとは、週末の土曜日を活動日として、随時、一緒につくるひとを集めた。土日のお休みにお子さんを担当して活動拠点（後述）の前を歩いているお父さん、一人で団地をうろうろしている小学生。拠点のボランティアさんも幾人かがホテルマンとしての顔を持つようになった。

今でこそいろいろな建築がコンバージョンされてホテルになっているが、当時誰も「団地にホテルをつくる」ということがどんな活動なのか、具体的なイメージは持てていなかった。まずホテルを構成するものづくりの活動から始まった。団地の部屋は空っぽなので、まずは「カーテン」「ランプシェード」……どんな部屋にする？ 何が必要？ ルームサービスは？ アクティビティは？

未来のホテルマンたちが集まり、当初は手探りで始まったこの活動は、5年間でどんどん育った。団地内外から集まった、ホテルマンたちの試行錯誤と奮闘により、徐々にブラッシュアップされ、段々と仕組みができあがっていった。ほぼ完成形となった

図2　本番でのソーラーワゴンによる蓄電散歩の様子

～シーズンイン～

① 予約表（ゲストへのアンケート）を準備
↓
② WEBで予約受付開始
↓
③ 宿泊者決定会議…アンケートを見てどのゲストに泊まってもらうか選ぶ
↓
④ 約2ヶ月間 毎週末のホテルづくり活動
↓
⑤ 本番の1泊2日
↓
⑥ 思い出アルバムづくりとお届け

～オフシーズン～

図3 ホテルづくり活動の仕組み

ホテルづくり活動の仕組みは、図3の通りだ。

このフローのもと、ホテルは春の回と秋の回、最大で年2回ひらく。この頻度でしかひらかない理由は、いくつかある。

まず一つに、ゲストが泊まる時に使える電気は太陽光発電で溜めるので、エアコンを付けてしまうと一瞬で使い切ってしまう。だから、空調がなくても団地で快適に過ごせる時期のみひらく。そして、このホテルは勝手ながらお客様を堂々と選んでしまう。しかし、選んだからにはホテルマンたちは全力で、毎週土曜日2ヶ月間強ホテルづくりを行い、そのゲストを迎えるためだけに準備する。そういった意味で、年に2回しか現れない、期間限定のホテルとなった。

ホテルづくり活動は、当初はアーティストにより「参加型ワークショップ」として設計されていた。例えばランプシェードをつくろう、カーテンを染めよう、紙すきをしてうちわをつくろう、といったように。回を追うごと、ホテルマンたちにもノウハウが蓄積し、お部屋の基本形が決まったら、次回のゲストならではのしつらえを実現したくなる。その思いは、宇宙や世界旅行、といったようなテーマを決めてのお部屋づくりだったり、食材選びからこだわった食事のメニューづくりだったり、ホテルマンもゲストも一緒になって遊べてしまうようなアクティビティづくりだったりした。

図4 （上左）ルームサービスの紹介 ／（上右）ウェルカムスイーツいのようかん ／（下左）夜の太陽まつり ／（下右）お部屋の様子

そしてホテルは、ゲストが団地に泊まる夜だけ広場の夜空にうかぶ「夜の手づくり太陽」を、ゲストやホテルマンだけでなく、その少し周辺の立場でホテルを応援したり眺めたりしてくれている地域の人びとと楽しむものにしたくて、「夜の太陽まつり」を行い始めた。ビール片手に集まる自治会の皆さんや、お孫さん連れで太陽を眺めに来てくれたご家族と、ゲスト、ホテルマンが一緒にひと時を過ごす（図4）。

ホテルマンの主要な役割

- ルームチーム：お部屋の設えを考える。スタート当初はリネン類への刺繍やカーテンづくり、家具づくりなどを進めていき、1回に2組を受け入れ始めて以降はそれぞれ部屋ごとにチームをつくり、担当するゲストのために部屋づくりを行った。
- コックチーム：おやつ・夜・朝・昼のメニューを考える。夜はホテルマンが一緒に食べたり、ゲス

図5　第８回ゲストとホテルマンたち

トとホテルマン数名だけで食べたり、ゲストごとに色々試みた。定番のウェルカムスイーツは団地をかたどった芋ようかんの「いのようかん」（井野団地なので）。

・夜の太陽まつりチーム：お祭りのコンテンツを考えて準備し、当日進行を担当。音楽演奏や合唱団によるコンサートもあれば、お手製スクリーンで団地の思い出上映会などを開催した回も。いつも太陽まつりオリジナルドリンクを用意して、来場者をもてなした。

・こどもチーム：未就学児〜小学生の数名がこどもチームとして、自分たちが担当するプログラムを考えた。ビンゴ、水鉄砲サバゲー、ゲストとホテルマンで楽しめるゲームなど。見守り役は高校生ホテルマンがよく務めた。彼らが自分の役割を立派に果たす姿にぐっとくる大人ホテルマンが多数。

・太陽部：太陽光での充電とお部屋の配線・蓄電池

の設定を全面ケアするとともに、夜の太陽まつりの太陽掲揚を担当する。4方向にそれぞれ太陽部のメンバーが立ちバランスを見ながらひっぱりあげるダイナミックな作業から、太陽部四天王と呼ばれたりも。

各ホテルマンは、これらのチームのうちどこかの役目を担当した。役割の数は人によってそれぞれ。その他、ルームサービスやホテルマンの名刺づくり、おみやげ班、まかない班などなど、参加したホテルマンの得意なことややってみたいことなどがその時々で役割として生まれ、任された（図5）。

背景　団地を舞台にした理由《アートのある団地》のはじまり

活動が行われている取手市の団地は、1960年代の高度経済成長期に都心で働く人の住宅として建設された旧公団住宅で、2166戸に1729世帯、約2800人が暮らす（2020年4月現在）。サンセルフホテルの活動が始まった2012年当初は約4000人が暮らす団地だった。JR常磐線の始発駅である取手駅からは徒歩圏。取手井野団地ができた翌年、その人口増に由来して取手は市制をひいた。その取手市も2020年で市制50周年を迎え、団地設立当初に30代の働き盛り・育児の只中に引っ越してきた世代は軒並み70代から80代となり高齢化率は市の他のエリアよりも濃縮して高い（2020年4月で51.1％）。その背景から、2011年の震災後、団地の空き店舗を活用して健康な高齢者を見守ることを目的とした拠点を設けることを取手市高齢福祉課が自治会と折衝を重ねていた。ただ同様に、自身の組織自体の高齢化に危機感を抱いていた団地自治会は、単独でその事業を受け止めることに難色を示していた。この時団地内に活動拠点を持っていたTAPが打合せに加わり、自治会・市との話し合いを経て、高齢者のためでもあるけれど、０歳から１００歳までがいられる場所として新しい拠点を共同で立ち上げることになった。２０１１年10月、取手井野団地自治会・取手地区民生委員・ＮＰＯ法人取手アートプロジェクトオフィスが運営する「いこいーの＋Tappino」が団地のショッピングセンターの一角にオープンする。

なぜこのキャストにＴＡＰが加わっていたかは、少しさかのぼってＴＡＰと団地との関わりを紐解く必要がある。ＴＡＰは１９９９年の発足以降、街なかでの現代美術の公募展と、地元作家のアトリエを訪問できるオープンスタジオを毎年交互に開催していた。２００８年は公募展の年にあたり、この時の会場が取手井野団地。団地を会場として選んだ理由は、それまで空き家や廃墟、遊休施設や河川敷など、常には人がいない場所で活動をしてきたＴＡＰが、まだ生きている場所で企画実施をしてみようというトライアルだった。２００８年の秋は、空き住戸に公募で選ばれた作家が滞在し、制作し、展覧会を実施する、というだけの団地との関係性だったのだが、翌年ＴＡＰは、展覧会でリノベーションした旧銀行出張所を事務所とすることになり、継続的な関わりがスタートした。ちょうどこの時期はＴＡＰの過渡期にあたり、[注2] ２００９年の取り組みを最後にＴＡＰはフェスティバル型の活動形態をやめ、通年で地域と継続的なプロジェクトを展開する活動へと形を変えた。その通年活動の軸の一つが、コアプログラム《アートのある団地》である。団地という人の生活が集積した場所で、かつ郊外の団地は、それぞれの部屋に住む人が異なるルーツを持つことがほとんどだ。世代も年齢も、出身も価値観も違う人びとが一つところに暮らす団地を社会の縮図として捉え、そこに常に芸術活動が有り続けたら、どんな風景が、コミュニティが、新しい価値観が生まれるのか。その社会実験として、TAPの《アートのある団地》は始まった。この活動において、TAPは一つだけルールを決めた。「不特定多数に向けてではなく、1人対1人でもいいから、必ず相手の顔が見える活動のみやる」こと。[註3] このルールを投げかけ、パートナーとなってくれるアーティストが決まった。そのひとりが北澤潤、そして生まれたプランが「サンセルフホテル」だった。

どんな素が出たか？ ホテルづくり活動が生み出したもの、日常に残ったもの

サンセルフホテル井野団地のホテルマンを構成する世代・属性は図6の通りだ。

彼らへの出会い方は、拠点での声がけや学区内への募集チラシ、偶然なスカウトなど様々だった。定着した40人程のメンバーに共通していえることはホテルを楽しむ人のみが残った、ということ。活動は総じて、TAPとアーティストチームが財務や広報といった活動の基礎を整えつつ、ホテルマン活動の時は極力フラットに、やる内容を決めるのはアーティストでもTAPでもなく、時間をかけて時に回り道

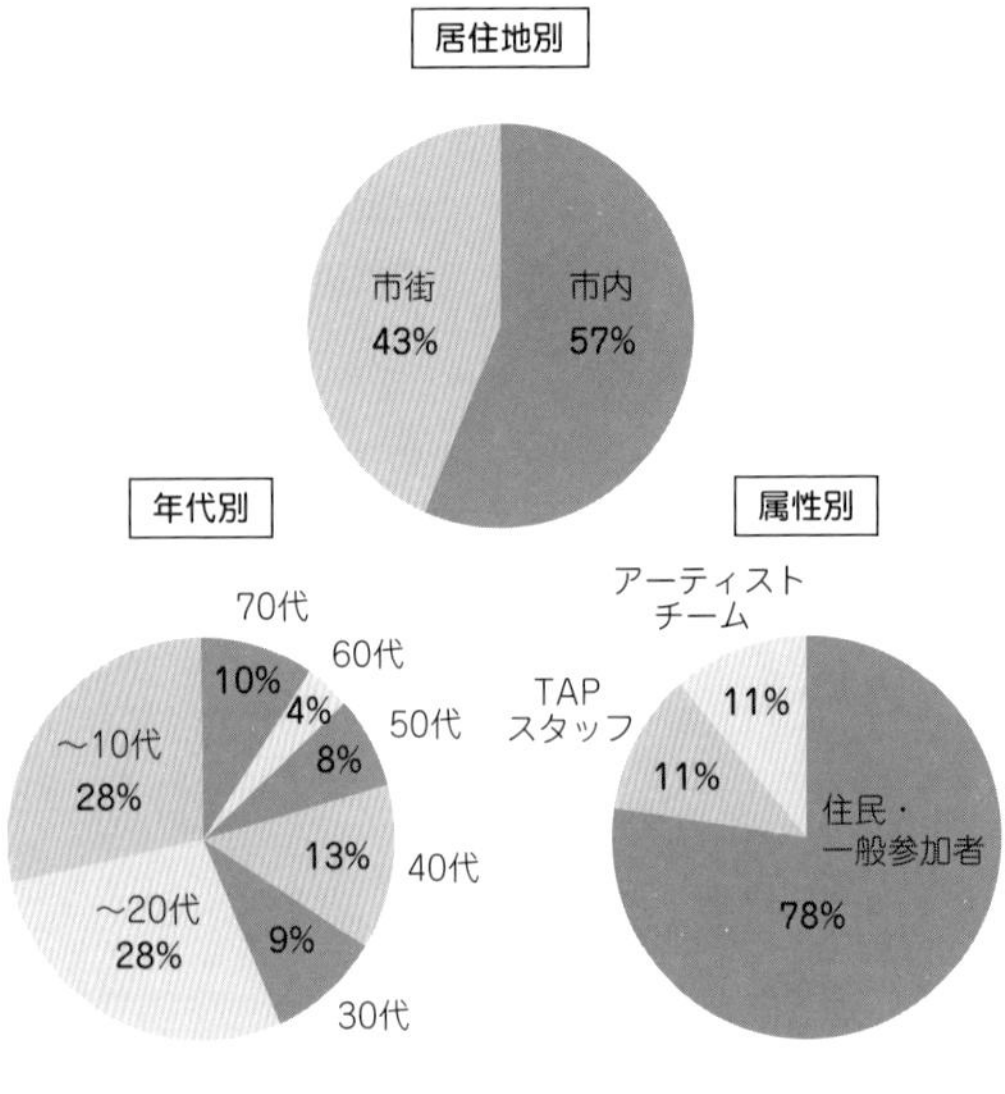

図6 2017年5月開催の第8回に参加したホテルマンの構成

をしつつ、ホテルマンの中で生まれた流れを活かすことに注力した。ホテルマンの中で、リーダー役を果たしてくれる人を見つけ、相談しつつホテルづくりは進んだ。

2012年9月のソーラーワゴンづくりから2017年5月の本番までの約5年間の活動は団地という生活の場所にどんな変化をもたらしたのだろうか。団地の入居率の上昇や、高齢化率の改善など、具体的な効果の証明はできないが、いくつかあるホテルマンのエピソードをご紹介したい。

こういう地域での活動には珍しく、サンセルフホテルでは高校生が3人、主力メンバーとして関わっていた。そのうちのひとりのMくんは、ある回から他のホテルマンの勧めでシェフチームの一員として参加するようになった。同じくシェフチームで奮闘する団地の主婦のHさんがMくんの指導役。何度目かのシェフチーム経験を経て、引っ込み思案だったMくんはゲストの前でメニューの解説もやりとげた。彼自身、もちろん誇らしげだったけれど、Hさんの方が喜んでいるように見えた（彼は高校卒業後、調理師学校に進学したらしいのだが、その後連絡がとれていない）。

自然とできた役割に、ホテルだけど、「女将」がある。夫を亡くしたあと身辺をコンパクトにしたい、と団地にお一人で越してきたKさんは、ボランティアとして拠点にかかわり始めたあとに、TAPのスタッフがホテルマンとしてスカウトした。最初のホテル本番、集合の時に、Kさんは素敵な着物で現れた。その瞬間に、女将になった。ホテルの女将さんは名物になって、毎回のゲストを愛情たっぷりに迎えた。おもてなしに対する姿勢も人一倍、厳しかった。ホテルが終わったあとに行ったホテルマンへのヒアリングでKさんは、「昔から、旅館の女将さんになってみたかったの」と聞かせてくれた。

そして、小学校2年生から参加して、ホテルの最終回の年には中学校1年生になったKくんのことを最後に紹介したい。Kくんはいつかのサンセルフホテルの活動日、一人で団地の拠点周辺にいたのを誰かが声をかけてホテルに誘った。最初は誰とも話さず、戦いの絵を拠点のすみっこで描いていたりしたけれど、いつしか彼は「Vマン」というキャラクターの連載を始めた。ホテルでのみ読めるこの「Vマン」シリーズはホテルマンみんなに愛され始めた。彼はだんだん、自分より年下のやんちゃなホテルマンたちを見守り、こどもホテルマンチームのお兄さん役を果たすようになった。Kくんの絵はホテルになくてはならないチャームポイントになり、毎回ゲストが帰る前のお土産屋さんで似顔絵を描くのが恒例になって、画伯と呼ばれるようになった。小学校5年生になった年、彼はホテルに来なくなってしまって、みんな思春期だから仕方ないのかと寂しさを感じていたけれど、最終回、中学生になった彼は友だちを連れてきた。最後の回を終えて、彼は「俺、高校生になったら、ホテルやるから」と打ち上げで言い残して帰っていった。それが実現するかどうかはともかくとして、彼がこの活動に友だちを連れてきたことが、何より嬉しい驚きだった。

「サンセルフホテル」をつくったもの

今ホテルはその姿を団地から消し、団地の日常は普段どおりに過ぎている。ただその風景の中に、夜の太陽やホテルマンの青い蝶ネクタイをつけた自分の姿を思い出す人びとはきっと少なくない。団地に暮らすホテルマンのHさんが評したのは、「自分たちの夢を叶えるホテル」。これはゲストにとってだけではなくて、どちらかというとホテルマンの夢のことだ。ホテルという形を借りて、子どもはもちろん、いい年の大人も本気で遊ぶ「ごっこ遊び」だったから

図 7　ホテル外観。同じエリアの 2 住戸がゲストを受け入れる部屋となった（写真：伊藤友二）

図 8　K くんが描いたお部屋の入り口の V マン（写真：伊藤友二）

こそ、こんなにドラマティックだったのだろう。大人は踊らされていたのではなくて、自覚して踊っていたようだ。サンセルフホテルという仕組みは、おそらく参加したホテルマンにとって大小様々に、自分自身の好奇心がどこに向いて、どこで花開きたいと願っているのかを知り、それをやってみる場所になったのではないかと思う。各回、団地を訪れるホテルのゲストが具体的に自分たちの思いや活動を届ける先として定まることで、ホテルマンたちそれぞれの「これをつくりたい、これを一緒にしたい」が発露して、実現していく。なかなか自分が「これぞよし」と思うことを他人と共有する場は日常の近くにないけれど、このホテルは、全力で「素が出せる」仕組みとして機能したのかもしれない。そして様々な人々の私的な試みの成就が集まったからこそ、唯一無二の豊かな記憶になっているのではないか、と夜空に浮かぶ太陽を思う（図7、8）。（羽原康恵）

註釈

註1：相模原市緑区旧藤野町地区で活動する、自立分散型の自然エネルギーで地域の未来を考える活動。電気を自分でつくる・ためる・つかうことを体験する「ミニ太陽光発電システム」の組み立てワークショップなどを日本各地で実施。

註2：活動12年目を迎えた2009年の会期中、当時のコアメンバーだった渡辺好明氏（東京藝術大学教授・当時）が急逝したことから活動終了の気配も行政や藝大の中にはあったという。そのような中で、活動を担っていた市民ら有志が集まり、活動の継続とともに実施本部事務局のNPO法人化を決めた。

註3：複数年をかけて取り組むコアプログラムのテーマを考える時、TAPはこれまでに関わったアーティストたちと対話することをまず行った。このルールは、2006年の公募展でTAPに関わった野村誠とあーだ・こーだ・けーだ（ACD）というプロジェクトチームとの対話の中から出てきたもの。

※本稿執筆にあたり、アーティスト北澤潤を含むサンセルフホテルマン、取手井野団地および近隣にお住まいの皆さま、UR都市機構の歴代ご担当者さま、ダンチ・イノベーターズの皆さま、様々な形でこのプロジェクトの実現を支えてくださった皆さま、そして訪問いただいたゲストの皆さまに改めまして御礼申し上げます。

20

ラジオ下神白

被災者というレッテルでは括れない、
一人ひとりのエピソード

背景

一人ひとりの人となりが浮かび上がるメディアを

舞台は福島県いわき市の小名浜にある県営下神白《しもかじろ》団地。ここは、福島第一原発に近い4つの町――富岡町、大熊町、浪江町、双葉町――の住民が暮らしている復興公営住宅だ。団地は全6棟あって、県道15号線を隔てて南側に1―2号棟（富岡町出身者）、北側に集会場と3号棟（大熊町出身者）、4―5号棟（浪江町出身者）、6号棟（双葉町出身者）で構成されている。２０１５年２月に募集がスタートし約２００世帯が入居。居住者の大半は65歳以上で、うち40世帯は75歳以上の後期高齢者という現状。そして、時が経つにつれ、帰宅困難区域が少しずつ解除されてゆくことをきっかけに退去者も増え（かならずしも出身町に帰る人ばかりではないが）、２０２０年１月執筆時現在では約１６０世帯程度。

筆者がこの下神白団地に通うようになったきっかけは、ここの集会場で行われるコミュニティ活動にいわき市内のアートNPOが関わっていたことだ。これまでも美術家が住民と屋台をつくってお祭りを企画するなど、アート活動を住民交流のきっかけにしようと奮闘してきた経緯があった。そこで、当NPOのコーディネーターから「団地に通って何かプロジェクトをやってもらえないか」と依頼されたのが2016年11月のことだった。当NPOは2011年から芸術文化による被災地支援事業を展開している東京都と、地元自治体である福島県やいわき市と連携しながら、こういった事業を継続してきた。筆者が初めて現場に行ったのは2016年12月。それからこれまで3年数ヶ月ほど毎月2日間程度のペースで滞在している。

まず集会場に通い出して感じたことは、ここに来ている住民の顔ぶれが固定化し、ある意味でコミュニティができ上がっているということだった。加えて玄関を入って手前と奥に2つ部屋があるが、手前部屋が浪江、奥部屋が富岡の方々を中心に大熊と双葉の方々と、絶妙にコミュニティがわかれているという問題もみられた。ならば、これまで集会場に来ない(あるいは何かしらの事情で来られない)住民が新たに交流する、また違うまちの人たちがお互いのことを知り得るきっかけとなる「メディア」をつくれないかと考えた。集会場に出て来ることのハードルが高いのなら、直接訪れなくとも何かしら住民一人ひとりの「人となり」が浮かび上がってくる、そんなメディアをつくり、それを他の住民にも伝えられれば交流の一歩になるのではないか。そういった思いから、「ラジオ」というアイデアに行き着いた。

概要

ラジオ制作の流れ

「ラジオ下神白—あのときあのまちの音楽からい

まここへ―」と題された番組では、まず住民から出演者を集い、学生時代から就職、結婚、上京して故郷を離れたりまた戻って来たりといった様々なエピソードを、その当時の流行歌を聞きながら語っていただく。2017年2月に行った初めての収録からのプロセスを事例に、制作の流れを記そう。

①収録をする

出演してくださったのは浪江町ご出身、団地役員の60代のSご夫妻と70代のWさんのお三方。まずはざっくばらんに「まちの記憶」をインタビューする。少年少女時代、お連れ合いとの出会い、仕事でまちを離れた時のこと、お子さんとの思い出などなど。その都度「当時の馴染深い流行歌」をユーチューブなどで即席DJをしながら選曲し、「ああ!これ懐かしいね。この曲が流行っていたころは確かまだ高校生で……」といったように他の記憶につながっては、そこから別の選曲に移るプロセスを繰り返す。その流れの中に「震災」という出来事も折り混ぜられて、住民一人ひとりがこれまで確かにそこに居た「まち」と、現在住んでいるこの団地での日常が、音楽の力を借りながら地続きに物語られてゆくのだ。

②編集をする

1時間くらいの収録を想定していたとしても、実際には3時間も話が途切れず盛り上がることがある。それら会話の生々しさをできるだけ保持しながら一つひとつの番組コーナーを整理し、十数分ごとに編集をしてゆく。例えば、Sご夫妻の「結婚の馴れ初めコーナー」であれば、曲は渚ゆう子の『京都の恋』(1970)を聴きながら。子どもを連れて遊びに出かけた常磐ハワイアンセンターでの「家族の思い出コーナー」は、当時センターにコンサートに来ていた平山みきの『真夏の出来事』(1971)を聴きながら。それらのコーナーを「トラック」という形で完成させ、1枚のラジオCD『ラジオ下神

図1　CD「ラジオ下神白」第1集と第2集

白第一集―常磐ハワイアンセンターの思い出―』を完成させた（図1）。

③ メディアを選ぶ

ラジオなのにCDというメディアを選んだことには明確な理由がある。まず、この下神白団地は地形的にとても電波が拾いにくい。団地は全6棟もありエリアも広範で、電波を飛ばすには課題が多い。加えて、ご高齢の方が圧倒的に多いのでインターネットラジオという方法に対するハードルも高い。しかしそんなネガティブな理由だけではない。逆にもしラジオとしてしっかり送受信できていたとすれば、200世帯いる住民がそれぞれどんなお顔をしていて、どんな生活を送っているか直接知る機会が少なくなる。そこでメディアをCDという「現物」にすることで、これを届けにいく、つまり戸別訪問する「口実」ができるのだ。カセットテープがいいのかCDがいいのかといったメディアを選ぶ議論もある

図2　封筒やジャケットを手作業で制作する住民の方々

中で、住民数名にヒアリングしたところ、「CDラジカセなら家にある」「車でならCDは聞ける」「CDだったらテレビについているDVDのところでも聞ける」といったご意見を様々にいただき「ラジオCD」という不思議なメディアに行き着いたのだ。

④パッケージを制作する

次にジャケットや封筒づくりに着手。地元のデザイナーの手を借りつつも、我々スタッフだけで完成させるのではなく、手作業を施す「余白」をたくさんつくった。住民に呼びかけ集会場に集ってもらって、みんなで山折り、谷折り、はさみを使い、糊を塗り、ロゴスタンプを押す。その分、つくる人の癖や個性も出て、どれ一つとして同じ封筒にならず手づくり感が醸し出される。その封筒にCDとリクエストカードを1枚1枚丁寧に封入してパッケージは完了。このように住民さんが作業に関われる「余白」を残したのも、CDという「現物」にこだわったからこそ生まれた発想だった。作業BGMはもちろん完成したラジオ番組だ。真剣にはさみを使いながらも「おお、これSさんの声か?」「おお、Wさんがリクエストした山本リンダ、懐かしいなぁ!」などと感想が自然と漏れるのは、嬉しい光景だ(図2)。

制作後の動き

そして、全戸個別訪問での配布を通じて、普段、集会場に来られない人たちにもアクセスできるような機会づくりを試みる。しかしインターフォン越しに突然「ラジオCDをお持ちしました」と言われても最初はかなり怪しいだろう。よって警戒されないように「役員の○○さんたちと一緒につくっている」「集会場で活動している」などと一言添えて「怪しい業者じゃないアピール」をする。そうしてドアを開けて出てきてくださった住民に趣旨を説明し、中身もみせて「よかったらぜひリクエストをくださいね」とコミュニケーションをする。こうやって足を使って訪問している中でやはり嬉しいのは「番組聴いたよ!面白かった」という感想を直接いただけることや、元大工の住民の協力を得て集会場の入り口に設えた黄色い専用ポストにリクエストカードが返ってくることだ。受け取ったリクエストカードをもとに、「その人のためだけのラジオCD」をこしらえ、再び家を訪ねる。またリクエストだけをまとめた「リクエスト総集編」を制作する。このようにして、「別の誰か」のリクエストと記憶のエピソードを受け取った住民が、「そういえば私もあんなことあったな」「私の場合(まちや時代)ではこうだったわ」などと、次の想起や語りへとゆるやかにつないでいくことをやり続けている(図3)。

ちなみに執筆現在まで、ラジオCDは第6集までリリースしている。第1集「常磐ハワイアンセンターの思い出」に続いて、第2集は大熊町、富岡町、双

図3 「ラジオ下神白」の戸別配布の様子

葉町出身者計3組が出演した「あの頃の仕事　家族の風景」、第3集はこれまでリクエストいただいた楽曲をまとめた2枚組「リクエスト総集編」、第4集は浪江町出身の元漁師と下神白団地の向かいにある永崎団地（ここはいわき市内で津波の被害にあった人たちを主な対象とした、いわき市営の復興公営住宅）で同じく元漁師の男性2名を取り上げた「海の上で捕まえたあの風景」、そして第5集は下神白団地での生活を終え、出身町や別の町に転居した2組のご夫婦のその後を追って、現在の団地住民との縁をつなぎ止めることを意図した「変化と連なり　さよならのかわりに」。第6集は被災前からとりわけ歌うことに親しんできた大熊町と浪江町と双葉町の3組が出演した「歌とともにある人生」だ。

エピソードの紹介

住民のみなさんそれぞれがとても大切な出会いな

のだが、とりわけ大きな存在が、4号棟在住で浪江町出身 御年95歳（執筆時）のTさんだ。出会いは、第1集「常磐ハワイアンセンターの思い出」戸別配布時の2017年6月。廊下に出てお隣の住民と立ち話をしていたTさんに「ラジオCD、受け取ってもらえませんか？」とお声かけしたところ、「いやいや、機械もないからいいよ」と断られた。「せめてジャケットだけでも」とお渡ししたら、その数日後にジャケットに挟んであったリクエストカードを投函してくださったのだ（図4）。

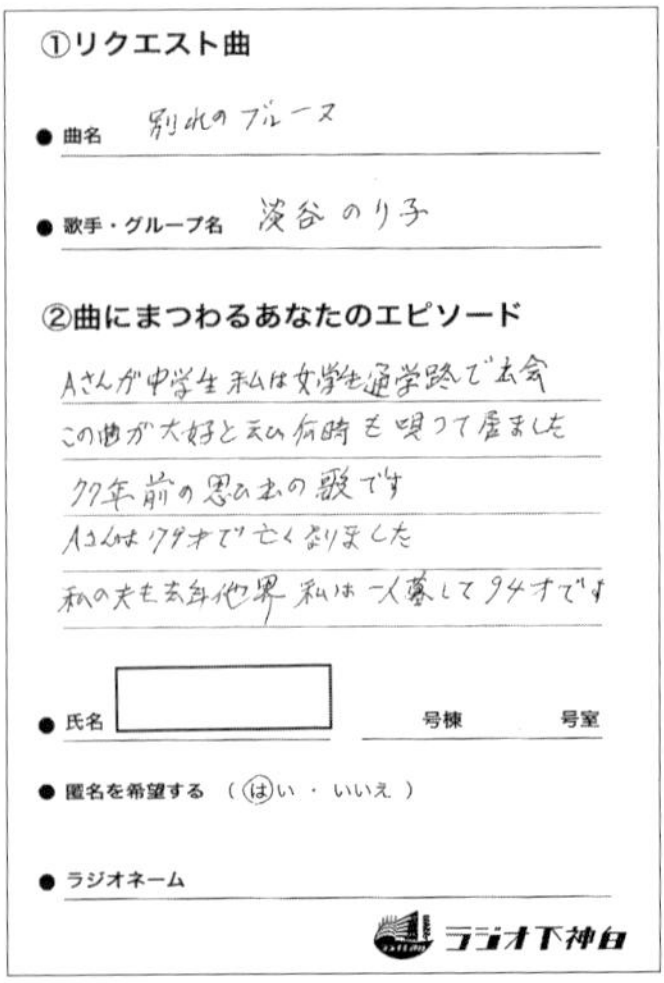
①リクエスト曲
● 曲名　別れのブルース
● 歌手・グループ名　淡谷のり子
②曲にまつわるあなたのエピソード
Aさんが中学生 私は女学生通学路で出会
この曲が大好と云ひ何時も唄って居ました
77年前の思ひ出の歌です
Aさんは79才で亡くなりました
私の夫も去年他界 私は一人暮して94才です
● 氏名　　号棟　号室
● 匿名を希望する（はい・いいえ）
● ラジオネーム
ラジオ下神白

図4　Tさんが最初に投函してくださったリクエストカード

早速Tさん限定のラジオCDを制作し、お手紙を添えて郵便受けに投函すると、今度は「団地にはいつおいでになっていますか？ ぜひお逢いしたくお待ちしております」という丁寧なお手紙をいただいた。いよいよラジカセを持参して毎月のTさん宅通いが始まった。Tさんが必ず見せてくださるものに1枚のモノクロ写真がある。それが淡谷のり子『別れのブルース』（1937）のエピソードに出てきたAさん含む女学生時代の仲良し3人グループの写真だ。喧嘩したことも、お互いの家族の付き合いのことも、戦争が終わってからの行く末も、「ぜぇーんぶ思い出すんだ」「みんな死んでしまった。私だけしわくちゃになって」と、ラジカセから流れる曲と同期しながら、泣き顔とも笑顔ともとれる表情で語られる。そして『別れのブルース』に続いて、霧島昇とミスコロムビアの『旅の夜風』（1938）、塩まさるの『母子船頭唄』（1938）、三浦洸一の『踊り子』（1957）など、リクエストはどんどん増えていった。

どんな素が出たか？　考察その1：「被災者」では括りきれない「私」という存在

Tさんとは基本的には毎度同じ話をする。しかしいつも微妙に違う。同じ女学生仲良し3人組のエピソードのように聞こえて「その話は今回初めて聞いた」という新しいトピックが必ずある。そして時としてこちらも驚くほどに感情があらわになる瞬間がある。戦後に嫁入りをして姑さんや舅さんや小姑さんなど、そういった関係性の中で自分がいかに大変な思いをしたかという話になる際、当時に戻ったかのように険しい顔になり感情が吐き出される。ただその大変な状況でも常に実家のお兄さんが「大変な思いをさせて悪かったな」と労ってくれたことや、そのお兄さんがいつもハーモニカを演奏してくれたことなどを語り、聞けば聞くほど話は仔細にわたっていった。ラジオCDを一つのきっかけにして記憶に向き合われてきたTさんとの対話は、時にそんな感情の揺れにも付き合うことになるが、実はあまり「震災」の話は出て来ないことは興味深い。無論出てくることもあるが、気づけば話は女学生時代の楽しい思い出や嫁入り後の厳しい生活の話題に戻ってゆく。それはどうも震災の話を意図的に避けている風でもなく、自然とそういう会話の流れになっていっているようだ。しかし冷静に考えればそれもそうかもしれない。何せ95年生きてらっしゃって、80代後半で震災を体験されている状況だと、その「80半ばぐらいまでの人生の厚み」の方により焦点が当たっていく方がむしろ自然なのではないか。「ラジオ下神白」は震災をきっかけにした取り組みではあるが、その出会いのきっかけを足場にしてより深く、その人がそもそも長らく歩んできたこれまでの人生の延長線上でどう「あの日」を迎えてしまったのかという、多様な背景に近づいてゆくために「(当時の馴染深い)音楽」をそっと置く取り組みなのである。ただ単に「あの日、何がありましたか?」と取材するよりは、音楽といった一人ひとりが持つ「感性」から入ることができる手立てで、思いも寄らない話に分岐し、発展していく点にこそ可能性を感じている。「被災者」という括りは、相手を一人ひとりの「個人」、確かに様々な人生を生きてきた「私」であるという大前提をどこかで忘れさせてくれる(忘れるように仕向ける)便利だが単純化しすぎるレッテルだ。そのレッテルは、被災したことは事実であっても、どういう人生を歩んできた人がその状況に遭遇してしまったかということを想像する「余白」を奪ってしまいかねない。その相手に対する想像の「余白」を担保することこそが、このプロジェクトにおいてとても大切なことだと、Tさんから学んだ(図5)。

どんな素が出たか? 考察その2:誰かのリクエストソングが別の誰かの記憶を支える

Tさんと交流を進める中、もう1曲重要な曲が浮かびあがった。それは藤山一郎の『青い山脈』(1949)だ。この『青い山脈』は富岡町出身で2号棟に住む90歳のYさんがリクエストしてくれた曲でもあった。ある時、TさんYさんのエピソードの紹介とともに流れるこの曲を聴きながら「Yさん〝の〟青い山脈、あれいいなぁ」と言うようになった。歌手の名前でなく、いつしかその曲をエピソードとともにリクエストしたYさん〝の〟「青い山脈」という言い方。微妙なニュアンスだが、筆者はその変化を聞き逃さなかった。そこには、ある誰かが、その別の誰か(この場合Yさん)にとって「私〝の〟」としか言いようのない極私的なエピソードに満ち溢れた

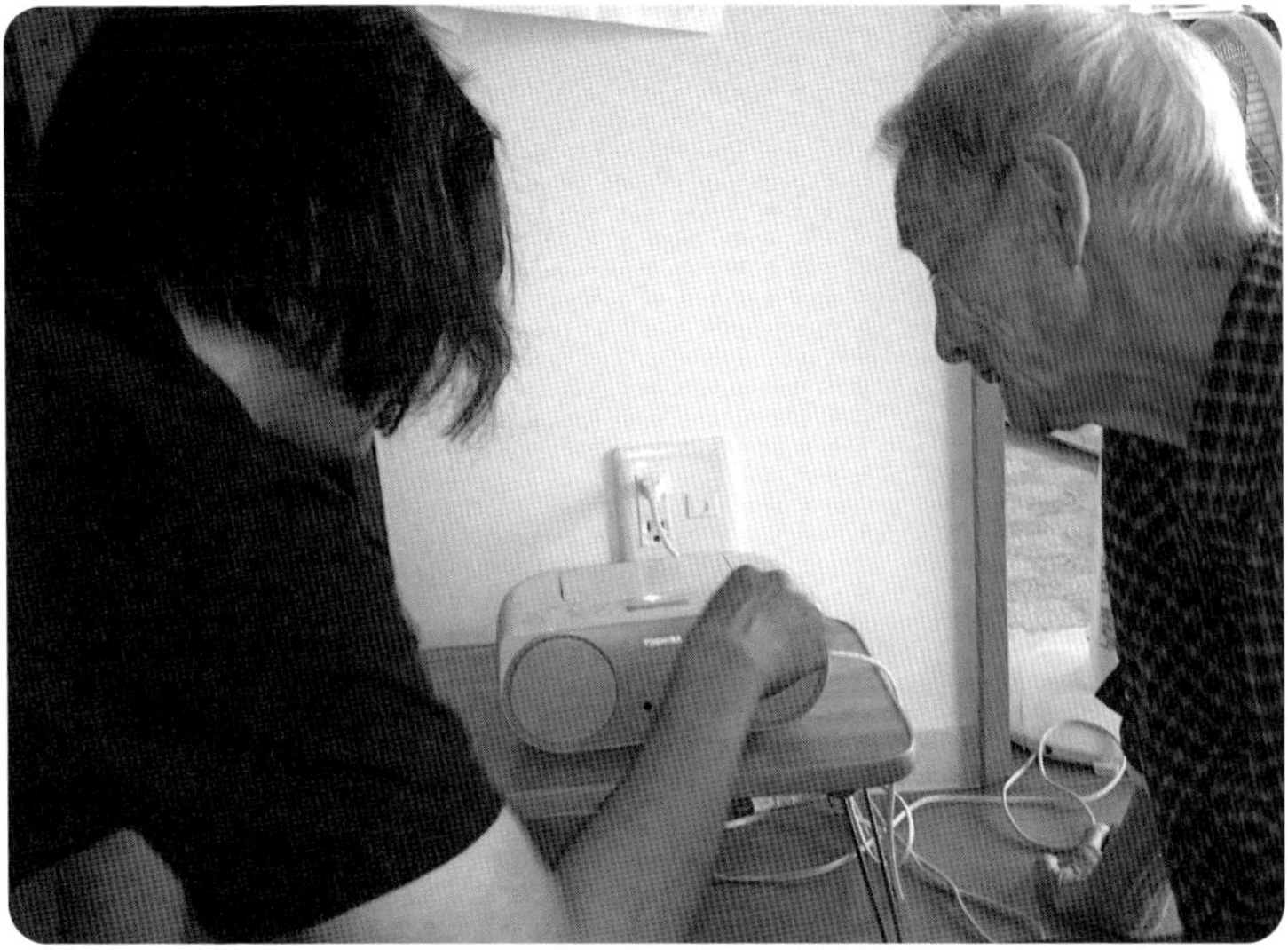

図5　Tさん宅でTさんと共にラジオCDを聴く

曲を受け取る時に、受け取ってしまった「私」（この場合Tさん）にとっての記憶も支えてもらえる、エンパワメントされるという美しいサイクルが存在する。こうして団地内にラジオをきっかけにした具体的なつながりが他でもたくさん増えていった。誰かの大切な記憶の曲が、別の誰かの記憶にも響いてその人を勇気づけ、そのことが小さなきっかけになって人と人とがつながってゆくことは、コミュニティの肥やしとしても何か大切なものを育んでくれている。ぜひ、音楽を始めとした「感性に訴える表現」を手掛かりにしたコミュニティづくりに関わる方々に、この事例の持つ可能性を生かしてもらえれば幸いだ。

（アサダワタル）

※本稿執筆にあたり、下神白団地住民の皆さん、プロジェクトチームである一般社団法人Tecoならびにアーツカウンシル東京はじめ関係各位に、この場を借りて感謝申し上げます。

21

憲法ボードゲーム

“もしもの世界”を想像することで、現実《いま》を知る

背景 憲法を守るのは誰？

「憲法は我々国民が守らなければいけないものである。◯か×か？」

初めて会った時に弁護士さんから出題されたクイズである。正解は×。この時の筆者は正解することができなかった。

さて、このプロジェクトが始まった経緯を紹介したい。

「憲法をテーマにしたボードゲームをつくれないか？」

元・目黒区議員のHさんからそんな相談を受けたことがきっかけだった。自分の勉強になると思ったので二つ返事で了承したところ、まずは明日の自由を守る若手弁護士の会（以下、「あすわか」と言う。）の弁護士の先生を紹介された。あすわかでは、既にカフェでお茶をしながら憲法について学ぶ・語り合う

〝憲法カフェ〟や、憲法をテーマにしたビンゴゲームの〝憲法ビンゴ〟などを制作しており、憲法の敷居を下げて広く伝えるための取り組みをしていた。

今回は憲法ビンゴに続く新たなツールの開発ということで、筆者と共同でボードゲームを制作することになった。ゲームデザインは筆者が担当し、憲法の条文の選定やその解釈についてはあすわかが担当するという形式である。憲法ビンゴは弁護士の力量や個性に頼るところが大きいので憲法ボードゲームはファシリテーター不要な形式を望まれていた。そのため、一般発売のゲームでテーマやメッセージが明確なものが目標となった。

もしも憲法がなかったら?を投げかける

既に〝ある〟ものの意義を可視化したい時にどうすればよいか。答えは簡単で「もしもなかったらどうなるか?」を考えればよい。これはありとあらゆるワークショップで活用できる思考法であり、今回はこの思考法でボードゲームを制作した。

憲法ボードゲームは〝憲法がなかった場合の日本〟を体験することにより、憲法の価値や効果を伝えることを目指している。なお、改憲・護憲問題もありデリケートなテーマであるため、ファンタジー要素を加え〝悪の魔法使い〟が憲法を消し去ってしまった日本〟を舞台とした(図1)。この憲法ボードゲームプロジェクトは政治的な主張があるわけではなく、あくまでも中立の立場で広く憲法を知ってもらうこと(知憲)が目的なのだ。

概要　みんなで勝つか、みんなで負けるか

ボードゲームと言えば何を想像するだろうか。こう問いかけると、タカラトミーの人生ゲームをイメージされる方が最も多い。次いで、オセロや将棋だろうか。これらは共通して対戦ゲームである。つ

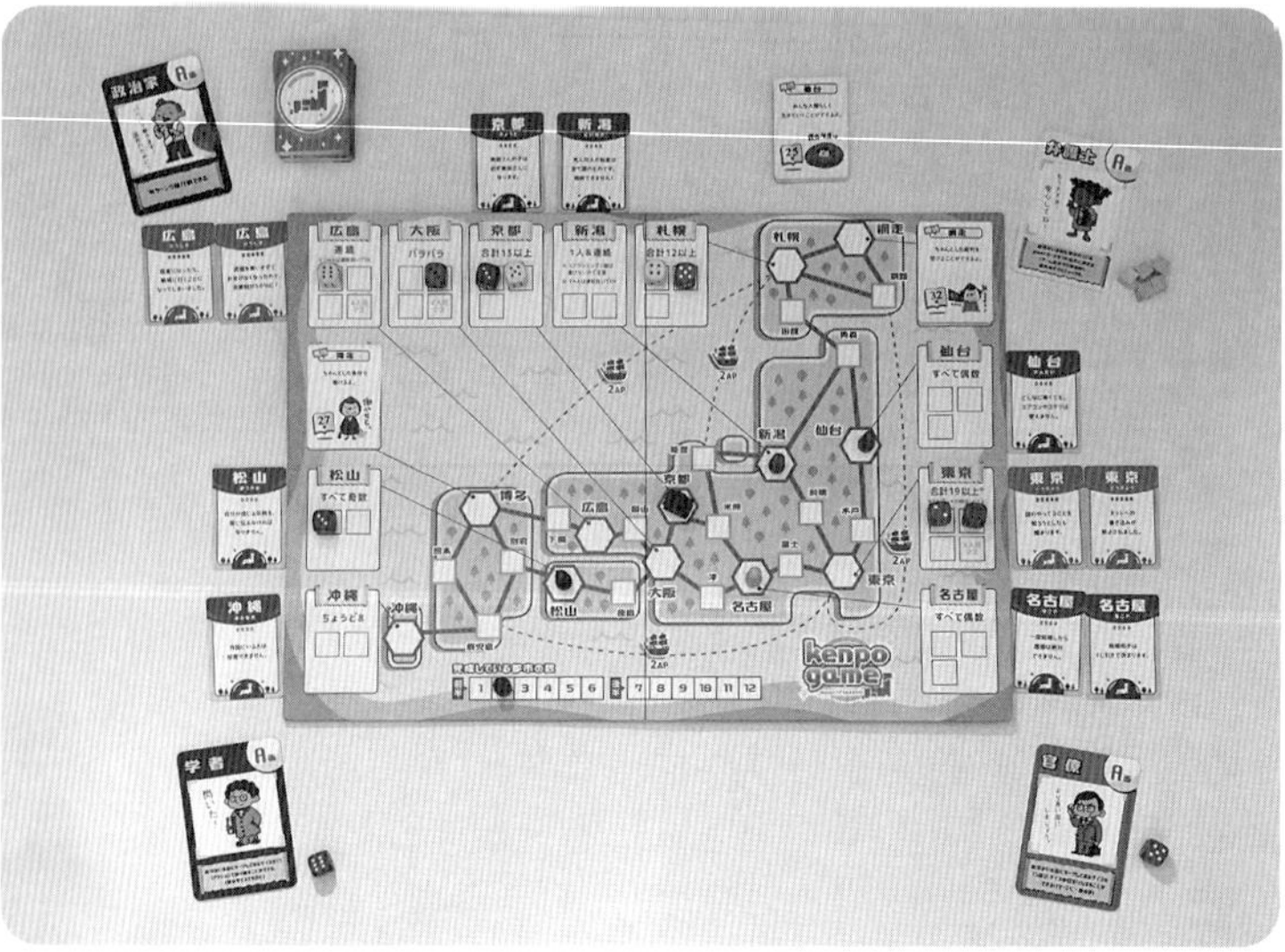

図1　憲法ボードゲームの全景

まり、テーブルについたプレイヤー同士で勝ち負けを決めるタイプのゲームである。対して、このゲームは協力型ゲームという形式をとった。その名前の通りプレイヤー同士が協力して勝ちを目指すタイプのゲームであり、欧米ではこのジャンルのボードゲームは珍しくない。憲法を知るというテーマから考えると、プレイヤー間で勝敗を付けるゲームよりもテーブルの全員で話し合いながら、勝ちを目指すゲームの方が相応しいと思いこの形式にした。

　このゲームの舞台は〝憲法がなくなった日本〟であるが、憲法がないことで様々な都市に様々な〝不幸〟が生じ市民に襲い掛かる。例えば、「テレビは一つのチャンネルしか見ることができません（東京）」「3才の時に受けたテストで人生のすべてが決まります（札幌）」「クリスマスは禁止です（松山）」のような荒唐無稽な不幸である。しかし、これらは憲法がないと我々の身に起こりうる内容なのだ。そん

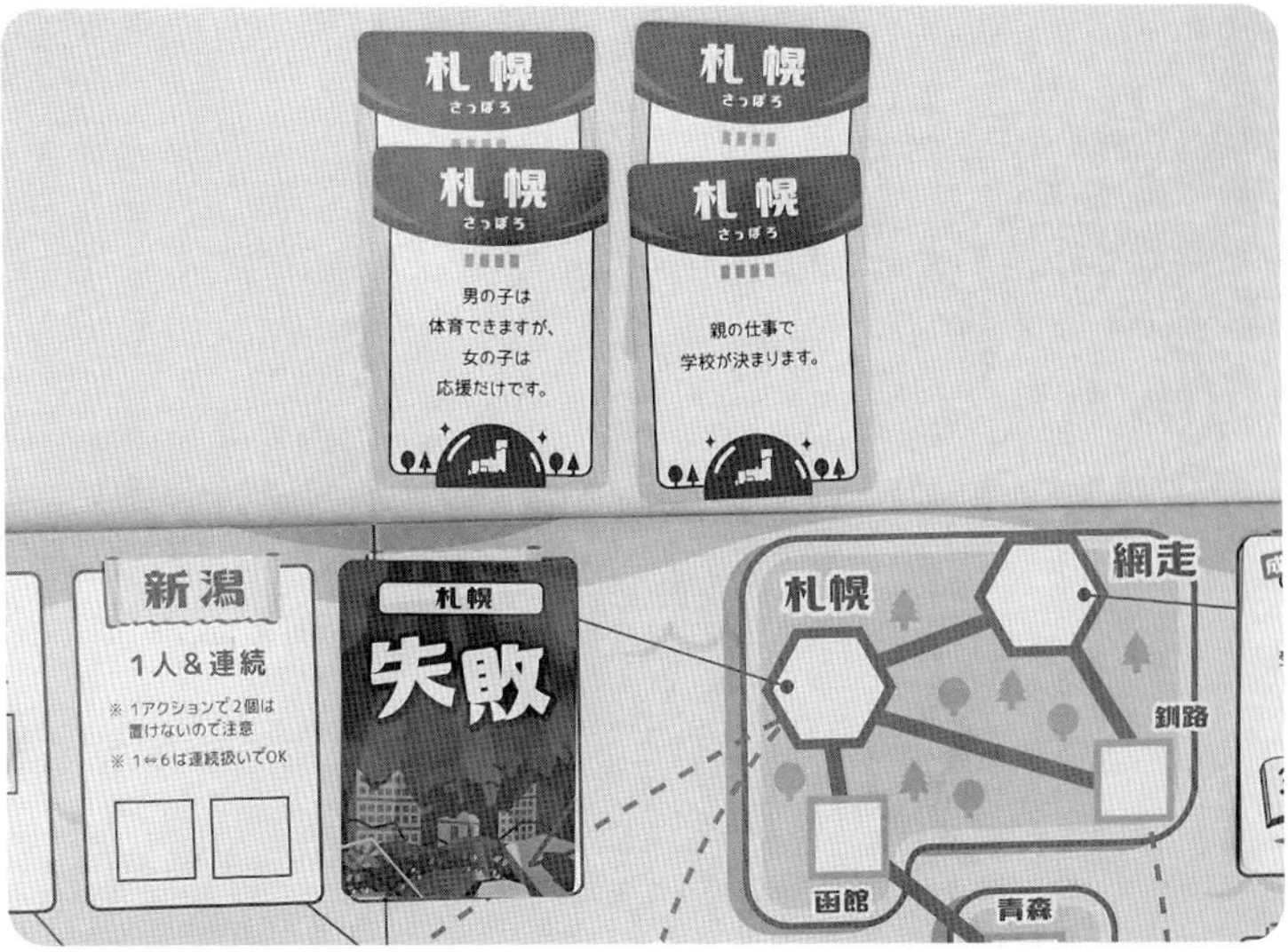

図2　不幸カードが集まると都市が滅びる例

な不幸が一定数集まると対象の都市が滅びてしまう（図2）。そうならないように、プレイヤーはみんなで協力して日本が滅びてしまう前に〝ｋｅｎｐｏバリア（後述）〟を張って人々を不幸から守る。それがゲームのゴールである。

ｋｅｎｐｏバリアと都市のアイデンティティ

さて、ｋｅｎｐｏバリアについて解説したい。このゲームには東京、大阪などの12の都市が存在するが、それぞれの都市に一つずつバリアを張ることを目指す。憲法がないことにより、市民が様々な不幸に襲われているため、バリアで市民を守るのだ。バリアは憲法のそれぞれの条文を表現しており、例えば東京のバリアは21条の「表現の自由」を、広島のバリアは9条の「平和主義」を示している（図3）。これらのバリアが張られることで消え去った憲法が該当する都市に復活し、その都市は不幸から守られ

図3　kenpo バリアの一例

るという設定だ。

ファンタジーの設定ではあるが、都市は現実に存在する都市である。子どもにも伝わるようなイメージで設定しており、例えば、13条は「個人を大切にする権利」なので個性が強そうな大阪にしよう、とか、24条は「婚姻の自由」なので立派な結婚式で有名な名古屋にしよう、などである。

異なる個性を理解し、協力し合う

プレイヤーは弁護士、官僚、政治家、ジャーナリスト、学者、エスパー（クラウドファンディング限定）という6種類のキャラクターから一つを選び担当する。キャラクターごとに個性があるので「このピンチはこのキャラクターならば解決できそう」という役割分担が生じ、プレイヤー同士の協力が自然と生まれる。何よりも「個人を大切に」は憲法の根幹なので、プレイヤーごとに異なる能力がある方が相応しいと考えた。

高まる一体感

ゲームは「プレイヤーが行動する」→「不幸カードの山札からランダムに一枚引く」→「対象の都市を不幸が襲う」→「次のプレイヤーが行動する」を繰り返していく。次々とプレイヤーに襲いかかってくる不幸。「札幌が危ない!」「広島も危ない!」「沖縄が滅びてしまう!」「札幌はバリアを張れた。これで札幌は安心だ」「次はどこに行く?」「ああ、京都も危ない!」「じゃあ僕は広島に行くから、あなたは京都に行ってくれ!」「沖縄も危ないけど放置でよいの?」 そんな会話が延々続く。常にみんなでハラハラドキドキ。バリアを張ればみんなで安堵し盛り上がる。体験会の様子を見ていると、初対面でも共通の目標があればこれだけ会話が弾むのかと何度も驚かされた。

また、バリアを張るためにはサイコロを振り条件をクリアする必要があるので、重要な場面で必要な目が出た時はテーブル全員から歓喜の声が上がる(図4)。チーム一丸となり勝利に向けて一体感が高まっていくのだ。ゲームを無事にクリアするとハイタッチをして勝因を語り合う。どのタイミングが危なかったか、そこで自分は何を考えたかなどゲーム終了後も会話が尽きることはない。

どんな素が出たか?

社会の矛盾を自分ごとにするボードゲーム

このゲームでは、例えば大阪のまちには次のような不幸が襲い掛かる。「アニマル柄の服しか着ちゃダメ」「髪型はリーゼントのみ」「着る服は国が決めます」 こんな馬鹿馬鹿しい不幸に対しプレイヤーは笑い合い、「大阪のおばちゃん、アニマル柄でも困らないんじゃないの!」 なんて冗談も飛び交う。みんな

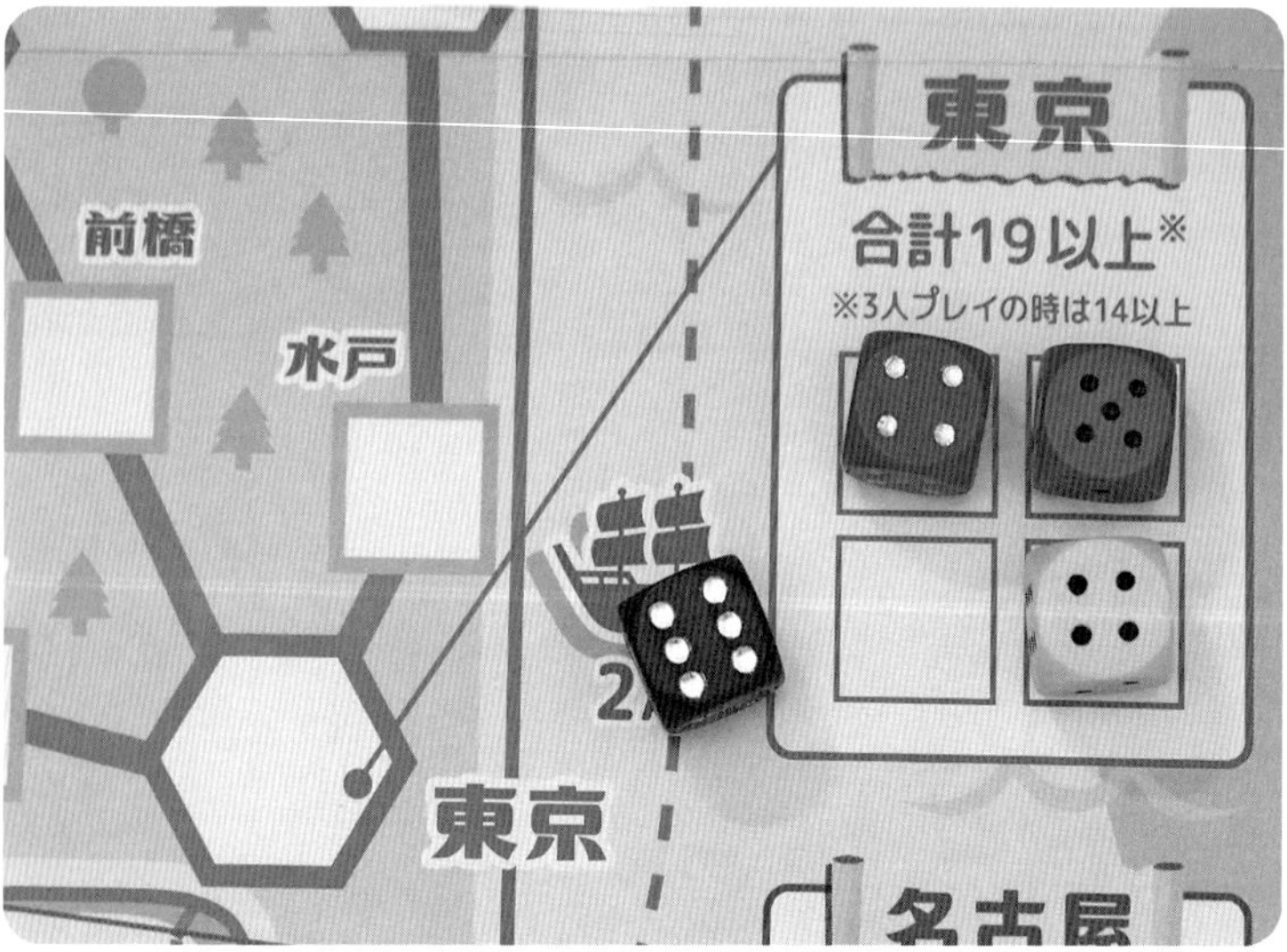

図4　6以外でクリアできない状況で6の目が出た! テーブルは大きく盛り上がる!

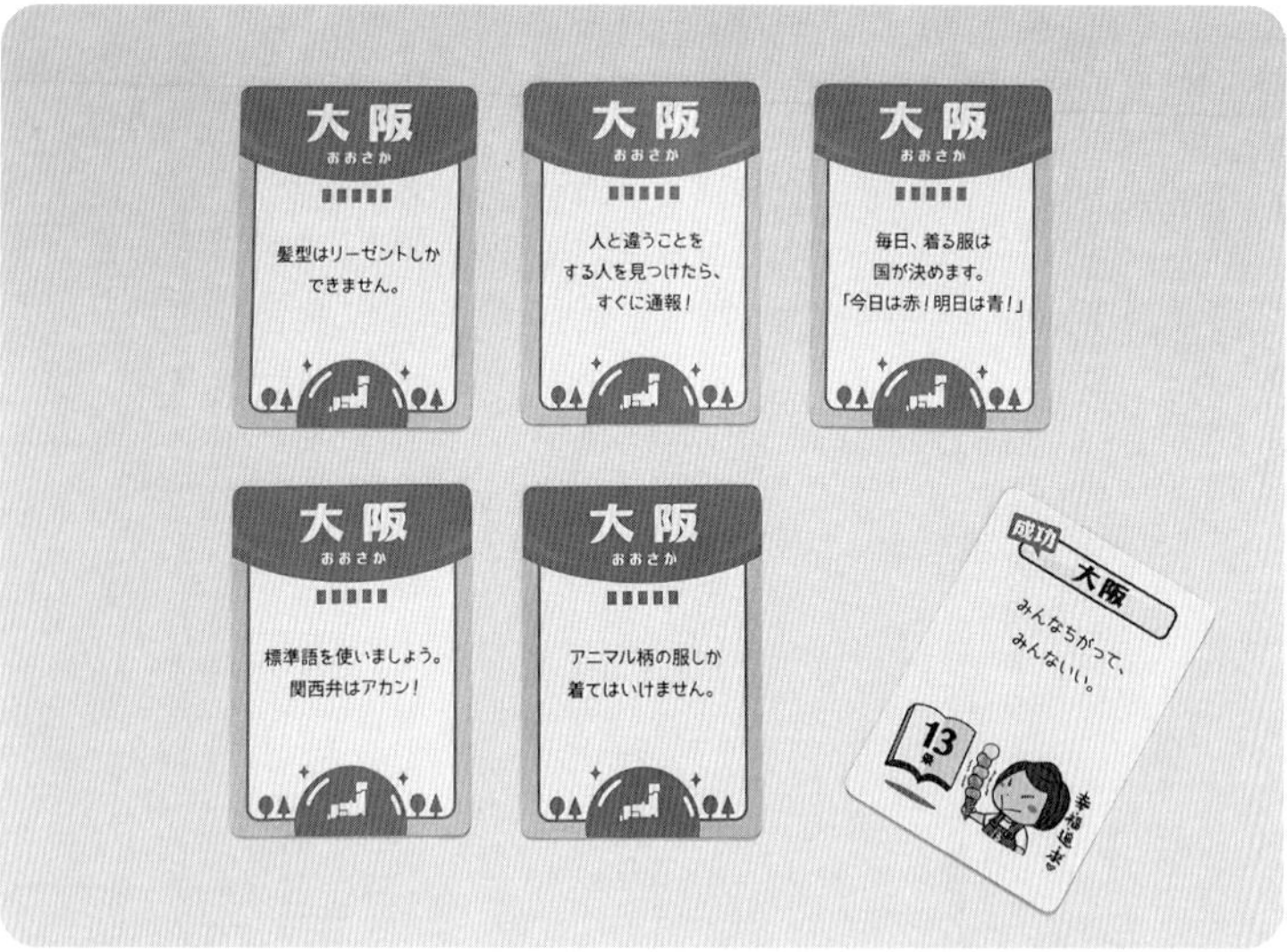

図5　不幸カードとkenpoバリアの関連に気付いた時に憲法の条文の中身を理解する

で協力してバリアを張ると、大阪では「みんな違って、みんないい」というメッセージと「13」という数字が出てくる。そこでプレイヤーは自分たちが憲法13条によってこうした不幸から守られていたのだと気づく（図5）。「憲法13条は個性を認めていたのか。これがないと服も髪型も自分で選べなかったのか」と理解するのだ。なお、さらに詳しく知りたい人のために説明書に解説文も掲載している。

とある親子がゲーム終了後に、すべての不幸カードを並べて話し合っていた。「名古屋のカードを見てごらん。『結婚には市長の許可が必要』って書いてあるだろ。今は望めば誰でも結婚できるけど、昔は本当に家主の許可がなければ結婚もできなかったんだぞ」「そうなの？ 信じられない！」そんな会話も生まれており、まさに当初の「知憲」という目標を達成できたと感じている。

ゲームを終えると、「憲法＝遠い世界の難しいもの」ではなくなっている。憲法がなければ、我々の髪型はリーゼント限定だったかもしれないし、友達が1人でも反対したら結婚できなかったかもしれないし、生まれた子どもを金で売り買いすることが当たり前の社会だったかもしれないことが十分に共有されているのだ。ここで初めて「憲法＝私たちの生活と密接に結びついているもの」という認識になる。

私たちは政治に無関心でいることはできても、無関係ではいられない（あすわかＨＰより）

楽しく遊びながらも、この点を十分に共有することができるのだ。

さて、体験会で参加者の会話から新たな気づきを得た。仙台や博多の不幸を見てみよう。それぞれ生存権（25条）や労働権（33条）についての内容である。ゲームの設定上、不幸カードは「もしも憲法がなかったらこんな不幸がありえた」という位置づけであるが、これらの内容はどうだろうか。体験会後

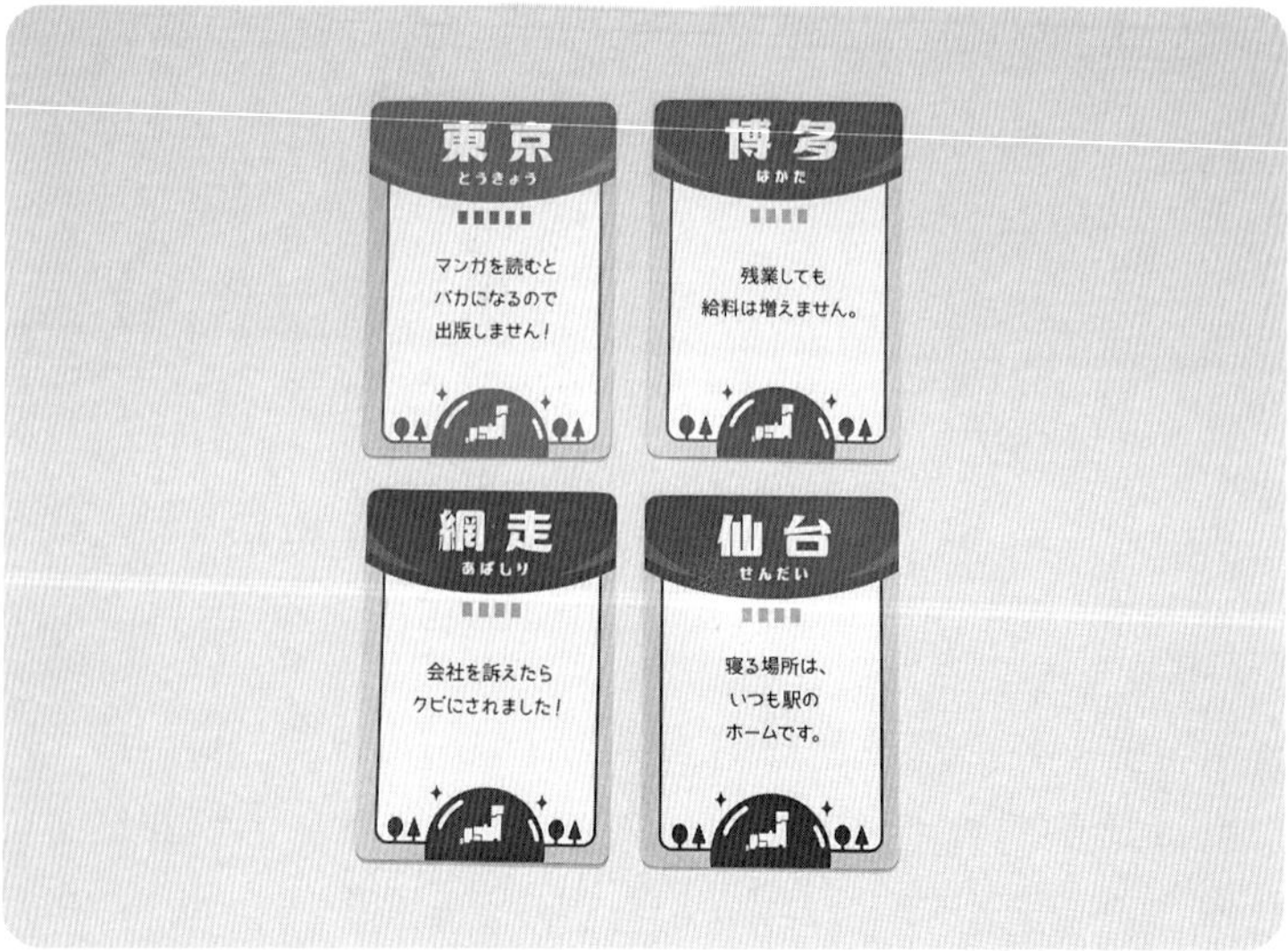

図6　憲法があっても守られていない事例

に「これらは今も普通にあるけど、私たちの権利が守られていないってこと？」という話し合いに発展した(図6)。この議論は予期しておらず嬉しい誤算であった。憲法ボードゲームを体験して憲法の内容を理解し、現実世界の矛盾に気づいているのだ。ステップアップ編として、この点を浮き彫りにするためのワークショップを開催するのも面白いだろう。

体験するには

関心があれば、ぜひ体験していただきたい。購入の場合、あすわかのHPから購入するか、筆者が運営しているボードゲームカフェ武蔵新城（メサ・グランデ内）[註1]にて直接購入することができる。それ以外にも不定期で開催される「憲法ボードゲーム体験会&憲法トーク」に参加することもオススメしたい。これは憲法ボードゲームの体験と、あすわか弁護士による最近の時事問題に係る憲法トークを一緒に体

図7　イベントの写真。老若男女が楽しく憲法について知ることができる

験できるイベントである（図7）。あすわかは全国組織なので全国の様々な場所で開催している。情報は主としてフェイスブックの「あすわか」か「憲法ボードゲーム」のページから発信している。

未来に伝えたいこと

２０１９年6月の参議院選挙では10代の投票率が31％という事態だった。これでは明日の日本は不安しかない。若者に日本の政治についてどう思うかをヒアリングすると「わからない」「関係ない」「（投票しても）何も変わらない」という意見ばかりだ。我々が動いて何が変わるかはわからないが、動かなければ何も変わるわけがない。この状況を打破するためにも関心を高めていくことは間違いなく必要であり、そうした意味で「ゲーム」というアプローチで若い世代に訴求することは可能性があると感じている。実際に体験会では「憲法」に関心がある人よりも「ゲーム」に関心があったから来たという人が圧倒的に多かった。このゲームを子ども時代から遊ぶことにより憲法に関心を持ち、家庭で自然と会話がされ、政治に関心を持つようになる。そうした好循環が生まれるよう普及していきたい。既に複数の小学校や中学、高校から相談をいただいており、授業などで紹介していきたいと考えている。

（安藤哲也）

註釈

註1：ボードゲームカフェ武蔵新城：神奈川県川崎市中原区新城5丁目2-13 SK武蔵新城コミュニティカフェ「メサ・グランデ」内

※憲法ボードゲームは広吉敦子、武井由起子（あすわか弁護士）、森本千絵の3人と出会ったことから開発が始まった。出会いから完成まで紆余曲折あり約2年間、200名近い方々のテストプレイを経て完成に至る。一人ひとりの意見を伺うことで日々良いゲームへと改良されていった。多くの方々に改めて御礼申し上げたい。

22

一緒につくりながら考える農業公園づくり

あったらいいなを自分たちでつくる

概要

主婦・親子・高齢者・障害者・外国人、多様な人が関わる農業公園

公園は行政によって整備され、利用者へ与えられるものだけではない。市民と一緒にあったらいいもの、足りないものをつくって、愛着を育てて楽しむこともできる。楽しむだけでない。もし、維持管理上、何か問題が起こったら他人任せにしない。市民もその解決方法の糸口を探り、意見を述べ、提案し、それぞれの持ち場で行動する。

世田谷区で、私たち一般財団法人世田谷トラストまちづくり（以下、トラまち）が維持管理に関わる公園や緑地、市民緑地などは、約30箇所となり、その面積規模も300㎡～2haと多様であるが、その半数に市民ボランティアが関わっている。2019年7月にオープンしたばかりの「次大夫堀公園内里山農園」も市民参加型で進められている公園の一つ

だ。オープンして未だ1年も経たないが地域の主婦、親子連れ、高齢者、障害者、外国人…多様な人たちが関わるようになっている。車椅子の参加者がきっかけで、当初、私たちも想定していなかったレイズドベッド（腰の悪い人、車椅子の人も土いじりを楽しめる、腰高までかさ上げした畑や花壇）の制作までするこことになった。

ここでは、何も整備されていない農園で、畑の手入れを核として集まってきた人たちとの関係性の中で、その場に不足するもの、あったらいいものを一緒に整備し、運営するプロセスについて紹介する。

背景　里山農園とは

東京都世田谷区喜多見5丁目に位置する里山農園は、区立次大夫堀公園が拡張され、2019年7月に生まれた。敷地は、僅か500㎡、畑の面積は150㎡の農業公園である。次大夫堀公園に隣接していた畑を区が買取り、世田谷区農地保全方針で定める「教育・福祉農園」として整備した。「教育・福祉農園」の運営では、子どもの食育や環境教育、若年者・障害者などの自立支援などを目的とした活動プログラムを実施することが主眼におかれた。

この場所の開設から維持管理をトラまちが担うことになり、その他オーガニックガーデナー（農業指導者）が1名。途中から、環境整備の造作アドバイスについては、東京建築士会世田谷支部が協力に加わった。「教育・福祉農園」という位置付けから福祉的な支援を必要とする人へ各種サポートを行う世田谷区社会福祉協議会（以下、社協）が広報を中心とする支援をしてくれることになった。

何もないのなら、一緒につくればいい

畑となる場所は、野菜を育てるための土づくりはさることながら、この場所を地域に知らせる看板も、

図1 畑の様子を知らせる伝言板

農作業の合間に腰かけたり、夏の暑い日差しを遮る場所もない。あるのは、隣地との境に黒いフェンスが四方に設けられ、北側に既存の区立次大夫堀公園とつながる控えめなエントランス、配管剥き出しの水洗い場が一つあるだけだった。オープン当初は、公園で犬の散歩をしている人、ベンチで新聞を読んでいる人、子どもを遊ばせているお母さんたち、みんな、ここが農園だとは、思いもつかなかったであろう。しかし、この「何もない」状況が結果としてよかった。何もないから、この場所に関心を持った人たちと少しずつこの場所をつくっていけばよいと考えた。また、参加者と一緒に手を加えながら、この場所が変わっていく様子を通行人が眺め、その変化に気づき、まわりの人が意識を向けていく効果も想定された。畑の様子を伝える手づくり伝言板も用いながら、農園の変化を通行人とも共有していくことになった(図1)。

やってみよう！　農業公園づくりのプロセス

①農園のコンセプトを決める

市民参加を募る前に、私たちが決めたことは、農園のコンセプトと定期的に集まる日だけだ。まず、農園のコンセプトは、生物多様性豊かな畑を目指して『人にも生きものにも優しい農園をいっしょにつくりませんか』とした。化学肥料も農薬も使わない、昆虫、鳥、蜂、ミミズなどの土壌生物や何億もの微生物、菌類。一緒くたに雑草と呼ばれてしまうけど、よくみると可憐な花を咲かせる植物、そしていろいろな人たち。いろんな生物が共存できる畑を目指した。次に、このコンセプトに沿って、この場所に足りないもの、あったらいいものを事務局側であらかじめ整理した。生物多様性豊かな循環型の土づくり、落ち葉溜め、昆虫の住処、水辺ビオトープの他、公園として誰もが入りやすい環境整備として草地づくり、看板、水洗い場、ベンチ、日よけ、などである。列挙した上で、市民が気軽に参加できそうなものからワークショップに仕立てることにした。

②定期的に集まる日を決める

畑を手入れする主体は、この畑に興味を持った地域の人たちであり、私たちは、その参加しやすいきっかけの枠組みを用意するだけだ。だから、『毎月第4水曜日の朝9時から11時ごろまで畑の活動をします。汚れてもよい服装、長靴、軍手、飲物を持ってきてください』と近隣の掲示板や児童館、保育園、高齢者施設他、区の広報誌なども使って、広く区内へ知らせた。社協は、社協の利用者や関連する行政の所管課へ情報を積極的に発信してくれた。また、興味を持った人は誰でも、ほぼ月1回発信するメーリングリストに登録できるようにした。

③ワークショップ1：みんなで畑の土を耕す、泥ダンゴをつくる

図2　泥ダンゴにクローバーの種をまぶしてタネダンゴをつくっている子どもたち

農園ワークショップとして、最初に取り組んだのは7月のオープンに合わせた畑の土づくりとタネダンゴづくりだ。『土と遊ぶ、土を耕す』というテーマで、大人から子どもまで参加者が、硬く痩せた土にスコップを入れ「よいしょ!」と勢いよく耕した。また、入口を入ってすぐ、土が剥き出しのエリアは、入りやすいエントランスづくりの一環として、子どもたちと一緒に泥ダンゴをつくった。これに、ハーブやクローバーのタネを天ぷらの衣のようにダンゴにまんべんなく塗し(タネダンゴと言う)、好きな場所にスコップで穴を掘って埋めてもらった。泥ダンゴという子どもたちの普段の遊びを取り入れて、関わりやすい工夫をした。春には、赤や白、ピンクの花を咲かせる植物がエントランスを彩り、保育園の園児たちの遊び場になることを想像しながら。その他、畑を囲うフェンスに沿って、橙や黄のマリーゴールドや畑の害虫の天敵となる虫を呼び寄せる植物（バンカープランツと言う）のタネも泥ダンゴに仕込んでもらった。チラシを見て参加した人、偶然、通りかかった人、公園に遊びに来ていた子どもたちも入れ替わり立ち代わり、40名を超える人たちが汗を流した（図2）。

④ワークショップ2：水まわりをデコレーション

残暑が厳しい9月には、入口すぐ脇にある灰色の配管剥き出しの水洗い場と看板の支柱を農園の顔として賑やかにするワークショップを実施した。1人一つ木枠ユニットをこしらえて、ペンキを塗り、水洗い場の配管と看板支柱に積み木のように組みあげる。ホームセンターで購入した木材とトンカチと釘、ペンキだけあれば、小学生ぐらいから誰でも参加することができる。参加者が思い思いに色を塗った色とりどりの木枠ユニットが積み上げられて、エントランスまわりの風景に少し変化が起きた。これが、ちょっと目を引く目印になって、今は、近所の保育園の園児たちが散歩コースとして畑の植物を観察しに来てくれている（図3）。

⑤ワークショップ3：勾玉型のくねくねの畝

3ヶ月が経過し、暑い夏を越えて土も肥えてきた10月初旬。参加者に常連さんが増えてきた。近所の仲良し主婦友達、定年退職して地域デビューした男性、無農薬・有機農法に関心のある人、社協の紹介をきっかけに通うようになった人、お子さん連れのママ、車椅子の人。徒歩数分から、自転車やバスを使って暮らしの範囲で来られる人たちだ。

10月は、いよいよ秋冬野菜のタネまきである。みんなで耕した土で畝をつくるのだが、畝のカタチは、ガーデナーの提案で勾玉型のくねくねの畝とした。畝と畝の間には、車椅子も通れる十分な幅の通路を残し、近づいて観察したり、いろんな方向から触れたりできるような仕様だ。少し離れて眺めてみれば、小さな島々が浮かんでいるような景色で、遠

図3　ペイントした木枠ユニットを積み上げて全体の配色を調整中

目からも関心を引きやすい。また、曲線により親しみやすい雰囲気がつくられる。小さな足跡が立てた畝に残っているのは、知らない間に子どもたちが畝の上を歩きまわって遊んでいるのだろう（図4）。

⑥ワークショップ4：車椅子でも腰が悪くても土に触れられること

里山農園の活動には、車椅子利用者の常連男性が2名いる。顔見知りの介護事業所の方がオープニングの時に連れてきてくれた。2名とも介助は必要だが、ひとりは電動車椅子を自由自在に操り、趣味で介助者と一緒に畑を耕す。もうひとりは在宅で仕事をしている。とにかく2人ともアクティブだ。そんな2人でも土には触れることは、できない。「みんなの作業を眺めているだけで楽しいからいいよ」とニコニコしながら言うが、車椅子でも土が触れられる仕掛けを考えてみることになった。一般的には、これを「レイズドベッド」と言う。レイズドベッドと

図4　勾玉型のくねくねの畝

は、車椅子の人や腰を曲げづらい人でも立ったまま作業ができる、例えば、底上げしたプランターや作業台に土を入れたものだ。既製品を買って設置することは簡単だけど、この農業公園のコンセプトに共感した建築士やガーデナーが快く知識や技術、ネットワークを提供してくれたこと、区の担当者が市民参加型の公園づくりへ理解と経験があったこともうまく作用して、最終的には、東京農業大学農山村支援センターも巻き込んだ制作に至った。

⑦段ボールで実寸大のレイズドベッドをつくってみよう

都市スケールから身近なモノまで、参加型でプロセスを共有しながら計画して実施していく過程では、段ボールや風船など身近にあるモノを使った実寸ワークショップが用いられることがある。例えば、建設予定のマンションの高さを風船の高さから体感したり、公園のトイレの大きさや位置を段ボールで

図5　段ボール定規でレイズドベッドの高さを検討中

つくって置いてみたり。

レイズドベッドの制作にあたっては、段ボールで試作品をつくった。段ボールならその場でハサミを入れて、試しながら調整できる。まず、ベッドの高さを標準的な車椅子の寸法に合わせて3種類、幅も、農園内で車椅子と人が通れる通路幅を確保しつつ、ベッドが設置できるスペースを想定し2種類に決めた。その上で、そのサイズの段ボール定規をつくって、10月の畑の手入れの後、ベッドの高さや幅の検討を行った。車椅子の2人やフリーの車椅子も1台準備し、他の人にも試乗してもらい、凹凸の環境で自走の難しさや曲がりづらさを体感してもらった。大体の寸法が共有できたなら、次は、新たな段ボールを切り出し、今度は立体に組み立てて、またみんなで試しに使ってみる。これを繰り返して、納得感のあるところで段ボールでの実験は終わりだ（図5）。

段ボールでの試作過程を終えた現在、ガーデナーの橋渡しにより、東京農業大学農山村支援センターとつながり、薬品不使用で高温の窯素加熱により約20年間は腐らないという島根県の間伐材「E's-WOOD」（エステックウッド）を使ったレイズドベッドが、来年度初夏には完成予定である。

どんな素が出たか？　単なる利用者ではなくなる

半年が経過し、里山農園の活動には、多様な人たちが平均して10〜15人集まる場になってきている。畑の手入れに必要なことの他、環境整備として不足するもの、あったらいいものを誰でも参加しやすいワークショップに仕立てながらつくっていく。レイズドベッドのように参加者の関わりの中から、制作に至ったものもある。参加者のひとりは、「ただ畑を耕せると思って参加したけど、こんなもの自分たちでつくるなんて初めてだ！」と驚きながらも、通い続ける。ある参加者は、台風が去った翌日に、誰よりも早く農園に向かい「農園、異常なし」の一報をくれる。植物の開花を写真におさめて教えてくれたり、強風で倒れた植物をそっと支柱に括ってくれる人もいる。単なる利用者にならない「私が農園をつくっているひとり」という主体性が生まれ始めている。同時に、活動日以外でも農園に立ち寄り、その場所で起こった出来事を他者と分かち合いたい、という気持ちも生まれ始めている。これはつまり、みんなが気兼ねなく居れる場所を一緒につくっているとも言える。障害を抱えた人もそうでない人も分け隔てなく、畑の植物のお世話や共同作業を通じて、いろんな人が交わり、居ることができる場所なのだと。一方で、全国には、農業公園というものがたくさんあるが、東京のような都市部は区画貸農園や収穫を体験できる農業公園タイプが殆どである。「市民が農に触れ合う機会をつくる」という本来の農業公園としての役割を果たしているには違いないのだけ

図6　里山農園に関わる人たち

れど、障害者や生きづらさを抱えた人が社会と交われる場所、多様な人がごちゃまぜになって一緒に居られる居場所としての農業公園がもっとあってもいいのではないかとも思う（図6）。

（角屋ゆず）

※本稿執筆にあたり、公園の可能性を広げてくださった世田谷区役所公園緑地課稲垣豊さん、面白がって一緒に農園をつくってくれている全ての皆さんに感謝申し上げます。

Discussion 4

小さな練習の積み重ねで、人は素になっていく

〈メンバー〉

青木彬

キュレーターとして企業や行政とアートプロジェクトを企画運営する

羽原康恵

郊外都市での暮らしと好奇心の様相を考えつつプロジェクトと拠点を運営

角屋ゆず

人や空間をつなぎあわせて、暮らしや街に変化をもたらしたい裏方

安藤哲也

まちと人のインターフェースを大切にしたいまちづくりコンサル

角尾宣信

高齢者の方との映像プロジェクトを展開する映像研究者

アサダワタル

表現活動を通じて社会の風通しを良くしたいと願う実践者・文筆家

饗庭伸

本書の編者のうち、都市計画・まちづくり担当

・アーティストにとっての作品制作とワークショップ

青木：4章のタイトルには「実験ワークショップ――価値観をほぐし、広がる世界を共有する」とありますが、ここで取り上げている事例は部屋の中で物事を決めるためのワークショップというよりは、まさに体験として実際の街の中で活動していく事例が集まっていると思います。まずはその中で、アーティストの作品としてワークショップが行われている場合、どのような状況まで許容していくかその線引きが難しいという話を以前羽原さんが仰っていたのですが、そのお話から伺えますか？

羽原：これは「リカちゃんハウスちゃん」（3章）をやっていた宮田篤+笹萌恵が、別の活動として取り組んだ「ちくちく地区」というプロジェクトで感じたことです。フェルトの布をみんなでちくちく裁縫して旗にして場所に飾るプロジェクトなのですが、まず2色のフェルトを選ぶ、でそれぞれのフェルトに同じ文字、例えば「い」を書いて切り抜く。切り抜いた文字を入れ替えて、土台に縫い止める。この縫い止める時に、おなじ文字を切り抜いていてもどうしても余白ができるので、それをつくり手が刺繍糸や毛糸でちくちく縫い止めていく。これで、同じ「い」の文字の旗が1対できるという仕組みです。これを「けいじばん」とか、「恋わずらい」とか、場所やエピソードを表すひと続きの旗にして、ゆかりのある場所に片方をかけ、他方を拠点に集めるっていう活動だったんですね。発案者の2人が、コミュニケーションをテーマにしているユニットなの

宮田篤+笹萌恵「ちくちく校歌」（2014年）

で、ことばによるコミュニケーションのズレや齟齬を、ひと針ひと針埋めていく作業、っていうような含意もありつつ、参加する人の自由な手作業を楽しんで一緒につくるワークショップとして成立していたんです。同じことを言っていても違うことが伝わっているものだよね、同じ文字を縫っていてもそんなに違うのができるの、ということを小さく発見して楽しめるような活動でした。その活動の3年目に、関わっていた小学校が閉校になるということで、その小学校の校歌を、地域の人とその小学校の1年生から6年生まで全員で旗にしようっていう「ちくちく校歌」というプロジェクトにつながって。歌詞をぜんぶ歌い言葉にしてひらがなにしたので、全部で600組ぐらい旗をつくらなきゃいけない。その縫い合わせる作業に多くの色んな人の手が入るので、例えば人によっては余白にチューリップの刺繍が入ってきたり、可愛いレースやボタンがついてきたりとかしちゃう。よかれと思って走っちゃったものがいっぱい出てき始めて、それをどこまでコントロールするのか、という話をアーティストと喧々諤々。ここまでやっちゃ駄目、これはいい、みたいなところが当初はアーティストの直感で、一方的に決まっていたところがあって。想定しきれない人数が活動に関わる時に、ここまで！っていうラインを決めることは結構ハードワークでしたし、肝でもあった。結果としてはシンプルに「デコレーションをすることを目的にしない」というルールだけつくって、縫い合わせるっていう行為の中でできることをやるっていうのに落ち着いたんですけれど。

青木：作品の場合はアーティストという責任を負ってしまう個人が現れるから、参加者の主体性と作品を担うアーティストの主体性の調整が難しくなることがあるということですね。

羽原：参加者の主体性をどこまで自分事としてアーティストが請け負えるかと、主催者が請け負って欲しい範囲の擦り合わせは丁寧に行う必要があると感じた事例です。全部アーティストの求めるようにしちゃうと、参加者を単に手として動かしているような気になっちゃう。でも全体として面白いものにしていくために、取り決めはせねばならない。コントロールと言うよりは、一つのルールをつくって、解釈はまかせる。それでもバランスを取るのは難しいなぁと思ったところでした。

・改修計画づくりにおける意見の集約

青木:「岡さんのいえTOMO」(3章)ではどうだったんでしょう? 岡さんのいえはアーティストとは違う立場ですが、みんなの主体性が岡さんのいえという一つの場所をつくっていくことに集約されていく中で、意見を擦り合わせることだったり、難しさを感じた点はありましたか。

角屋:あの空間改修ワークショップの場合は、その場はワークショップという手法を用いて色んな意見が出るのだけれども、意見を集約しようとは思っていなくて。それぞれが出したアイデアにみんなが投票して、多数決で多くの票が集まったとしても、何か意見があれば、納得いくまで話し合って決めていくので、私としてはみんなが自由に話せる雰囲気をつくっている感じです。岡さんのいえに限らず、世田谷区で市民活動をしている方々は、それぞれにポリシーというか、その活動を長年続けてきて、経験に裏打ちされたものがあるから、私は、それをなんとかまとめようというより、それぞれの主張を受け止めて、それをどう次に繋げて、生かしていけるかを常に考えています。

青木:まちづくりでワークショップと呼ばれるものだと、合意形成が目的となってくることが多いようにも思うのですが、「岡さんのいえ」の場合はまた違った訳じゃないですか。そこについての戸惑いはありませんでしたか?

角屋:私たちが行っていることは、例えば公園・緑地や個人の家・庭、私有空間から公共空間まで、色々な場を使って、住民が主体的に地域のコミュニティをつくっていくことを応援する役割なんです。だから、羽原さんや青木さん、アサダさんがされているアート系のものとは、手法は違うけど、結果的にコミュニティ形成につながっているというのは、非常に共感します。ですからここまでみなさんのお話を伺っていて、私たちがやっているのは、合意形成型のワークショップというよりは場づくりのために仕掛けるワークショップなのだなと思いました。

・「中間支援」をするときの苦労

羽原：それは住民がプレーヤーになっていくための仕組みでもありますね。

角屋：そうですね、だからあくまで自分たちの暮らしをもっとよくしていきたいと思う人たちが主役で、その主体性をどう引き上げていくかが重要です。ですが、あまり中立的な立場に徹すると「君はどう思うんだ」と聞かれるし、私も、意見は述べたい方なので、自分の立場での発言は遠慮なくすることも多いです。

青木：アートプロジェクトでもそういう組織を中間支援と言いますね。そういう点では僕らも近い存在だと思うのですが、その時に苦労する点が、自分たちがやっていることの評価とか価値をどういうところに置いていくかということ。さっきの羽原さんの事例の悩みも、アーティストの作品としての価値とコミュニティを巻き込んでいく時に必要な振る舞いの間に生じるチューニングの難しさかなと思っていて、岡さんのいえも凄くそれと似たところがあったんじゃないでしょうか。

もう一つ、角屋さんが以前関わられたプロジェクトで、回数を重ねても、どうやってもうまく回っていかない住民団体とのワークショップがあったようですね。

角屋：ワークショップがうまくいかなかった理由の一つは、今振り返ると、私たちが直接その住民団体とじっくり話し合う場が一度も持てなくて、必ず、間に誰かがいて、そこから話が伝えられたことですね。私たちは、住民の方と長くお付き合いしていく中で、信頼関係を築いて、一緒に考えて動いていくので、それが一切できなかったことが大きな原因かなあと思います。私たちも委託を受けて行う仕事も多いのですが、「入り方・始め方」の工夫がもう少し必要だったかなと。例えば、プロジェクトが始まる前に、直接、住民の方と話す機会を必ず設けてもらったり、どういう団体かの前に、そこにいる一人ひとりがどういう人なのかを知ることなどです。

羽原：この本の事例はプロジェクトごとにどこまでを意識に入れるか射程がバラバラですよね。日本っていうスケールから、川崎という市域だったり、自治会のある住宅地、学区まで。どこまでを活動の範囲として想定するかの前提条件もプロジェクトによって実験的な設定がされているだろうなと考えていました。

青木：実験と書いているけれど、ここで意図する実験は実際にみんなが街の中で手を動かしたり、能動性を高めるということですよね。

・ワークショップの評価

角屋：話は、すこし変わりますすけど、先ほど青木さんが中間支援組織の評価や価値をどう考えるかという話をされてましたね。私たちがやっていることの評価って、物がたくさん売れたとか、イベントの参加者数が増えればいいというわけでもありません。だから、評価の指標をつくって価値づけてみることも、一時期考えたのですが、最近はそれよりも、例えば、ある場づくりの価値に共感した地域の色んな立場の方が、自分の持っている技術や知恵などの資源をどれだけ提供してくれるかが、一つ大事な評価の指標になるんじゃないかと思っています。例えば、里山農園のプロジェクト（4章）では、農園の居場所性に共感してくれた福祉領域の職員さんが周知に積極的に動いてくれたり。ガーデナーも知り合いの植物卸業者さんや大学他、色々紹介してくれました。多様な人がその場をよくするために一肌脱ごうじゃないかって思ってくれる関わりができたことが一つ達成点かなと思いながらやっています。

青木：3章で安藤さんが「コミュニティをつくる」というお話をされましたが、実験的という言葉もそうですが、アートプロジェクトでは曖昧な価値観に甘えてしまうところがあるんじゃないかなとも思っています。でも、そういう曖昧なことをやっていく上でも、さっきの羽原さんのアートワークとしての価値観の置き方をどうするかという問題や、作品の面白さを実現するためには法律や安全などのリスクも回避しなきゃいけないというところで、プロジェクトを主催する側が鍛えられていくことを実感しています。実験的なワークショップには街に対するアウトプットの価値だけじゃなくて、それに関わる人々への教育的な側面も大きくあるのかなと思ってお二人の話を聞いていました。

羽原：リスクと面白さの天秤という点では、アートプロジェクトって社会の中でグレーと思われるところと付き合うことが多いですよね。例えば行政上のルールにアートが抜け道を見つけて試しに通ってみて、「あ、できたね」と顔を見合わせる側面も少なくない。そのすり抜ける先は慣習だったり、常識だったりしますよね。その意味では自分たちの活動がただ守られたエリアでやっている訳ではなくて、社会ときちんと繋がりつつも実はその構造に対して「あれ？」といってノックしている。社会の仕組みのとある部分に、「これどうなの？」ってはたと気がついちゃう。大小含めてその反復を、プロジェクトを運営する事務局だけじゃなくて、一緒に活動をつくっている人みんなで実験としてやっている気がしますね。都市を身体化するということは、自分自身が今生きている社会と地続きだぞと感じられる活動のつくり方なのでしょう。

青木：それが実際に身体化されて、都市が本当に変わるところまで行くと成功なんでしょうかね。

・プロジェクトの「仕掛け方」

角屋：お二人はアーティストというよりアートプロジェクトを仕掛ける側だと思うのですが、意図的に色んな人を巻き込む仕掛けをつくっているのですか？

羽原：私は活動を行う時に、できる限り隙だらけにしておこうと思っていました。

角屋：その時、羽原さんの役割はどんなものなんでしょう？

羽原：仮に活動の中で小さい社会みたいなものが生まれる時に、放っておくと、排除するとか固まるとか、人間関係にパワーバランスが生まれてきます。そうすると、あの人ちょっと疲弊しちゃうなとか、声が出てこなくなりそうだなとか。その時に、私を含め関わっているアーティストや運営チームが、その関係性を「ヨイショ」とかき混ぜる。そういうことを意図的にずっとやってきたような気がします。すると、その場にいるみなさんもどちらがより健やかなのかを感じ取って、少しずつ働きかけたり、発信したりすることもあって。

角屋：青木さんの「ファンファンレター」（3章）もやること自体は参加者に任せて、青木さんは、ここぞという時にだけ手を差し伸べるのですか？

青木：「ファンファン」に関しては僕も一員としてみんなと一緒に考えながら活動していますね。アートプロジェクトに関わってきた経験のあるスタッフ自身も新しい技術を開発したいということもありました。内部から色んな当たり前を疑っていきたいと考えていたので、なるべく自分たちも一緒にやる姿勢を大切にしています。

ただし、ワークショップやアートプロジェクトが課題解決型を目指す場合に、何がどうなると成功かというビジョンをみんながどう考えているのかも気になるんです。まちづくりの場合はそれがもう少し顕著なのかと感じます。

・アート系ワークショップとまちづくり系ワークショップの違い

羽原：ものすごく単刀直入に……まちづくりって何を持って成功っていうんでしょうか？

角屋：私たちの場合は、地域のコミュニティがうまく回って、何か起きた時に助け合える関係づくりだと思います。例えば、今コロナ禍で、下北沢の地元のお店に人が入らなくなってしまった時に、じゃあ、みんなで買いに行ってテイクアウトしようよと動くとか。いろんな活動を通じて、出会った人たちと繋がりが強くなることだと思います。一つの答えはないですけど、そういう繋がりができてくることが、課題解決になっているのかなと思うんです。でもそれって数字では言えないじゃないですか。そこは難しいと思って日々、やっています。

羽原：まちづくりに携わるみなさんが「素を出す」ということに共感してくださっている理由を聞いてみたいですよね。

アサダさんが仰っていたように、アートプロジェクトに参加することで、自分の素が出せちゃう状況ってその人個人にとっても実は発見で、そういう自分に対する発見と出会えるというのが、生活をちょっと幸せにする絶対条件のような気がしていて。そういう素が出せる状況について、例えばまちづくりに軸足がある人たちが価値を持ってくれているのでしょうか。そうだとしたら、アートプロジェクトとまちづくりのつよい共通項ですね。この本もそういうつながりを予感するところから生まれたんですよね。

青木：僕もこの本を通じて希望を持ちました。本の最後で「実験ワークショップ」と言っているみたいに、多分行動を起こしてつくっていかないと示せないなと思っています。

安藤さんが「コミュニティがつくれる」ということに最初は違和感を感じられたこともそうですが、お互いの分野の言葉を翻訳していくと実はかなり近いところもあって、違和感を含めてそれがもう少し共有されていくとアートプロジェクトでも芸術祭でも、まちづくりという言葉を隠れ蓑に使わなくてもよくなる。アサダさんが関わられている福祉的な文脈の中でも、いやこれこそが福祉でありアートであると、評価として確立するんじゃないでしょうか。理想的過ぎるかもしれないけど、この本を通じてもう一歩先まで考えることができるんじゃないかと思いました。

最後はみなさん一言ずつお願いしたいと思います。まちづくりはどうしたら成功かというお話もありましたが、まずは安藤さんいかがでしょう?

・何がゴールか?

安藤：まちづくりが何を持って成功かという質問は絶対振ってほしくないなと思っていました。非常に答えにくい。

我々もアーティストの方々もおそらくみんな同じだと思うんですけど、究極的に言えば人を幸せにしたくてみんなこんな大変な仕事をしていると思うんです。結構忙しくてそんなに給料も高くなくてそれでもまちづくりを仕事にしているって、間違いなくみんなそこなんじゃないかな。別に自分がヒーローになりたいわけじゃなくて、人の幸せな姿を見たいから頑張ってるんだと思います。

素が出ることに自分がどう結びついているのかと考えていました。ちょっと前から世界でダイバーシティが言われ始めてますけど、それを嫌だと言う人はあまりいないと思うんです。今はそこからもうちょっと進んで寛容性というような言葉も使われダイバーシティや寛容性を目指すために何が大事かというとなんですよね。ディスカッションじゃなくてダイアローグ。討論することよりも対話する。お互いを知って、お互いの違いをちゃんと認め合っていこうっていうことこそが今の社会に必要なのかな。これって生産性とか効率性とはむしろ相反するもの。例えば今ここに7人いますけど、お互いの属性をわざわざ知ることはとても面倒くさくて、ふた昔くらい前だったら「7」っていう数字で片付いていたことだと思うんです。でも、我々は一人ひとりがどんな人間で、何をやってきたのか、という話を2年間重ねて来ている。こんなことが今の社会に必要だってみんな気付いて来ていると感じます。僕はこれが正しいと思うしハッピーなことだと思っていて、たぶん素が出るというのは、ありのままのあなたでいいと互いに認めてあげることだと思っています。だからそんな余地が生まれるように、社会がもっとやさしく、ゆるくなってほしいと願っています。

角尾：僕も、今の社会において、時間的にも空間的にも切り離されている者同士を接続することをやりたいと思っています。現在の社会の中で、実は無意識で接続していることが色々あると思うんです。羽原さんがさっき仰ったように、人が集まると、やっぱり誰かを排除したり、抑圧したり、忘却したりするものだと思います。しかし、排除する人も、排除するという形で、結局その排除したい対象とどこかで関係を持っている。だから、意識的にはなかったことにされているものを、もう1回接続し、その総体として考えてみたいと思いますし、その時に、「素」として出てくるものは、そういう無意識の、思いもよらなかった接続のことではないかと。俺が悪口ばかり言ってたあいつのことを、実は俺は好きだったのかもしれないとか、忘れていたあのことは、実は今の自分のこういう振る舞いに影響していたのかとか、そういう接続に気付く経験が

「素が出る」ということなんじゃないか。アサダさんが仰っていた、日常では気付かなかったつながりや新しい発見って、こういう経験のことじゃないかと思っていて、そういう気づきが増えていくことで、社会の懐が深く大きくなればイイなと思っています。僕の場合は、介護施設や高齢者の方など、年齢を基準に社会から切り離されてしまう人たちのこと、今は忘却されつつある記憶の問題、現在の日常ではもう話されなくなってしまった記憶をどうやって今に繋げるか、ということを考え、またその接続を回復することで、人も社会も総体としてわかりあえるようになればと願っている部分もあります。もちろん無意識の接続を回復するには、意識からの抵抗もあるので、ある程度の緊張や苦痛が伴うこともありますが、でもやっぱり根本的には、そういう気付きって刺激的で楽しいから、月に何回も介護施設に行っちゃうんですね。そんな無意識の接続に気付けるような活動をしていく点で、安藤さんの言うように、自分も相手も社会も根本的にハッピーになるよう、まちづくりもアートも同じ目標を持っているんだなと、今回参加して思いました。

アサダ：さっき安藤さんが仰ったことに凄く感動して、本当に思うことをズバっといってくれました。七面倒くさいことをみんなそれぞれやっているし、何でわざわざやってるんだろうと思いながらたやるんですけど、まず一つには他人を幸せにしたいと思うからです。くわえて僕らは、ともすれば効率性や生産性にどんどん縛られていっちゃう。ズボラしちゃう自分に対する戒めみたいなところもやっぱり、これらの仕事の中であるのかなと思ってます。世の中の圧倒的な価値観というかマジョリティ的なものがあって、いくらダイバーシティやレジリエンスとか標語をあげても、結局「こんなに働き方改革進まないんだ！」とか思っちゃうわけですよ。世の中のモードの変化に対する実政策のキャッチアップのしなささとか、いろんなことに矛盾を感じていくんだけど、政治のせいだけにはできない。結局一人ひとりが言葉で言ってることと日常の生活の実行動がなかなか伴い切らない、そういうことの総体として進まないのなら、やっぱり自分もその責任の当事者になるわけです。その時に自分の生活の中でほっといたら固まってしまう価値観を崩していく、ほぐしてゆくために、戒めっていうと厳しい言葉だけど、楽しくレッスンしていくための取り組みを取り入れられたらこれは何か素敵なことだなと思っています。そういうことの積み重ねが多分「素になっていく」ってことかなと。あらゆる常識とか、誰かから成果を出さないといけないと言われている感じとか、生産性を求められるところから「ちょっと待ってよ」と、「それだけじゃねえよな」っていう風に切り返していく力、「そのままで置いておける力」っていうか、その謎の力を育むためにやってきてるっていう意味では、まちづくりでもアートでも、繋がっているところは色々あるのではないかと思いました。

饗庭：まちづくりの何がゴールかという話ですけど、志村けんが亡くなってしまいましたよね。今どきの子どもにドリフがいかにすごかったかを伝えようとした時に、「最初はグー」を考えたのが志村けん、って言ったらその偉大さをみんな理解したということがありましたよね。まちづくりも同じで、ワークショップでの盛り上がりがすごかったとか、すごく流行ったカフェをつくったとか、そんなことはあとには伝わらなくて、人々の日常の動作を変えてしまうことが最大のゴールだと思っているんです。日常の動作をちょっと面白くする、動作が知らないうちによい動作にかわっている、というふうになればまちづくりは成功だと思っているんです。

頭で考えて、みんなで頑張ろうとか、何か素晴らしい計画をつくろう、とやることも大事ですが、その後に、みんなが「誰が言い出したんだろう、これは？」と言って新しい動作ができていたらゴールなんですね。

その動作を、どうやったら、できるだけ面白く、あり得ないくらい合理的に、そして長続きするものとしてつくれるのかを考えています。ワークショップで、人と人の関係をちょっとかき混ぜて、普段の暮らしでは絶対に会わない人と会ったり、行かない場所に行ったりしますよね。人と人、人と場所の思いもよらない組み合わせをあれこれ試してみるということです。その時に、思いも寄らない組み合わせが、意外ととてもよい組み合わせで、そこでの動作が長続きする、ということがあるんだと思います。例えば、絶対口をきかない頑固なおじいさんに、シャイなおたくをぶつけてみたら、すごく波長があってしまい、おたくはいつのまにかおじいさんの家で同人誌をつくっている、それが日常になってしまった、というようなことです。

まちづくりって、一歩間違えると、同調圧力のかたまりみたいになってしまうこともあるけれども、そうじゃない、偏った誰かと偏った誰かが、まちづくりの中で出会うことによって、そこに新しい動きが生まれてくる、それが頭で考えたことじゃなくて、普通の動きとして定着していく、そんな事がたくさんできてくる状態をどうつくるかってことかなと思いました。


4つの章の座談会（ディスカッション）は、2020年4月9日の夜に、ZOOMを使ったオンラインで行われた。座談会の順は収録順である。

あとがき

すでに二年も経ってしまったとは嘘のように思えるけれど、2018年の初夏、新たなワークショップの本を作ろうと、編著者である饗庭伸、青木彬、角尾宣信が声を掛けた本書の執筆陣が集合した。海外で出版されたワークショップ研究書Design as Democracy: Techniques for Collective Creativity（David De La Pena et. eds., Island Pr., 2017）をみんなで読み込んで、実際にワークショップをやってみることから企画は動き出した。こうして、まちづくり、アート、介護、福祉、ソーシャルデザインなど、様々な分野の専門家たち、自らの専門分野で活躍しつつ、その他の分野の「ワークショップ」も気になってしまう好奇心旺盛な人たちが一堂に会するようになったのだが、それでもはじめのうちは互いにジャブを飛ばし合うような緊張感もあった気がする。同じ「ワークショップ」という語を使っても、分野ごとにその内実は大きく異なるからだ。合意形成を前提としないワークショップというのは、アートの分野ではよくあるものだが、まちづくりの分野では企画段階で認可されるかどうか。付箋や模造紙を活用するワークショップは、まちづくりの分野では頻繁にみられるが、アートの分野ではあまりお目に掛からない。そして、半世紀以上前の映像を活用するワークショップも、介護の分野以外ではあまり実践がない。同じ言葉なのに、内容がまるで違う。だから正直なところ疑いもあった。それって本当にワークショップなの？　効果あるの？　しかし、毎月のように顔を合わせて話をし、海外文献に当たってみたり、お互いのメソッドをプレゼンしたり、実際にそのやり方を試してみたりしているうちに、次第に分野ごとのプロテクションも外れていった。お互いのメソッドの特徴や他分野から見ることで判明する新たな活用法も分かってくるし、各人の思い入れや問題意識も湧き出てくる。そうして案外、分野は違ってもやろうとしていること、目指そうとしていることは似てるね、と結構イイ仲になってしまって、目次はどうする？　座談会もあったら実地での声も反映できて良いかも、などと話し合いながら、楽しくあっという間に二年が経ち、本書ができ上がった。

するど、本書の制作過程こそが「素が出るワークショップ」だったのかもしれない。そうだ、最後にもう一つ付け加えよう。「共通のことばで本を作るワークショップ」、これも素が出るメソッドの一つだろう。普段出会わない様々な人たちが、各自なりに思い入れのある共通のことばを一つ設定し、それにまつわる論集を作る、というもの。期間は二年ほど、いやZINEなどにすれば一か月でもできるだろうし、経費は、減らそうと思えばいくらでもコストダウンできるだろう。みんなが無理のない頻度で会合し、対立、和解、協力など様々な局面を経て一つの論集にまとまったら達成感があるし、その過程で各人の素が見えてきて深い仲になれるだろう。実は本書は22＋1《プラスワン》のメソッドを紹介するものだったのだ。看板に偽りあり。ご寛恕いただきたく。

本書を編むに当たっては、様々な方にお世話になった。東京都立大学饗庭研究室の学生のみなさん（岡村芙美香、小島みのり、鈴木萌佳、西昭太朗、持田茉梛）には、海外文献の概要のまとめや各ミーティングでのサポートなど、学業に就活にお忙しいなか快くご協力いただいた。お礼を申し上げるとともに、みなさんの今後のご活躍を楽しみにしている。また、Place It! の共同開発者の一人で、本書での当該手法の紹介をご快諾いただいたジェームズ・ロハス（James Rojas）さんにも感謝したい。そして、編集を担当してくださった学芸出版社の井口夏実さんには、一冊の論集にまとめるにはあまりに多様な分野および文体の原稿をとりまとめていただいた。編者側の様々な要望、時に無理難題にもご対応いただいた。感謝を申し上げる。

本書で紹介したメソッドが、一層多様な分野で展開されることを願いつつ、また一層豊かな出会いと素とを開花させるのを心待ちにしつつ。

２０２０年7月17日

角尾宣信

著者紹介（五十音順）

【編著者】

饗庭伸（あいば しん）
1971 年兵庫県生まれ。東京都立大学都市環境学部教授。早稲田大学理工学部建築学科卒業。博士（工学）。東京都立大学助手などを経て 2017 年より現職。専門は都市計画・まちづくり。著書に、人口減少時代の都市計画の理論をまとめた『都市をたたむ』（2015 年・花伝社）、昭和の津波から東日本からの復興にいたるまでの東北の小さな村の時間をまとめた『津波のあいだ、生きられた村』（共著、2019 年・鹿島出版会）など。

青木彬（あおき あきら）
1989 年東京都生まれ。インディペンデント・キュレーター。首都大学東京インダストリアルアートコース卒業。様々なアートプロジェクトを通じて、日常生活でアートの思考や作品がいかに創造的な場を生み出せるかを模索している。社会的擁護下にある子どもたちとアーティストを繋ぐ「dear Me」企画･制作。まちを学びの場に見立てる「ファンタジア!ファンタジア!—生き方がかたちになったまち—」ディレクター。都市と農村を繋ぐ文化交流拠点「喫茶野ざらし」共同ディレクター。

角尾宣信（つのお よしのぶ）
1985 年東京都生まれ。東京大学大学院総合文化研究科博士課程在籍。専門は映画研究、表象文化論。共編著を担当する『渋谷実　巨匠にして異端』（水声社）が 2020 年 10 月出版予定。主な共訳書に、ボリス・グロイス『アート・パワー』（現代企画室・2017 年）など。研究の傍ら、都内や近郊の介護施設での映像鑑賞プロジェクト「シルバーシネマパラダイス!」、高齢者の方との映像制作プロジェクト「えいちゃんくらぶ」を企画運営。

【著者】

アサダワタル（あさだ わたる）
1979 年大阪府生まれ。文化活動家。2000 年代半ばより「社会活動としてのアート」を、全国各地の街なかや学校、福祉施設や復興住宅などで展開。2008 年に「住み開き」を提唱し話題に。2019 年より品川区立障害児者総合支援施設にてアートディレクター（社会福祉法人愛成会所属）。近著に『住み開き増補版』（ちくま文庫）、『ホカツと家族』（平凡社）、『想起の音楽』（水曜社）など。東京大学大学院、京都精華大学非常勤講師、博士（学術、滋賀県立大学）。

安藤哲也（あんどう てつや）
1982 年千葉県生まれ。明治大学大学院理工学研究科建築学専攻博士前期課程修了。都市計画コンサルタント事務所を経て独立。様々な現場での実務をとおし、まちと人のインターフェースをデザインすることが重要だと考えるようになる。本業である「まちづくり」と、副業である「ボードゲーム」を融合させた「ソーシャルデザインゲーム」を開発し、大切な社会課題をゲーム化し、楽しく遊びながら知り･学び･考えさせることを目指している。現在は柏アーバンデザインセンター（UDC2）の副センター長と、ボードゲームカフェ武蔵新城の店長がメイン業務。

角屋ゆず（かくや ゆず）
1981 年東京都生まれ。一般財団法人世田谷トラストまちづくり主任主事。昭和女子大学生活科学部環境デザイン学科（建築学コース）卒業、同大大学院生活機構研究科修了。在学中、大地の芸術祭越後妻有アートトリエンナーレへ研究室で参加。街なかに住民とインスタレーションを仕掛ける。暮らしに根付いたまちづくり支援を志し、現職。世田谷まちづくりファンド、空き家等地域貢献活用事業などの担当を経て、現在は、市民参加型の公園づくり、近代建築の保全活用他を担当。

羽原康恵（はばら やすえ）
1981 年高知県生まれ、広島、三重育ち。特定非営利活動法人取手アートプロジェクトオフィス理事･事務局長。筑波大学国際総合学類卒業、同大大学院人間総合科学研究科修了（芸術支援学）。院在学時に取手アートプロジェクト（TAP）インターンとして関わり、2007 ～ 08 年（財）静岡県文化財団での企画制作を経て取手に戻り現職。TAP の芸術祭型から通年型活動への転換を担い、郊外におけるアートプロジェクトの実践を続ける。

素が出るワークショップ
人とまちへの視点を変える22のメソッド

2020年9月20日　第1版第1刷発行

編 著 者　饗庭伸・青木彬・角尾宣信
著　　者　アサダワタル・安藤哲也・角屋ゆず・羽原康恵

発 行 者　前田裕資
発 行 所　株式会社 学芸出版社
〒600-8216
京都市下京区木津屋橋通西洞院東入
電話 075-343-0811
http://www.gakugei-pub.jp/
E-mail info@gakugei-pub.jp
編　　集　井口夏実

装丁・組版　美馬智
印　　刷　オスカーヤマト印刷
製　　本　新生製本

ISBN　978-4-7615-2752-5